世纪英才高等职业教育课改系列规划教材（经管类）

市场营销实践教程

李宇红　周湘平　主编

人民邮电出版社

北　京

图书在版编目（CIP）数据

市场营销实践教程 / 李宇红，周湘平主编. -- 北京
：人民邮电出版社，2009.12（2014.6重印）
（世纪英才高等职业教育课改系列规划教材. 经管类
）
ISBN 978-7-115-20033-4

Ⅰ. ①市… Ⅱ. ①李… ②周… Ⅲ. ①市场营销学－
高等学校：技术学校－教材 Ⅳ. ①F713.50

中国版本图书馆CIP数据核字(2009)第167126号

内 容 提 要

本书是一本市场营销理论加项目实践的教材，突出教、学、做合一，强调在做中学。本书依据对
企业市场营销职能中的典型工作任务的分析描述，以企业实践活动程序及各环节操作规程为基础，打
破一贯到底的单一叙述方式，从市场营销战略策划到方案制定和实施，采用项目引领、任务驱动、行
动贯穿的模式编写，基于工作过程逐渐深入，设计开发了集综合项目、任务实践活动和知识模块有机
融合的教材内容框架。其中，每一个项目包含一个或多个任务，每一个任务又包含若干实践活动，在
实践中寻找理论知识点的指导和帮助。任务之间、实践活动之间和知识点之间互相关联，具有实践性、
操作性和灵活性等特点。

本书适用于普通高等院校（高职高专、应用性本科）、成人高校、民办高校及本科院校举办的二
级职业技术学院市场营销专业等经管类专业以及其他专业市场营销课程的教学，可以作为社会市场营
销从业人员的参考书，同时也可以作为企业市场营销培训教材。

世纪英才高等职业教育课改系列规划教材（经管类）

市场营销实践教程

◆ 主 编 李宇红 周湘平

责任编辑 丁金炎

执行编辑 洪 婕

◆ 人民邮电出版社出版发行 北京市丰台区成寿寺路 11 号

邮编 100164 电子邮件 315@ptpress.com.cn

网址 http://www.ptpress.com.cn

大厂聚鑫印刷有限责任公司印刷

◆ 开本：787×1092 1/16

印张：16.25 2009 年 12 月第 1 版

字数：374 千字 2014 年 6 月河北第 5 次印刷

ISBN 978-7-115-20033-4

定价：29.00 元

读者服务热线：**(010)81055256** 印装质量热线：**(010)81055316**
反盗版热线：**(010)81055315**

丛书前言

随着我国社会经济的发展，近几年，我国高等职业教育规模快速增长，到 2008 年年底，全国独立设置的普通高职高专院校已经达到 1000 多所。应当说，基本适应社会主义现代化建设需要的高等职业教育体系已经初步形成。

高等职业教育依托经济发展，为经济发展提供适应需要的人力资源。同时，高等职业教育要适应经济和社会发展的需要，就必须提高自身创新能力，不断深化课程和教学改革，依靠传统的课程已经不能满足现代职业教育对职业能力培养的要求。围绕高等职业教育专业课程体系建设及课程开发，做好人才培养模式、课程改革、专业师资队伍、实践教学条件等方面的建设，已经成为高职院校教学改革的首要任务，同时也成为我国高等职业教育发展的当务之急。

随着高等职业教育改革形势的纵深发展，我国高等职业教育在课程体系建设指导思想上逐渐汇流，"基于工作过程"的课程与课程开发的理念逐渐为广大高职院校师生所接受。

"基于工作过程"的课程开发设计导向遵循现代职业教育指导思想，赋予了职业能力更加丰富的内涵，它不仅打破了传统学科过于系统化的理论束缚，而且提升了职业教育课程设计水平。这与高等职业教育的办学方向比较吻合，因此，得到了教育部有关部门的大力倡导。为了响应教育部的号召，我们于 2008 年组织了"基于工作过程"课程改革和教材建设研讨会，认真分析了当前我国高等职业教育课改现状，充分讨论了高等职业教育课改形势以及课程改革思路，并初步构建了面向 21 世纪的"世纪英才高等职业教育课改系列规划教材"体系。

我国高等职业教育是以培养高级应用型人才为目标，承担着为我国社会主义新型工业化社会建设输送人才的重任，大力发展高等职业教育是我国经济社会发展的客观需要。自国家大力倡导高职高专院校积极研究探索课程改革思路以来，我国的高等职业教育就步入了一个追求内涵发展的新阶段。"世纪英才高等职业教育课改系列规划教材"按照"基于工作过程"的课改思路，将科学发展观贯彻在高等职业教育的教材出版领域里，希望能为促进我国高等职业教育的发展贡献一份力量。

"世纪英才高等职业教育课改系列规划教材"汇聚了国内众多职业教育专家、高职高专院校一线教师的智慧和心血，以工作过程的发展展开教学过程，有区别地运用"结构模块化、技能系统化、内容弹性化、版面图表化"的呈现手段，内容结构层次从简从便，教材容量深度适当、厚度适合，并配以必要的辅助教学手段。相信本系列教材一定能成为广大高职高专院校师生的良师益友。

"世纪英才高等职业教育课改系列规划教材"建设是对高等职业教育课程改革的一次建设性的探索，期望得到广大读者的首肯和大力支持。如果您在阅读本系列教材的过程中有什么意见和建议，请发邮件至 wuhan@ptpress.com.cn 与我们进行交流，或进入本系列教材服务网站 www.ycbook.com.cn 留言。

世纪英才高等职业教育课改系列规划教材编委会

前言 *Foreword*

本书是在高等职业教育教学改革如火如荼的时代背景下，在总结前人教材经验的基础上，结合社会经济发展对市场营销职业岗位人才的需要，对市场营销学习体系进行了创新性的整合。本书打破传统章节，跳出理论知识框框，以营销岗位及岗位群要求的工作任务和职业能力分析为依据，以完成设计市场营销战略和制定市场营销方案的一整套工作过程为脉络展开教材内容，以实践活动为核心，带动相关知识学习，使学生能边做边学。通过综合项目贯穿理论知识点，强化技能训练；通过营造"在工作过程中学习知识技能"的环境，培养学生的市场营销行动能力，激发学生的创造和创意欲望；通过理论与实践的一体化设计服务于教学整体目标。

本书的特色和特点如下。

情境创设　使用本教材进行教学时，可以 4~8 人的小组为单位构成一个在课堂上的虚拟企业，企业经营领域和业务范围可以依据小组成员兴趣而定，可以是汽车业、通信业、金融保险业、房地产业、文化创意产业等各领域的企业。学生在企业中进行案例研讨、方案展示、实践活动竞赛、案例辩论、角色扮演等。

项目引领　本书从成本和原材料易得性两方面都能够满足教学要求的产品中进行筛选，设计了一个具有长期教学价值和推广意义的实物制作营销综合项目——水晶项链产品制作营销综合训练。目的是使学生通过综合项目中各项任务，如设计产品业务结构、制定营销方案、完成原材料采购、设计质量标准规格参数，生产制作、推广和销售、分析顾客反馈以及提供改进方案，完成营销工作过程，使学生学习综合分析问题和解决问题的方法。

任务驱动　本书将市场营销工作职能分解为 8 大任务 28 个实践活动，每一个任务都以身边的复杂市场局面和环境为背景。学生需要了解市场，以顾客满意为宗旨，学习如何与形形色色的顾客打交道，如何适应不断变化的市场环境进行营销战略设计，如何制定营销方案以及如何具体操作。

多环节互动　本书设计了大量互动模块，包括"E&P 举例与实践""Q&A 研讨题"以及"工作页"。为课堂训练提供场景演练、角色扮演、模拟训练、测试问答、案例研讨、游戏等，方便教师在课堂上创造良好的交流、互动环境，与学生进行平等沟通、交流和研究探讨，营造积极、激励、活跃、创新的课堂氛围。设计的问题中包括许多开放式问题，具有多种答案和解决途径，拓展学生思维和创意，帮助学生学习如何适应变化、勇于变化、变革创新，灵活地运用所学知识解决市场面临的各种难题。

头脑风暴教学　本书特意强调教学中更多采用头脑风暴教学方法。头脑风暴是学生学习每一个教学环节（案例教学、方案研讨、成果交流、观念辩论、商务谈判）和完成任务过程中最常用的教学方法。

竞技实践活动　本书所涉及的教学环节中设计了产品设计比赛、销售额/利润排名、角色扮演、方案展示等多种竞技实践活动，增加学生竞争感知、学习兴趣和创造激情。

工学结合　本书要求学生进行真实调研，包括顾客需求调研、行业企业信息调研，并将调研数据的分析图表进行展示讲解，制作的产品在市场定点厂商渠道推广销售。

本书是全国部分高职高专院校教师通力合作的结果。在此，对以下教师表示衷心的感谢：北京联合大学杨洁、苏艳芳，深圳信息职业技术学院周湘平，北京信息职业技术学院陆红，陕西工业职业技术学院吴珊娜、颜伟，广东机电技术学院罗中，河南工业职业技术学院赵蕾以及河南省濮阳职业技术学院梁红波。

本书由北京联合大学李宇红主编，负责设计本书结构框架、统稿，并编写了开篇导读、任务三，修改了任务二、任务六部分内容，也是项目三的设计开发者；梁红波编写了开篇导读部分；周湘平编写了任务一；颜伟编写了任务二；吴珊娜编写了任务四；罗中编写了任务五；赵蕾编写了任务六；杨洁编写了任务七，并且负责本书编写组织和作者联络协调工作，陆红编写了任务八，苏艳芳负责本书开篇部分的修改和文字格式修订工作。

本书内容学习导图如下表所示。

开篇导读		
项目一　设计市场营销战略		
项目任务书	任务学习引导（知识点）	项目工作页（实践活动）
任务一 了解和预测市场	市场营销调研的内容 市场营销调研的方法 市场营销调研的程序 市场营销调研问卷的设计 市场营销调研报告的撰写	（1）确定调研内容 （2）确定调查方法 （3）设计调研问卷 （4）撰写调研报告
任务二 分析企业环境	市场营销环境 宏观环境分析 微观环境分析 SWOT 分析法 市场竞争战略及策略	（5）分析经济环境 （6）分析行业竞争对手 （7）分析企业经营条件 （8）运用 SWOT 矩阵撰写企业分析报告
任务三 发现与满足目标顾客需求	顾客和目标顾客 市场和目标市场 目标市场营销 市场细分 选择目标市场 目标市场定位	（9）确定企业的细分市场 （10）选择企业的目标市场 （11）设计制定企业的市场定位
项目二　制定市场营销方案		
任务四 制定产品方案	产品及其生命周期 产品组合 产品品牌 产品包装 新产品开发和创新构思	（12）制定产品寿命策略 （13）设计企业产品组合方案 （14）创意产品品牌和包装 （15）构思公司新产品
任务五 制定价格方案	影响产品定价的因素 产品定价的一般方法 产品定价的基本策略 产品促销定价技巧	（16）制定产品价格 （17）练习定价技巧 （18）避免走进定价误区和回避定价风险

续表

项目二　制定市场营销方案		
任务五 制定价格方案	产品定价的误区和风险 价格变动反应及价格调整	
任务六 制定渠道方案	市场营销分销渠道 批发商、零售商 渠道构建 销售渠道的基本模式及发展趋势 渠道设计 渠道管理	（19）设计企业销售渠道结构 （20）制定经销或者零售策略 （21）设计和管理渠道
任务七 制定促销方案	促销与促销组合 影响促销组合决策的因素 人员推销策略 广告策略 营业推广策略 公共关系策略	（22）寻找适合企业产品的促销方式 （23）制定公共关系传播策略 （24）策划促销活动方案
项目三　让顾客满意营销综合实践		
任务八 水晶项链生产营销实践	课程说明 训练目的 课程设计 教师指导过程 考核方法	（25）描述目标顾客 （26）填写产品设计说明书 （27）优化产品成本 （28）绩效效验

　　感谢全国著名职教专家高林教授对于本书在设计理念和指导思想上的指点。感谢许多同行、亲朋好友以及人民邮电出版社编辑在本书编写过程中的鼎力相助。感谢此书撰写过程中所参阅著作和文献资料的作者们给予的灵感和构想。

编者

2009 年 10 月

目录

Contents

Contents

开篇导读

导读1：认识和理解市场营销

本节开篇导读对市场营销作一个概括介绍，引导学生了解市场营销相关概念、内涵以及理念的发展阶段，使学生对市场营销建立初步认知。关键知识点包括：

① 市场营销的含义；

② 市场营销的核心概念；

③ 营销观念的演进；

④ 市场营销学的研究对象和主要内容。

1．市场营销的含义

"市场营销"是从英文 marketing 一词翻译过来的，包括两层含义：一是指一种经济行为，一种实践活动，即一个组织以消费者需求为中心，生产适销对路的产品，并且搞好定价、分销和实行有效的促销的一整套经济活动，译为"市场营销"或"营销活动"；二是指一门学科，指建立在经济科学、行为科学、现代管理理论基础上的应用科学，是以市场营销活动为研究对象的科学，译为"市场营销学"或"市场学"。

当然，marketing 一词还有其他的译法，如市场行销（学）、市场销售（学）、市场营运（学）等。但随着时间的推移，市场营销（学）这一名称得到了普遍认同。那么，什么是市场营销呢？

（1）美国市场营销协会的定义

美国市场营销协会（American Marketing Association）2004 年下的最新定义是这样的：市场营销既是一种组织职能，也是为了组织自身及利益相关者的利益而创造、传播、传递客户价值，管理客户关系的一系列过程。这一定义，明确了顾客的地位，承认了顾客的价值，强调了与顾客的互动；肯定了市场营销的特质，即市场营销是一个过程，是一项组织职能，其导向是为顾客服务。

（2）菲利普·科特勒的定义

世界著名市场营销学家、美国西北大学教授菲利普·科特勒关于市场营销学的定义为：营销是通过创造和交换产品及价值，从而使个人或群体满足欲望和需要的社会管理过程。

当然，随着经济和科学技术的不断发展，市场营销的定义还会出现不同的变化。在理解市场营销这一概念时，国内外都有过许多误解，最常见的是把"市场营销"与"推销"混为一谈。尽管营销经常被描述为"推销产品的艺术"，但是推销只不过是营销冰山一角。著名管理学家彼得·德鲁克（Peter Drucker）曾经这样说："可以设想，某些推销工作总是需要的，然而，营销的目的就是要使推销成为多余。营销的目的在于深刻地认识和了解顾客，从而使产品或服务完全适合顾客的需要而形成产品的自我销售。理想的营销会产生一个已经准备来购买的顾客群体。剩下的事就是如何便于顾客得到这些产品或服务。"

·2．市场营销的核心概念

为了更好地理解市场营销的含义，有必要弄清下列几组相互关联的概念：需要、欲望和需求，产品，价值和满意，交换、交易和关系，市场。

（1）需要、欲望和需求

① 需要。在市场营销学中，最基本的概念就是人类的"需要"。需要是人们感到缺乏的一种状态，它描述了基本的人类要求，比如人们对衣、食、住、行，以及对知识、娱乐、安全和归属等的要求。这些需要是人类所固有的，而不是营销人员创造的。

② 欲望。指满足需要的一种心理状态。如人有对交通工具的需要；但在不同社会和同一社会的不同发展时期满足这一需要的形式却不尽相同。在发达国家，多数人用来满足这一需要的主要是汽车。而在发展中国家，多数人用来满足这一需要的却可能主要是自行车。所以，欲望是由人所在的社会决定的，由满足需要的东西表现出来。

③ 需求。人们的欲望几乎是无限的，但支付能力却是有限的。需求是指人们有能力并愿意购买某种产品的欲望。顾客总是用自己的钱去换取能带给他们最大利益的产品。

（2）产品

从广义上说，产品是指能够在市场上买到的并能满足人类需要和欲望的任何东西。产品可以分为有形的和无形的两种。有形的产品包括所有的实物，如衣服、食物、住房、汽车等，无形的产品包括服务、教育、旅游、娱乐等。

（3）价值和满意

消费者对多种能满足其需要的产品进行选择的基础，是比较哪一种产品能给他带来最大的价值。这里的价值是指消费者所得到的与所付出的比率，可以看做是质量、服务和价格的组合。

消费者在获得利益的同时也要支付成本。利益包括功能利益和情感利益，成本包括金钱成本、时间成本、精力成本和体力成本。在利益与成本的比较中，如果利益大于成本，消费者就是满意的；否则就不满意。所以，顾客是否满意取决于产品的感知使用效果如何，这种感知使用效果与顾客的期望密切相关。如果顾客的感知使用效果与顾客的期望一致，他们就满意；如果顾客的感知使用效果低于顾客的期望，他们就不满意。所以，对于公司来说，关键的问题是使顾客的期望与公司的活动相匹配。

近年来，许多公司都在开展全面质量管理活动，以提高产品质量、服务质量和整个营销过程的质量。质量对产品的使用效果有直接影响，因而，也就与顾客的满意密切相关。

（4）交换、交易和关系

交换是以提供某种东西作为回报换取所需之物的过程。交换的发生必须满足5个条件：① 至少有两方当事人；② 每一方都有被对方认为有价值的东西；③ 每一方都能沟通信息和传送货物；④ 每一方都能自由接受或拒绝对方的产品；⑤ 每一方都认为与另一方进行交易是适当的或称心如意的。

交换能否真正产生取决于是否具备以上条件。如果具备了以上条件，双方就可以进行洽商，这就意味着双方正在进行交换，一旦达成协议，交易也就达成了。所以**交易**是指双方价值的交换。交换可以看做是一个过程，而交易更侧重是一个结果。

营销人员除了要创造短期的交易、获得短期利益外，还要与供应商、营销中介、顾客建立长期的关系，以期从这种关系中获得更大的利益。从趋势上看，营销正从每一次交易的利润最大化向与顾客和其他相关方共同获得最大利益转换。实际上，公司最终都希望建立自己独一无二的营销网络。该营销网络包括所有与企业利益相关的角色：供应商、批发商、零售商、企业员工、顾客、外部公众等。事实上，与利益相关者建立良好的关系就能获利已成为一个简单的市场原则。

（5）市场

市场营销学是研究市场营销活动的，市场营销当然与市场有着密切的联系。但是这里市场的含义并不是指买卖发生的场所，如超市、百货公司等；也不是指生产要素集中的场所，如房地产市场、资本市场、劳动力市场、技术市场等。市场营销学中所讲的**市场**是指某种商品的现实购买者和潜在购买者需求的总和。所以这里的市场专指买方，而不包括卖方；专指需求，而不包括供给。在市场营销学的范畴里，"市场"往往等同于"需求"；哪里有需求，哪里就有市场。可以用一个公式表示市场的构成：

$$市场 = 人口 + 购买力 + 购买欲望$$

人口与市场容量成正比。人口多说明市场容量大，反之则市场容量小。购买力是人们持有货币购买商品的能力，与人们的经济收入水平直接相关。购买欲望是购买某种产品或劳务的要求。三者相互联系、相互制约，共同构成现实市场；缺一则构成潜在市场。我们常说"中国是一个大市场"，实际就是从这 3 个方面进行分析的，并不是单指中国地域辽阔或人口众多。

按照不同的标准可以将整体市场划分为各种具体的类型。

① 按照市场主体划分，可以将市场分为消费者市场、生产者市场、转卖者市场和政府市场。

② 按照市场交易的对象划分，可以将市场分为商品市场、技术市场、劳动力市场、金融市场、房地产市场等。

③ 按照竞争程度划分，可以把市场分为完全竞争市场、完全垄断市场、垄断竞争市场和寡头垄断市场。

④ 按照商品流通的区域划分，可以把市场分为地方市场、全国市场、国际市场。

⑤ 按照商品流通的交易形式划分，可以把市场分为期货交易市场和现货交易市场。

3．市场营销观念的演进

企业的营销观念是企业的营销指导思想，是企业经营活动的一种导向，对市场持不同观念的企业会采取不同的经营方式，进而产生不同的营销效果。从发达国家成熟的市场经济来看，企业营销观念经历了 5 个发展、演变的阶段。

（1）生产观念

生产观念即以生产为中心的企业经营指导思想。这是指导企业销售的一种最古老的市场观念。这种观念认为，消费者喜欢那些随处可以买到而且价格低廉的产品，因此，企业的任务就是提高生产效率，重点考虑"我能生产什么"。这是一种重生产、轻市场的观念。其主要特点可以概括为"三注重三不注重"：注重企业自身条件而不注重市场需求，注重产品生产而不注重产品销售，注重产品数量而不注重产品质量。具体表现为"我们能生产什么，就卖什么"，即通常所说的"以产定销"。

生产观念是在生产力水平比较低、市场产品供不应求、产品短缺现象广泛存在的背景下出现的。在这种情况下，企业生产的产品都是生活、生产必需品，只要生产出来就不愁找到买主，所谓"皇帝的女儿不愁嫁"，企业根本不需要考虑顾客的需求情况。显然，生产观念是在卖方市场条件下产生的。

在生产观念的指导下，企业营销活动的重点在于有效地利用资源，提高劳动生产率，降低成本，企业追求的是最低的成本、最大的产量、最大的销售额及最高的利润。这种情况在20世纪初期的20多年中，在企业中表现得最为典型。

生产观念的优点是在商品供不应求时能够以低投入、高收益使企业得到快速发展。此时对顾客和社会更有利的观念如考虑产品质量、花色、服务和保证等，并不能增加销售，只能增加成本，降低生产和销售效率，减少利润。

生产观念的缺陷是当商品严重供不应求的状况改善、顾客选择余地增加时就会失去存在基础，出现产量越大、积压越多、亏损越严重的情况，企业若不及时转变观念就会被市场淘汰。

E&P 举例与实践

20世纪20年代初，美国汽车大王亨利·福特的经营思想就是典型的生产观念。当时亨利·福特千方百计地增加T型车的产量，并千方百计地降低成本和价格以便更多地占领市场，而对于消费者对汽车其他方面的要求根本不予考虑。如当时消费者对汽车全是黑颜色很不满意，希望能买到其他色彩的汽车。而亨利·福特坚持认为"我生产的T型车就是黑的"，傲慢地说："无论你喜欢什么颜色，我只有黑色的"。结果导致了销售市场被挤占、销售额急剧下降的局面。

（2）产品观念

产品观念指企业把提高质量、降低成本作为一切活动的中心，并以此扩大销售、取得利润这样一种经营指导思想。这种观念认为，消费者会选择质量高的产品，企业只要提高了产品质量、增加了产品的功能就会使顾客盈门。与生产观念相比，产品观念的不同点是：它不仅注重了生产数量，还注重了产品质量；不仅注重了价廉，而且注重了物美。其共同点是：它仍然发生在卖方市场的背景下，仍然以生产为中心，不注重市场需求，不注重产品销售；也就是说，产品观念由生产观念的"三不注重"改变为"二不注重"，除"不注重产品质量"有所改变以外，其余均没有改变。也可以说，产品观念是生产观念的后期表现，两者在本质上是一样的。所谓"好酒不怕巷子深"，就是这种观念的具体体现。

产品观念的优点是在市场上同类产品已供过于求、而名牌产品却供不应求的条件下，可以帮助名牌产品生产企业扩大销售、增加利润。

产品观念的缺陷是导致"市场营销近视症"，即过分重视产品而不重视市场需求。在市场供应增多、竞争加剧、消费需求改变而造成市场环境压力增大时，实行产品观念的企业将难以吸引顾客。具体来说有 3 个方面。一是重视产品质量而忽视产品更新。在商品供不应求的年代，超群的质量能够创造出名牌产品，但是在商品供过于求的条件下，质量优异的产品如果不符合顾客需求也同样没有销路。许多传统名牌产品的生产企业在市场环境变化后没有察觉，迷恋往日辉煌，固守传统品种，单纯强调质量，没有看到质量只是吸引顾客的因素之一而非唯一因素，不能按照市场变化在品种、规格、性能、样式、包装等方面更新产品。二是注重产品生产而忽视整体营销。以为只要生产出质优价廉的商品就会像往常一样吸引顾客上门求购，但是当名牌产品也很容易买到时，企业不从事有效的销售活动和完善的售前售后服务就很少有人购买。三是重视行业内竞争而忽视行业外威胁。同一需求往往有多种行业的产品予以满足，例如，旅客运输有火车、汽车、轮船、飞机等，铁路部门若认为顾客需要的是火车而不是运输，就会忽视日益增长的客车、小汽车、飞机、轮船的竞争。

E&P 举例与实践

美国人吉利发明了质量上乘的剃须刀后，吉利公司迅速占领了 90% 的美国市场，销售与利润都很理想。面对如此成功的业绩，吉利的接任者错误地认为："只要世界上的男人还长胡子，吉利公司的生意就会永远辉煌"。面对一些新产品的问世毫不重视。特别是当不锈钢刀片投放市场后，吉利公司仍然无动于衷，以至一再错失良机，虽然后来也推出"不锈钢刀片"、"超级不锈钢刀片"、"自动安全刮须刀"等新产品，但独霸市场的时代则一去不复返了。仅仅一年半的时间，其国内市场占有率就从 90% 下跌到 45%，同时也失去了大量的国外市场，损失惨重。

（3）推销观念

推销观念也称为销售观念，指企业维持生产市场上"非渴求产品"，在此基础上强行推销，把强迫和引诱顾客购买作为一切活动的中心，以此扩大销售、取得利润的一种经营指导思想。

推销观念是在"卖方市场"向"买方市场"过渡期间产生的。从 20 世纪 20 年代开始，由于科技进步和科学管理，生产大规模发展，商品产量迅速增加，导致商品供求状况发生了变化，逐渐出现某些产品供过于求、卖主间竞争日趋激烈的现象。这使企业家们认识到，即使商品物美价廉也未必能卖得出去。于是认为，企业需要大力刺激消费者的购买兴趣，否则消费者就不会购买本企业产品，或者只会少量购买，从而开始注重商品的推销工作，包括重视广告术、推销术和市场调查等。

推销观念与前两种观念的不同点是：前两种观念是"以生产为中心"，不重视产品销售；而推销观念是"以销售为中心"，"货物出门，概不退换"。推销观念的基本认识是：产品是被卖出去的，而不是被买出去的。推销观念与前两种观念的共同点是：都不重视根据市场需求去开发相应的产品，不重视在品种、花色、服务和各种保证方面满足顾客需求，企业目标是销售能够生产的东西，而不是生产能够销售的东西，仍然是"以产定销"。

可见，推销观念产生的原因是产品不适合顾客需要或生产过剩，于是推销观念认为必须运用一系列有效的促销工具和高压式的推销方法刺激顾客大量购买。

推销观念的优点是能够帮助企业一段时间内在一定程度上获取最大收益。在企业与顾客的关系是一次性交易并且已购买产品的顾客对其他未购买的顾客不会产生影响时，这种观念非常有效。车站、码头、机场附近的商店对外地旅客多采用这种观念。

推销观念的缺陷是在商品供应进一步增多、顾客挑选余地增大、法制完善、市场环境压力增大的条件下无法适应市场。一是产品销售以产品本身受到顾客喜爱为前提，企业经营中比推销因素更重要的是产品的品种、规格、性能、样式、售前售后服务和各种保证方面都要满足消费需求；二是在生产出消费者所不喜欢的产品之后采用种种引诱和欺骗手段强行推销，这种做法既损害消费者利益又损害企业信誉，企业的潜在顾客越来越少，企业最终将走上绝路。

（4）市场营销观念

市场营销观念指企业把满足顾客需要作为一切活动的中心，通过顾客的广泛购买和重复购买来扩大销售、增加利润的一种经营指导思想。具体表现为："顾客需要什么，我们就生产什么。"其主要特点是：首先分析顾客需要，确定目标市场，然后根据市场需要来进行产品设计开发、生产过程、促销和售后服务等整体营销活动，从而满足目标市场需要。

市场营销观念是在买方市场形成后产生的。其基本特征是"以销定产"，以消费者为导向。它的产生、发展有着深刻的经济、社会背景。主要是20世纪50年代至60年代，市场上商品供过于求现象继续发展，市场竞争越来越激烈，消费者需求变化也越来越快，企业面临越来越严重的市场问题，于是"在险恶形势逼迫下"产生了市场营销观念。

市场营销观念的出现被誉为企业经营思想的大变革，是新旧市场观念的分水岭，是一场"营销革命"。就其作用而言，人们又经常将其与资本主义的"工业革命"相媲美，被称为市场营销学界的"哥白尼太阳中心说"。前述几种观念都是以企业为中心，只考虑企业自身情况而不考虑消费需求，迫使消费者接受自己所不喜爱的产品，认为顾客应当围着企业转。这完全颠倒了顾客同企业的关系，就如同"地球中心说"颠倒了太阳同地球的关系一样。而营销观念是"以顾客为中心"，认为企业应当适应顾客，围着顾客转。这才摆正了顾客同企业的关系，就如同哥白尼"太阳中心说"摆正了太阳同地球的关系一样。

E&P 举例与实践

最先提出市场营销观念的是美国通用电气公司的约翰·麦克金特利克。在其市场经营的实际过程中，约翰深感市场营销观念是提高公司效率和保持长期获利的关键。他认为，当一个组织脚踏实地地发现顾客的需要，然后给予适当的产品和服务直至使顾客得到满足，它便是以最佳方式实现了企业自身的目标。

约翰的见解不仅使他的企业获得了成功，而且得到了企业界的普遍赞同。人们进一步将市场营销观念精辟地表述为：

发现顾客欲望并满足它们；

生产你能够出售的东西，而不是生产你能够生产的东西；

不能只经销我们有能力制造的产品，而要学会生产能够卖掉的产品；

要热爱顾客而非产品。

市场营销观念的优点是在买方市场条件下可保证企业的生存和发展。虽然把顾客奉为上帝而服务得无微不至，增加了经营成本，但是不如此企业就不能生存和发展。

随着实践的发展，市场营销观念也暴露出一些问题，主要表现是：在强调满足消费者眼前利益的同时有可能忽视消费者长远利益，在强调满足消费者个人利益时有可能忽视社会整体利益。

（5）社会营销观念

社会营销观念指企业以兼顾顾客眼前利益和长远利益、顾客个人利益和社会整体利益为中心而开展一切活动，在取得顾客信任和社会好评的基础上扩大销售、增加利润的一种经营指导思想。它要求企业在制定市场营销策略时，必须兼顾3个方面的利益，即社会利益、消费者利益和企业利益，而且企业利益是建立在消费者利益和社会利益的基础之上的。

社会营销观念是20世纪70年代以后出现的新观念。当时，以美国为首的西方国家在经济高度发展的同时，面临着一系列严重的社会问题，如企业为牟取暴利，搞欺骗广告，以次充好、以假充真、缺斤短两，甚至出现了以不卫生、不安全的商品欺骗顾客，严重损害消费者健康和威胁消费者安全，还出现了环境污染、资源浪费等问题。究其根源，主要是企业只重视消费者需要，忽视了社会整体利益和长远利益。在此背景下，社会营销观念便应运而生。

社会营销观念和市场营销观念没有本质上的差别。它只是对市场营销观念的进一步补充和完善，是市场营销观念的发展和延伸，是在特定社会背景下社会对企业提出的新要求。由此看来，企业必须在兼顾社会与消费者长远利益的基础上，思考如何满足消费者需求的营销策略。所以有学者提出了"绿色营销"和"营销道德"等营销新方法和新概念，它们都是社会营销观念的直接体现。

社会营销观念带给顾客和社会的利益是绝对的，在任何条件下都会受到欢迎；带给企业的利益则是相对的，一般企业只有在面临高压环境时才会选用。

随着社会的进步，近年来又产生了许多具有现代意识的、科学的营销观念，如生态营销观念、系统营销观念、大市场营销观念、绿色营销观念、新营销导向等。在市场营销活动中，企业必须根据营销实际，制定科学的指导思想。

4．市场营销学的研究对象和主要内容

（1）市场营销学的研究对象

市场营销学的研究对象是以满足消费者需求为中心的企业营销活动过程及其规律性，即研究在特定的市场环境中，为满足消费者现实和潜在的需要，企业所实施的以产品、价格、分销、促销为主要内容的营销活动过程及其客观规律性。市场营销并不包容所有的市场问题，如市场体制、市场机制、市场调控等，它是从微观的角度来研究市场营销活动过程及其运行规律。

（2）市场营销学研究的主要内容

从结构体系上来看，市场营销学主要包括3大块，即营销原理、营销实务和营销管理，其具体的研究内容主要包括以下几个方面。

① 市场营销的基础理论、基本概念。这是市场营销的基础知识。主要包括市场营销及其相关概念、市场营销观念及其演变等。

② 环境与市场分析。这是市场营销活动的基础性工作。主要包括影响市场营销的微观和宏观环境、各分类市场分析、市场调研与预测、市场细分、选择目标市场和市场定位等。

③ 市场营销战略和策略。这是市场营销的核心内容。主要包括营销战略和产品策略（Product）、价格策略（Price）、分销策略（Place）、促销策略（Promotion），即4P组合策略。

④ 营销管理与控制。市场营销管理与控制属于高层市场活动。市场营销管理的目的在于使企业的营销活动与复杂多变的市场营销环境相适应，这是企业经营成败的关键。市场营销管理的过程，也是企业识别、分析、选择和发掘市场营销机会，以实现企业任务和目标的管理过程，即企业与最佳的市场机会相适应的过程。主要包括如何制定正确的营销计划，建立合理的营销组织、控制体系，采用有效的计划、组织、控制的措施和方法等。

总之，市场营销学研究的内容非常广泛，企业市场营销以了解消费者需求为起点，以满足消费者需求、实现企业营销目标为终点。

导读 2：树立顾客满意理念

本节开篇导读旨在强化学生的顾客满意理念，引导学生理解顾客满意的重要意义、顾客满意的理念内涵以及实践中的操作方法。本节主要解决的问题包括：阐述顾客满意内涵，了解顾客满意相关知识含义，掌握顾客满意的操作方法。其关键知识点包括：

① 顾客满意的含义；

② 顾客不满意的代价；

③ 顾客满意度及衡量标准；

④ 一线岗位是重要环节；

⑤ 顾客让渡价值。

1．顾客满意的含义

任何成功的企业在其经营过程中都非常关注产品技术、科技研发、人才竞争以及市场开拓。但是它们成功的普遍规律是都能够始终如一地达到让客户对它们所提供的产品和服务满意的目标。

顾客满意理念（Customer Satisfaction，CS），是现代营销理论发展过程中提出的新概念，旨在建立顾客至上的服务系统。顾客满意度有两层含义：① 从顾客个人角度理解顾客满意度；② 从企业角度理解顾客满意度。

从顾客个人角度理解的顾客满意度是顾客通过对某项产品或服务的消费所感知的效果或结果，与他的期望值相比较后所形成的感觉状态，简单地说就是顾客对某项产品或服务的消费经验的情感体验。满意程度是可感知效果与期望值之间的差异函数。如果可感知效果低于期望，顾客就会不满意；如果可感知效果与期望值相匹配，顾客就会满意；如果可感知效果超过期望，顾客就会高度满意或欣喜。

从企业角度理解的顾客满意度是衡量企业经营"质量"的重要方式，是企业用以评价和增强企业业绩，以顾客为导向的一整套指标体系。

一切目的都是为了盈利的企业却往往得不到想象中的利润，因为它们最终失去了客户。有些企业服务体系完善，客户也满意，但仍然失去 1/3 的市场，这是为什么呢？

原因很简单,你服务得好,你的对手服务得更好,在与对手的竞争中,客户都跑对手那里去了,市场也就这样失去了。很多企业之所以遇到这样的情况,是因为它们不肯提供给客户盈利外的东西。有些服务对企业而言没有效益,是纯粹为了客户方便、舒适而采取的主动服务,有些服务是客户期望的而企业不知道或者没有意识到要为客户提供,有些服务还可能给企业带来些许利润上的损失,不懂得客户重要性的企业往往不愿意提供这样的服务。

E&P 举例与实践

国际五大航空集团之一的斯堪的纳维亚航空公司(简称 SAS 航空公司)由于海湾战争连续亏损,在 1981 年经营亏损达到 8000 万美元,企业风雨飘摇、人心涣散,客户更是冷冷清清。这时公司作出了果断的决定,任命一位叫简·卡尔松的人为总裁。正是这个英明的决定挽救了公司的命运。

卡尔松上任伊始,用三个月的时间对市场进行了充分的调查。他发现乘坐商务舱的顾客最多。他们需要什么呢?通过调查他发现,价格打折对于顾客来说并不是最重要的,硬件条件和提供的价格优惠在各大航空公司都差不多,显示不出优势。这些顾客最关心的是服务,包括准时、安全、行李完好、工作人员态度可亲、服务细致周到等。于是,他提出一线岗位员工都必须做到 "The moment of truth" 即瞬间感受这一理念。他指出,从顾客踏进 SAS 机场的第一刻到检票、行李托运、登机、机上服务等有几百个与顾客接触的环节,每个环节都是一线环节,这些一线环节都给顾客带来一种对企业的瞬间感受。如果每一个瞬间感受都是正的,顾客对 SAS 公司的印象就是良好的,他们就会满意,今后还愿意接受 SAS 公司提供的航空服务,SAS 公司将因为拥有广大的顾客群而获得长足发展。为此,SAS 公司号召每一个一线岗位找出所在岗位的所有瞬间感受,并让顾客在每一个瞬间都获得满足感。后来,SAS 公司的各岗位还组成了 TCA 小组(让顾客满意小组),专门研究本岗位顾客可能出现的问题以及达到顾客满意的解决这些问题的措施和工作流程。

这样做了仅仅一年时间,1982 年,SAS 公司就扭亏为盈了,盈利达到 7100 万美元,并名列当年十大航空公司的首位。

探讨下列问题。

- 企业员工工资从哪里来?
- 企业的市场份额是如何扩大的?
- 企业的利润从哪里来?
- 是什么使企业得以生存和发展?

2. 顾客不满意的代价

顾客满意不再取决于硬件条件。当今硬件设施和环境提供了比较充足的保障和满足感,顾客对于环境和条件设施的要求已经基本得到满足。构成顾客满意度的综合因素越来越多地趋向于软件因素,如卖方人员态度、企业信誉、服务质量以及产品服务的独特性等。顾客不满意将导致企业迅速失去市场,下面是一组经过调查统计得出的数据。

- 顾客因为服务不佳而背离企业的概率是因为质量、价格而背离的 5 倍。
- 公司每接到一名因不满意而投诉的顾客,就意味着有 24 个人不满意而保持沉默。即每 25 人中有 1 人投诉，占 4%。

- 在这 24 个不满意但保持沉默的顾客中，有 6 人遇到严重问题，占 25%。
- 1 个不满意的顾客会将这种不满意倾诉给 10~20 个人。
- 因此，公司接到 1 个顾客的投诉，就意味着有 250~500 个顾客对企业产生不良印象。
- 如果 1 个顾客在一家企业受到差劲的服务，那么他（她）有 91%的可能不会再来这家企业。
- 如果企业能够迅速解决顾客的投诉，顾客感到满意而再次光顾的可能性为 82%。
- 若将顾客的不满降低 5%，就会使利润增加 25%~85%。
- 每 100 个满意的顾客会带来 25 个新顾客。
- 获得一个新顾客的成本是保持一个满意顾客成本的 5 倍。

3．顾客满意度及衡量标准

顾客满意度源自于对一种产品或服务消费的实际体验与预期之间的比较。一方面，企业如果承诺过多，使顾客期望过高，实际结果极易令顾客感到失望；另一方面，如果企业承诺很少，顾客期望不高，虽容易使顾客满意，却难以吸引顾客。因此，这是一种两难的选择。

对企业来说，以顾客为中心并不意味着要求使顾客满意度"最大化"，因为公司还有很多利益方，包括员工、经销商、供应商和股东。在提高顾客满意度上花费过多，将分散用于增加其他利益方满意的资金。因此，在考虑提高顾客满意度的同时，还需权衡各方利益。

从行业层面看，由于环境条件不同，不同行业对顾客满意的敏感度存在差异，因此需建立不同的顾客满意水平指标。

① 在将同质商品供给差异性市场的行业，满意度一般较低；而将高质量产品供给无差异市场的行业，满意度一般较高。

② 在重复购买者面临高昂的转换成本的行业，满意度较低，且即使如此，仍不得不继续从该供应商处购买。

③ 在业务需重复进行的行业，通常能建立起高度的顾客满意度。

④ 随着市场占有率的提高，顾客满意度可能下降，因顾客需求的差异性提高了。

顾客满意度是一个很难测量的、不易稳定的心理状态，顾客是否继续购买本企业的产品或服务，是衡量顾客满意度的主要标准。但这并不说明对本企业的产品或服务"满意"或"非常满意"的顾客不会"跳槽"，这取决于顾客忠诚的程度。在实际工作中，对顾客满意或忠诚的衡量，可以依据以下标准来进行。

① 顾客重复购买次数及重复购买率。在一定时期内，顾客对某一产品或服务重复购买的次数越多，说明顾客的满意度或忠诚度越高，反之越低。拥有某一品牌的人回头购买的所占百分比大则说明顾客满意度和忠诚度高，反之则低。此外，由于产品的用途、性能、结构等因素也会影响顾客对产品的重复购买次数和重复购买率，因此在确定这一指标合理界限时，必须根据不同产品的性质区别对待，不可一概而论。

② 产品或服务购买的种类数量与购买百分比，即在消费者经常购买某类商品或服务的种类（品牌）数以及消费者最近几次购买中，购买各种品牌所占的百分比。如喝咖啡者，有的购买两种品牌的咖啡，有的则集中购买某一品牌的咖啡，有的则是哪一个品牌

的咖啡都喝。这样，一个消费者最近几次购买中购买各种品牌所占的百分比各是多少，一群消费者购买一种、两种或多种品牌的买主各占多大百分比，这些在一定程度上反映了顾客对品牌的忠诚度。

③ 顾客购买时的挑选时间。顾客由于对某种产品或服务信赖程度不同，他们在购买时的挑选时间是不同的，因此，从购买挑选时间的长短上，也可以鉴别其对某一品牌的忠诚度。一般来说，顾客挑选的时间越短，说明他对这一品牌的忠诚度越高，反之越低。如有的顾客由于长期使用某一品牌的牙膏而形成了偏爱，于是，他在购买时几乎不用挑选。需要注意的是，我们在运用顾客购买挑选时间标准时，必须要剔除产品结构、用途等方面差异产生的影响。

④ 顾客对价格的敏感程度。顾客对各种产品或服务的价格敏感程度不同。事实表明，对于喜爱和信赖的产品，消费者对其价格变动的承受力强，即敏感度低；相反，对于不喜欢和不信赖的产品价格承受力弱，即敏感度高。所以据此可衡量顾客对某一品牌的满意度与忠诚度。但必须注意到，只有排除产品或服务对于人们的必需程度、产品供求状况以及产品竞争程度三个因素的影响，才能通过价格敏感程度指标正确评价顾客对一个品牌的忠诚度。

⑤ 顾客对竞争产品的态度。顾客"跳槽"是基于对竞争产品或服务的比较而产生的。所以根据顾客对竞争产品的态度，能够从反面判断其对某一品牌的满意度和忠诚度。竞争对手往往通过改善产品或服务来同本企业开展竞争，从而吸引顾客对某一品牌的兴趣，如果顾客对竞争产品有好感、兴趣浓，那么就说明他对某一品牌的忠诚度低，购买时很可能以前者取代后者；如果顾客对竞争对手产品没有好感、兴趣不大，则说明其对某一品牌的忠诚度高，购买指向比较稳定。

⑥ 顾客对产品质量事故的承受能力。质量事故是任何一种产品都可能因某种原因而出现的，即使是名牌产品也很难避免。顾客对质量事故的不同态度反映了其初始满意度及忠诚程度。如果顾客对一般性质量事故或偶然发生的质量事故抱以宽容和同情的态度，并且会继续购买该种产品或服务，则表明顾客对某一品牌的忠诚度很高；若顾客因此拒绝这一品牌，则表明其对这一品牌的忠诚度较低。

当然，衡量顾客满意度和忠诚度还有许多细化指标，企业可以通过顾客满意调查来了解顾客满意度和忠诚度，了解顾客意见，识别核心顾客，进而变被动"等待"为主动"培养"忠诚顾客。

4. 一线岗位是重要环节

企业所做的一切都是围绕让顾客满意这一宗旨。在企业里与顾客打交道最多的人员称为一线员工。他们是企业最关键的岗位之一。顾客往往通过一线工作人员的态度和工作水平、效率以及服务质量得到对企业的印象和满意度。

一线岗位：是接触顾客最多的岗位。

一线员工：直接面对顾客、为顾客服务的人员。

- 与顾客接触最多的是一线岗位员工。
- 顾客投诉最多的是一线岗位。
- 顾客对企业的印象大多取决于一线岗位及其员工。

- 企业其他岗位人员是否提供了足以保证一线员工为顾客提供完美服务的环境和工作支持。
- 企业其他岗位人员是否能更好地服务于一线员工，以保证他们让顾客完全满意。
- 上一道工序是否为下一道工序提供了完美的产品和服务质量，以保证最终为顾客提供完美的产品。

企业的各个行政管理部门如财务部、人事部、保卫部、行政办公室等，都不直接面对顾客，而是为企业内部员工服务，这些内部员工就是这些部门的顾客，因此也要强调为内部顾客服务。只有一线员工得到管理人员和各职能部门的支持和帮助，企业才能做到让顾客满意。因此，企业里的每一位员工都在为让顾客满意尽着自己的职责，整个企业的所有部门都是让顾客满意服务体系中的重要环节。企业领导的主要才能就体现在树立让顾客满意的企业文化，创造能够发挥企业员工最大积极性、让顾客满意的机制，营造一切为了让顾客满意的企业气氛。

从这个意义上说，企业内部各部门是为一线员工服务的，企业经理也是为一线员工服务的。

5. 顾客让渡价值

由于社会的不断发展以及商品生产能力的极大提高，如今的消费者面临着纷繁复杂的商品和品牌，这就使企业必须关注顾客是如何作出选择的。任何一种产品，要想引起消费者的注意和兴趣，产生购买欲望，并使他们购买，从根本上说取决于两个方面：一是这种商品必须能满足消费者的需求，即消费者所得到的某种效用和价值；二是消费者在满足需求时必须支付的成本。顾客在购买商品时，考虑最多的是将效用与成本进行比较，当效用大于成本时，顾客让渡价值为正数，有可能决定购买，实现购买行为；当效用小于成本时，顾客让渡价值为负数，就会放弃购买，不能实现购买行为。那么，什么是顾客让渡价值？

所谓顾客让渡价值，是指顾客购买商品时的总价值和总成本之间的差额。顾客总价值是指顾客在购买商品或服务时得到的一组利益，包括产品价值、服务价值、人员价值和形象价值4个方面的内容。顾客总成本是指顾客购买这一商品或服务时付出的全部成本，包括货币成本和非货币成本（指顾客购买商品和劳务时付出的时间、精力和体力成本）两个方面。顾客让渡价值的构成如图0-1所示。

顾客在购买产品时，总是希望把各项成本降到最低限度，同时又希望从中获得尽可能多的实际利益，使自己的需要得到最大限度的满足。举例来说，顾客在商场里选购一台电冰箱时会综合考虑价格、维修、售后服务、品牌、送货及其他保证等因素，最后总是会选择他们认为相对满意的电冰箱。在他们看来，这台电冰箱价值最高，成本最低，即顾客让渡价值最大，顾客会将该商品作为首选对象。

每一位顾客在购买商品的过程中总是力争得到最大的顾客让渡价值。限于不同顾客的知识水平，他们在购买某一特定的商品时，也许并没有实现顾客让渡价值最大的愿望，但是这一过程最终会成为逐渐逼近顾客让渡价值最大化的过程，几乎所有的顾客在重新购买时，都会通过总结自己积累的经验和知识，来增加其获得的让渡价值。需要指出的是，不同的顾客对于购买的总价值和购买的总成本两部分的重视程度是不一样的，收入水平低的顾客对货币价格水平非常敏感，收入水平高的顾客会对时间成本或体力成本、精力成本非常敏感，或者对品牌非常重视。只有那些能够针对具体客户群,提供比竞争对手的产品具有更大顾客让渡价值的企业,才能争取长期留住顾客,通俗地说才会有"回头客"。

顾客让渡价值所包含的思想与传统的"一个便宜三个爱"的观念有根本的不同。如果认为顾客总是希望购买最便宜的商品,就只会导致恶性的价格竞争。实际上顾客购买商品所获得的不仅仅是产品所具有的各种功能和质量,还有不属于产品价值的其他诸方面价值;同时顾客购买产品时所付出的也不仅仅是购货价款,除了要付出货物本身价格外,还要付出其他诸方面的成本。

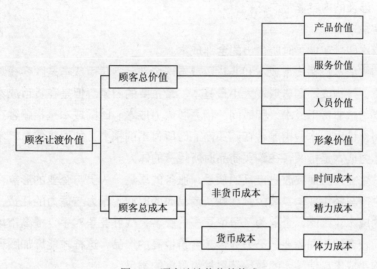

图 0-1　顾客让渡价值的构成

顾客让渡价值概念的提出,为企业经营方向提供了一种全新的分析思路。首先,企业要让自己的商品能为顾客接受,必须全方位、全过程、全纵深地改善生产管理和经营,企业经营效果的提高不是某一种行为的结果,而是多种行为综合作用的结果,不能只侧重于产品、价格、分销、促销等一些具体的经营性要素。顾客让渡价值认为顾客价值的实现不仅包括了物质的因素,还包括了非物质的因素;不仅需要有经营的改善,还必须在管理上适应市场的变化。其次,企业生产经营中创造良好的整体顾客价值只是企业取得竞争优势、成功经营的前提,一个企业不仅要努力创造价值,还必须关注消费者在购买商品和服务中所倾注的全部成本。由于顾客在购买商品或服务时,总希望把有关成本,包括货币、时间、体力和精力降到最低程度,而同时又希望从中获得更多的实际利益,因此,企业还必须通过降低生产与销售成本,减少顾客购买商品的时间、精力与体力耗费,从而降低货币和非货币成本。

(1)顾客总价值

顾客总价值即顾客购买商品所获得的整体价值。

使顾客获得最大"让渡价值"的途径之一是通过改进产品、服务、人员与形象,从而提高产品或服务的整体价值。顾客的整体价值由以下 4 部分组成。

①　产品价值。产品价值是指由产品的品质、特性、品种、功能和式样等所产生的价值。产品价值是顾客选购商品时的首要内容,也是顾客需要的核心要素。

② 服务价值。服务价值是指伴随产品实体的出售而向顾客提供的各种附加服务，包括产品介绍、送货上门、安装调试、维修保养、技术培训、产品保证等所产生的价值。

③ 人员价值。人员价值是指企业员工的业务素质、经营理念、市场应变能力、工作绩效与工作作风等所产生的价值。

④ 形象价值。形象价值是指企业及其产品在社会公众中形成的总体印象所产生的价值。形象价值是企业各种内在要素统一的反映，任何一个内在要素的质量不佳，都会使企业的整体形象遭受损害，进而影响社会公众对企业的评价。因而，塑造企业形象价值是一项综合性的系统工程，涉及的内容非常广泛。

（2）顾客总成本

顾客总成本即顾客购买时所付出的全部成本。

顾客的购买成本包括货币成本和非货币成本两个部分。货币成本是顾客在购买商品时支付的货币数量，是构成顾客总成本大小最基本、最主要的因素。但是在货币成本相同的情况下，顾客还要考虑非货币成本，即时间、精力和体力成本。时间成本是指顾客在购买商品时所花费的时间；精力成本是指顾客在购买商品时所付出的精力，如搜集信息、考虑比较等方面的付出；体力成本是指顾客在购买商品时所耗费的体力。

这就要求企业一方面要改进产品的质量、服务的质量、人员与企业的形象；另一方面要降低产品的生产与销售成本，减少顾客购买商品时的时间、精力与体力的耗费，从而降低货币与非货币的成本。因此，企业为了争取更多的顾客，战胜竞争对手，提高市场占有率，就必须根据不同顾客的不同需要，努力提供综合价值高的产品，这样才能增加顾客购买的实际利益，减少购买成本，使顾客的需要获得最大限度的满足。

导读 3：解析市场营销发展形态

进入 21 世纪，经济的知识化、信息化、全球化趋势日益明显，市场营销搭载了高新科学技术的快车，不断从系统科学、管理科学、信息科学、传播学以及计算机和互联网技术中丰富、发展和充实营销理论、营销技术和营销实践。传统营销模式正在注入和融合现代思维和技术，知识、信息技术的快速发展被迅速应用于营销实践中，带来营销思维的大发展和营销实践的大变革。现代营销思维与实践变传统的等级制度为网络结构体制，市场更加开放，企业更强调相互依靠，寻求国际伙伴，共同创造机会，更注重围绕客户需求和公司价值而不是公司产品开展工作，管理更强调动态目标，营销组织、管理和手段更加国际化。

本节开篇导读对市场营销未来发展进行简要概述，引导学生关注未来市场营销的变化和发展，更准确地把握市场营销的未来方向，使学生对市场营销建立未来意识和认知。本节主要解决的问题是了解市场营销在新环境下的发展趋势。其关键知识点包括：① 直复营销；② 物流市场营销；③ 客户关系管理（CRM）；④ 特许经营与连锁经营；⑤ 网络营销；⑥ 关系营销；⑦ 文化营销；⑧ 品牌营销；⑨ 服务营销；⑩ 非营利组织营销。

1．直复营销

按照美国直复营销市场协会的定义，直复营销是使用一种或多种广告媒体，在任何地方都可产生可度量反应或达成交易的一种相互作用的营销体系。直复营销的迅猛发展源于信息技术的变革。从一定意义上讲，每一个信息传播渠道都是一个营销渠道；直复营销最充分地利用了各种信息媒体，使商业销售活动呈现出丰富的多样性。这一定义揭示了直复营销的基本特征：互动性、可衡量性、空间上的广泛性。

① 互动性。直复营销是一种相互作用的营销系统，营销者与潜在顾客之间可以进行双向沟通。

② 可衡量性。直复营销可给沟通对象作出反应的机会，如"800"开头的免费电话、直接邮寄订单、网上订购等。直复营销互动活动的效果更易于衡量，即每个潜在顾客有无反应都可以看得出来。

③ 空间上的广泛性。直复营销活动可在任何地方进行，只要是直复营销者所选择的沟通媒体可以到达的地方，都可以开展直复营销。顾客不必去某个零售店或接触某个推销员，营销者与顾客之间的联系可以通过邮件、电话传真，或通过个人电脑在线沟通，而产品的传递一般可以通过邮寄渠道。

直复营销包括直邮销售、网络营销、电话营销、电视营销、大众传播媒介直复营销等不同的方式。其中，网络营销随着因特网技术的成熟在直复营销中脱颖而出，受到越来越多企业和消费者的青睐。

2. 物流市场营销

物流市场营销关注交付给顾客什么样的产品、产品的交货期限、如何最快速地送达顾客手中、退货处理、投诉及应急处理、顾客对服务的反应、顾客服务标准。

当产品送达顾客后，产品的寿命周期并没有结束，顾客在使用过程中所花费用及其他成本可能影响企业在顾客心目中的形象和声誉，需要企业进行完善快捷的售后服务，产品可能送出企业后又再次回到企业中，这被称为逆向物流，如进行维护、修理、保养等。客户服务水平与营销物流活动有着直接的关系，通常著名的跨国企业都具有快速反应的营销物流体系。

营销物流要完成环境分析和顾客需求调研工作，为生产、流通和售后服务提供标准和依据，不仅要考虑提供什么产品或服务、什么地点、什么价格，更要考虑提供什么样的个性化、差异化的产品或服务，提供哪些便利，如何更能让利以及如何加强与顾客沟通，保持长期稳定的关系。

E&P 举例与实践

营销物流

摩托罗拉公司的手机生产聘请第三方物流公司在全世界采购零部件，采购部件的质量、数量、标准和交货地点以及供应情况等是生产物流。由于国际品牌手机势头强劲，加上国产手机厂商参与竞争，纷纷降价，其销售受到排挤。摩托罗拉公司希望通过提高客户服务来增加销售，广泛地开展了营销物流活动。通过调查，发现顾客反应强烈的依次是交货期限、维修时间、服务质量、产品质量，这使得摩托罗拉公司丧失了许多销售机会，同时也遇到由于无现货供应而无法实现销售的情况。

摩托罗拉公司在内部广泛开展 TCS（Total Customer Satisfaction，顾客完全满意）培训，包括在中国发展的六七百家供应商和经销商，向他们传授如何满足顾客需求，通过开展六西格玛质量运动制定顾客服务标准，同时加强同天津生产厂的协同合作，对于顾客要求的维修质量、供货期限和交货时间进行生产物流和营销物流的无缝连接，达到顾客满意。

物流客户服务是企业所提供的所有服务的一部分。企业意识到物流决策不仅导致供应链的不同，也导致客户服务标准和管理水平的不同。许多企业有效地利用物流进入新市场、增加市场份额或增加利润，增加加工和投诉处理、在 24 小时内提供上门服务、缩短交货时间等项目，将客户服务作为企业宗旨。

（1）"7R"标准

物流可以提升服务水平，提供给顾客差异化的、优质的服务。"7R"是其客户服务标准，R 表示 Right，"7R"指依据顾客需要达到正确的产品、正确的数量、正确的条件、正确的地点、正确的时间、正确的目标顾客群以及正确的价格。这 7 项中有一项出现问题，都将导致服务不佳，顾客不满意。"7R"是企业服务的标准，大部分企业很难做到十全十美。由于企业自身的特点和优势，由于产品和服务的不同，更由于顾客对于不同产品或服务的需求不同，企业可以在其中几个方面优化物流工作。

（2）客户服务因素

客户服务因素分为交易前因素、交易中因素和交易后因素。

交易前因素是顾客在购买产品前应该让顾客了解产品性能、品牌、包装、技术说明、操作方法，还需要让顾客明确"三包"服务（即包退、包换、包修）以及退货、担保项目、维护、保养、技术支持等情况。

交易中因素包括向客户发出订单、订单处理、搬运、运输等过程，强调准确的送货地点、送货时间及方便灵活的付费方式。

交易后因素是客户购买产品或服务以后的持续支持和服务，包括安装、培训、技术支持、客户使用情况反馈、快速维修、快速应急服务、提供给顾客替换品等。

（3）服务响应物流

国际物流管理委员会（Council of Logistics Management, CLM）指出："物流对于服务业比制造业更加重要。"服务响应物流是管理控制服务容量以及协调服务递送的过程。

越是发达国家，服务行业所占的比重越大，美国 70%以上的就业机会由服务行业提供。实际上，许多生产制造业也经营服务，而许多服务性公司也生产某种产品，产品和服务的界限越来越模糊了，产品连同服务一起销售的现象非常普遍。物流服务提供一个服务系统，例如，服务设施包括体育馆、电影院，产品包括餐馆的饭菜、医院的药物等。许多物流的技术、方法既适用于制造业，也适用于服务业。

3. 客户关系管理

客户关系管理（Customer Relationship Management, CRM），是信息技术与营销、销售和服务相结合的新的营销思想和营销实践。

客户关系管理是营销观念的重大变革，企业生存和发展的关键是拥有多少客户以及拥有潜在客户的能力。客户是企业所拥有的各种资源中最宝贵的、最具价值的资源，企业以生产为主和以产品为导向的营销理念越来越不适应客户的需要。以客户为中心的营销模式成为企业市场竞争的关键。客户关系管理是激烈的市场竞争、复杂的市场环境、企业业务发展、市场割据被重新划分以及现代科学技术发展综合要素共同作用的产物。

（1）客户关系管理思想

CRM 是一种以客户为中心的战略思想，它将客户作为企业最重要的资源，通过分析客户需求、细分客户、与客户沟通、挖掘价值客户、完善客户服务，来满足客户需要。CRM 借助了现代计算机技术和网络手段，通过开发独特的客户管理软件，利用计算机数据库来搜集、分析、统计、整理客户资料和信息，实现获取、保留客户，提高客户忠诚度的目的。

① CRM 注重与客户的长期互利关系

传统营销注重交易过程和与客户的买卖关系，CRM 注重客户的需求心理、动机、行为，强调与客户沟通，不仅考虑客户本次交易需求，更考虑客户长远的和潜在的需求，并迎合这种需求。

② CRM 留住老客户

CRM 的目标之一就是提高客户的忠诚度。开发新客户所花成本是留住老客户的 5 倍，留住老客户比开发新客户更经济有效，并且市场份额的稳定和提高主要靠客户的忠诚度。一个不重视客户的企业，将迅速失去市场占有率。

③ 发展新客户

通过与客户沟通、对客户细分、搜集客户信息、发现客户新的需求、寻找潜在客户以及开拓新市场、新产品或新服务，创造企业新的盈利点。

④ CRM 使提供个性化服务成为可能

CRM 对客户进行购买、感受体验、使用反馈、使用过程跟踪等信息的搜集与分析，准确了解客户个性化的需求，使一对一营销成为可能，使生产、销售和服务更加灵活，从而达到让客户满意的目标。

传统营销思想与 CRM 营销思想的比较如表 0-1 所示。

表 0-1　　　　　　　　　　传统营销思想与 CRM 营销思想的比较

传统营销思想	CRM 营销思想
强调产品、价格、渠道、促销	强调顾客、沟通、便利、成本
注重交易质量	注重与顾客的关系质量
创造单笔交易最大化	创造顾客价值最大化
追求产品质量	追求顾客忠诚度
更多考虑眼前利益	更多考虑长远利益
规模经营方案	定制个性方案
眼光集中于产品和市场	眼光投向长远价值和利益
较少采用计算机、互联网等信息技术	采用计算机、互联网等信息技术

案例

上海通用 CRM 的实施

1. 集中管理客户信息

在上海通用的零售商、维修服务站以及呼叫中心、网络等所有与客户进行接触的点上，如何能够通过彼此协作，共同处理和完成客户的各种诉求、询问、投诉，是至关重要的。为此，客户的资料信息要集中化，才能使销售人员变化不会影响零售商以及服务站给客户提供的服务。虽然上海通用长期积累了大量客户信息，但从 CRM 的角度分析，就会发现一些数据是残缺的，有些数据是没有用的。例如，客户基本情况知道，但是客户购车后的状况和感受不知道，汽车有没有进行过维修、在哪里修、换了什么零件不知道。由于缺少顾客购车后的跟踪反馈，无法向客户提供更进一步有针对性的服务。汽车是一种高价值、生命周期较长的产品，其动态过程中的信息比购买信息更为重要。

2. 提高机构内部协同工作效率

针对上海通用客户服务中心、大客户销售代表以及零售商、市场活动和售后服务站这 4 个部分，使他们既能够协同工作，又能够提高效率。

3. 开拓新的客户接触渠道

开通了"8008202020"免费咨询电话呼叫中心和全新的中文网站 www.shanghaigm.com "百事通"在线导购栏目，为客户提供了新的个性化的接触渠道。现在，上海通用的呼叫中心由 3 个部分构成：客户支持中心、技术支持中心、操作平台。

4. 对客户进行细分

通过使用数据库与挖掘工具对客户信息进行细分，分析客户对上海通用汽车以及服务的反应，分析客户满意度、忠诚度和利润贡献度，以便更为有效地赢得客户和保留客户。上海通用的 CRM 系统主要抓以下 3 条线。

● 潜在客户的开发。潜在客户包括两类，一类是从来没有买过汽车的人或单位，第二类是没有买过通用汽车的人或单位。

● 潜在客户的管理。增加销售漏斗中潜在客户的流量，并将潜在客户成功转化为客户，将客户的购车时间分为立即购买、3 个月内购买、6 个月内购买、1 年内购买，系统采取不同的购买和跟踪策略。

● 客户忠诚度的管理。对顾客进行拜访，倾听客户使用意见，统计重复购车率，客户购车 4~5 年后系统自动提示，为客户提供各种支持和关怀，进行客户沟通。

5. 上海通用与各方协作

合作伙伴是实施 CRM 系统过程中非常重要的部分。销售体系通过零售商直接面对客户。CRM 终端需要安装在零售商那里，并且全国联网。

（2）CRM 系统的主要功能模块

CRM 具有符合企业特点而量身定做的软件系统和硬件环境，由于企业所处的行业特点不同，经营产品或服务不同，目标顾客群也不同，因此 CRM 不是千篇一律的，其软硬件要根据企业实际情况进行设计和开发。但一般来说，不论什么企业，其共同的 CRM 系统的功能模块如下。

① 客户管理。主要功能包括：客户基本信息；与此客户相关的基本活动和活动历史；订单的输入和跟踪；建议书和销售合同。

② 时间管理。主要功能包括：日历；设计约会、活动计划，有冲突时系统会提示；进行事件安排，如约会、会议、电话、电子邮件、传真；备忘录；进行团队事件安排，查看团队中其他人的安排，以免发生冲突；把事件的安排通知相关的人；任务表；预告/提示；记事本；电子邮件；传真。

③ 潜在客户管理。主要功能包括：业务线索的记录、升级和分配；销售机会的升级和分配；潜在客户的跟踪。

④ 销售管理。主要功能包括：组织和浏览销售信息；产生各销售业务的阶段报告，并给出业务所处阶段、还需要的时间、成功的可能性、历史销售状况评价；对销售业务给出战术、策略上的支持；对地域进行维护；地域的重新设置；BBS 功能；销售费用管理；销售佣金管理。

⑤ 电话营销和电话销售。主要功能包括：电话本，并把它们与客户、联系人和业务建立关联；把电话号码分配到销售人员；记录电话细节并安排回电；记录电话营销内容；电话统计和报告；自动拨号。

⑥ 营销管理。主要功能包括：产品和价格配置；营销活动的信息支持；把营销活动与业务、客户、联系人建立关联；显示任务完成进度；营销文件、分析报告共享。

⑦ 客户服务。主要功能包括：服务项目的快速录入；服务项目的安排、调度和重新分配；事件的升级；搜索和跟踪与某一业务相关的事件；生成事件报告；服务协议和合同；订单管理和跟踪；问题及其解决办法的数据库。

⑧ 呼叫中心。主要功能包括：呼入呼出电话处理；互联网回呼；呼叫中心运营管理；电话转移；管理分析工具；通过传真、电话、电子邮件、打印机等自动进行资料发送；呼入呼出调度管理。

⑨ 合作伙伴关系管理。主要功能包括：对公司数据库信息设置存取权限，合作伙伴通过标准的 Web 浏览器以密码登录的方式对客户信息、公司数据库、与渠道活动相关的文档进行存取和更新；合作伙伴通过浏览器使用销售管理工具和销售机会管理工具；使用预定义和自定义的报告；根据用户定义的关键字对 Web 站点的变化进行监视。

⑩ 商业智能。主要功能包括：预定义查询的报告；用户定制查询和报告；以报告或图表形式查看潜在客户和业务可能带来的收入；通过预定义的图表工具进行潜在客户和业务的传递途径分析；将数据转移到第三方的预测和计划工具；柱状图和饼状图工具；系统运行状态显示器；能力预警。

⑪ 电子商务。主要功能包括：个性化界面、服务；网站内容管理订单和业务处理；销售空间拓展；客户自助服务；网站运行情况的分析和报告。

E&P 举例与实践

泛微协同客户关系管理解决方案

整体介绍

采用泛微协同管理应用平台（e-cology）进行的客户关系管理是一个以客户为焦点，贯穿客户开发、接触、交易、维护、服务、分析等客户全生命周期管理的完整解决方案。泛微协同管理应用平台囊括了传统的 CRM 产品的全部流程及范围。同时，建立在协同商务平台的 CRM 更强调"协同性"，这种协同性不仅仅体现在对客户信息的获得和跟踪方面，还强调与客户进行的一系列业务中，内部人员之间及内部与外部之间的高效互通与协作。这意味着任何时刻及地点，客户负责人都可以及时准确地获得客户的信息，并与客户进行双向沟通。泛微协同管理应用平台将客户集成到公司的人力资源、服务、销售、产品和财务组织中，真正获得对客户 360° 的观察。泛微协同管理应用平台的客户关系管理系统（e-CRM）将协助企业提高市场竞争力、获得最大利润及与客户保持一个持久有益的关系。

设计理念

泛微协同客户管理系统（e-CRM）基于协同矩阵模型和齿轮联动模型的设计思想。

根据协同矩阵模型信息网状图的特点，客户关系管理和其他 7 个模块强关联起来。当找到一个客户的时候，与这个客户相关的所有信息都被提取出来，包括管理这个客户的客户经理，与这个客户相关的合同、建议书等，为这个客户建立的项目，使用的资产，与这个客户发生的所有交易的金额等，使得与此客户相关的所有信息都结构化、有组织性地呈现出来。

根据齿轮联动模型的联动效应，当一个齿轮转动的时候必然带动其他齿轮一起转动。当 e-CRM 模块转动的时候，其他六个模块以 e-CRM 为中心转动起来，为它提供所需的支持和服务，也就是说，呈现在我们面前的有组织、结构化的数据不是存在于某一模块中，而是分散在不同的模块内，当有需要的时候，它们就被结构化地提取出来。

产品架构

通过客户关系管理（e-CRM）可以将企业的客户集成到企业的服务组织、生产组织和销售组织中来。通过这个基于 Internet 的 CRM 解决方案，企业可以管理客户、潜在客户、合作伙伴、合同、通信、文档和需求的相关信息，并为每一个客户、每一个代理商、每一个分销商和每一个供应商开放一个门户。通过客户门户，客户可以访问他们被允许访问的所有信息包括订单状况、信用额度、企业最新产品资讯、最新产品报价。通过分销商门户，分销商们可以被赋予权限，访问共有客户的信息。通过与其他 Weaver e-cology 模块的结合，企业可以大大提升客户管理的水平。

（3）CRM 实施步骤

企业成功实施 CRM，必须做好以下实施步骤。

① 需求分析。对于企业内外部环境进行全面分析，针对企业的目标客户群体、企业的经营目标以及企业优劣势分析，确定企业和客户的需求。需求分析是 CRM 实施的关键，如果需求分析的结果有误，将会造成后续所有工作的错误，导致 CRM 系统的失败。需求分析通常由几组人员完成，包括 CRM 实施的高层主管、企业内部各部门负责人、CRM 专家、客户、供应链相关企业人员、经销渠道各企业人员等。

② 达成共识。CRM 要求企业各个部门以客户为中心开展工作，在分析客户需求的基础上，销售、营销、生产、采购、财务、售后服务、物流等部门必须建立自己的 CRM 分系统，并且保证整体系统的统一性、完整性和高效性。相关部门必须紧密合作，充分沟通，共享资源和信息，达成对方案的一致看法。

③ 确定方案。CRM 实施要考虑技术、成本、系统的安全性能、系统的灵活性和拓展性、实施人员以及进度安排。通常有多种方案可供选择，企业可根据整体优化原则，将重点因素加权考虑，从中选择相对最优方案。

④ 选择软件。根据企业的具体要求，选择软件的配置和功能模块，还要考虑硬件环境、网络技术支持。软件系统选择的原则是可靠性、安全性、稳定性、可操作性。另外，软件的

容量要求、容错要求、兼容要求和重复运行要求等也应该重点考虑。

⑤ 过程监控。确定方案以后，企业应该成立实施管理与控制项目组，对 CRM 系统实施进行跟踪和管理，确保按照计划实施。实施过程中遇到困难或者没有按照原定目标进行时，要及时纠错并提供解决方案，还需要建立应急系统和风险管理系统。

⑥ 系统安装。对 CRM 系统进行安装、调试和试运行，期间发现错误时要进行调试和修改，完成初始化工作，并且进行使用培训、技术支持培训、系统培训等。

4．特许经营与连锁经营

特许经营是商业流通领域最重大的变革之一，也是近年来我国商业流通领域中一种全新的商业模式。其核心是知识产权，它将企业的知识产权（如发明、专利、商标、版权、品牌、信誉），组织管理资产，市场资产和人力资产加以充分利用，使其资本化、市场化，从而最有效地组合社会现有资源，达到迅速创造价值的目的。

特许经营是一种销售商品或服务的方法，而非一个行业。特许经营这种现代商业销售形式在过去十几年内取得了长足的发展，无论是发达国家，还是发展中国家的实践都证明，特许经营是一种行之有效的分销商品与服务的方法，同时还对经济发展起到了积极作用。

（1）特许经营的定义

"特许经营"一词译自英文 franchising，用来表示以一种特殊形式经营的商业模式，目前在国内是一个比较新的商业模式概念。特许经营已经经历了一百余年的发展，从世界范围看，美国、日本等国家的特许经营模式和特色比较具有影响力。

特许经营目前尚没有一个统一、明确的定义，不同的国家、组织都有自己的定义。

① 国际特许经营协会（International Franchise Association，IFA）的定义。

这是国际上比较广泛通用的定义，即特许经营是特许人和受许人之间的合同关系，对受许人经营领域、经营诀窍和培训，特许人有义务提供或保持持续的兴趣；受许人的经营是在特许人所有和控制下，以一个共同标记、经营模式和（或）过程来进行的，并且受许人从自己的资源中对其业务进行投资。

② 欧洲特许经营联合会（European Franchise Federation，EFF）的定义。

该定义是：特许经营是一种销售产品和（或）服务和（或）技术的体系，基于在法律和财务上分离与独立的当事人——特许人和它的单个受许人之间紧密和持续的合作，特许人授予其单个受许人权力，并附加义务，受许人根据特许人的概念进行经营。此项权力——经由直接或间接财务上的交换——给予并迫使单个受许人商号，和（或）商标，和（或）服务标记，经营诀窍，商业和技术方法，持续体系，和其他工业，和（或）知识产权，在双方一致同意而制定的书面特许合同的框架和条款之内。

③ 我国的特许经营定义。

随着我国经济的蓬勃发展，近几年来，特许经营已经在我国取得了长足的发展。目前在对这一词的翻译和理解上，我国存在如下两种不同意见。

第一种方法是把 franchising 译为特许连锁或加盟连锁，这种译法认为特许（加盟）连锁是连锁店的一种组织形式，特许（加盟）连锁与公司连锁、自由连锁并列为连锁的 3 种类型。但在西方，这几种经营形式各自定义不同，在实践中各自的特点也不同，是有严格区别的。

第二种方法是把 franchising 译为特许经营。把特许经营组织与连锁店、自由连锁、合作社等并列，属于所有权不同的商店的范畴。这种译法与西方市场营销学的界定是一致的。特许经营一词的内涵也与英文 franchising 的含义相符，是一种常用的翻译方法。

（2）连锁经营的定义

连锁经营英文为 Coporate Chain，是指公司连锁，即同一资本所有，经营同类商品和服务，由同一个总部集中管理领导，共同经营的组织化的零售企业集团。

E&P 举例与实践

特许经营与商业连锁经营的区别

1. 特许经营和连锁经营的定义不同（略）

2. 特许经营和连锁经营的特点不同

特许经营的核心是特许权的转让，特许人（总部）是转让方，受许人（分支店）是接受方。特许体系是通过特许人与受许人一对一签订特许合同而形成的，各个分支店之间没有关系。受许人需要对特许人授予的特许权和提供的服务以某种形式支付报偿。各个分店的财务对分店经营中的各项具体事务均有决定权。而连锁分店需要将营业利润按照总部的要求上缴，分店经理是总部的雇员，按照总部意志行事。

3. 特许经营和连锁经营的范围不同

连锁经营的范围仅限于流通业和服务业，不涉及制造业；而特许经营的范围则宽广得多，在制造业中也有大量实例，如可口可乐公司的特许经营。

4. 特许经营和连锁经营所包含的法律关系不同

在特许经营中，特许人和受许人之间的关系是合同双方当事人的关系，双方的权利和义务在合同条款中有明确的规定。而连锁经营中不涉及这种合同，总部和分店之间由公司内部管理规则来协调整个关系。

① 特许经营和连锁经营的运作不同。特许经营业务开展的基础是一整套经营模式或某项独特的产品、商标。特许人把这些东西以特许组合的形式转让给受许人，有了它，受许人就可以独立开展业务。特许组织的建立也是以开发出上述各项为基础的。而连锁经营则不需要这些内容，它实际上只需要足够的资金和合适的业务类型就可以进行。

② 特许经营和连锁经营的发展方式不同。特许经营通过吸收独立的商人加入而扩大体系。在这个过程中，特许人需要进行大量的营销工作吸引潜在的受许人，还需要进行选择加盟者的工作，并为受许人提供培训等各种服务。而连锁经营想扩大体系，则只需要足够的资金就可以了。

（3）高科技的特许及连锁经营

连锁经营面临许多管理问题，在时间、空间、经营规模等方面较一个企业更难驾驭和控制，而一旦出现管理和控制失控，将比其他形式的经营模式更快地面临经营滑坡，甚至破产的颓势。因此，连锁经营都具有一套现代化的、信息化的、智能的管理系统，许多特许经营本身也包含高科技系统。

（4）连锁经营运用高科技系统管理的优越性

现代连锁经营需要有先进的电子信息系统。其优越性表现在以下几个方面。

① 有效地管理和核算复杂的商品种类，能够实行单品核算。

② 通过互联网技术提高连锁店的结算速度，及时反馈各连锁店的销售情况，及时发现市场及销售问题，及时解决。

③ 减少营业差错，有效地避免经营各环节的无序现象。

④ 准确把握缺货、少货和库存冗余问题，提高盘点效率。

⑤ 跟踪市场信息，特别是客户资源信息，以便作出具有针对性的市场策略和销售决策。

（5）连锁经营的高科技信息系统

① POS 系统（Point Of Sale）

也称销售点管理系统。包括 PC 机、收银机、数据解码器、条码扫描器，还有配合电子订货和盘点的掌上终端机，以及读卡机、自动转账的银行连线功能。各经营连锁店实行 POS 系统联网，在销售发生时就搜集客户信息（包括购买商品、时间、金额等）。

② 商品条形码系统

主要采用光电扫描器，将商品的代码转换成平行线条符号，将光信号转换成电信号，在顾客结算时读入顾客所购商品的条码，在收银机中查找条形码对照目录库，可以自动将该商品的销售以及售价显示出来，通过网络汇总销售情况和库存情况，有利于掌握销售和入库、出库、统计库存等。

③ EOS（Electronic Ordering System）电子订货系统

利用掌上型终端电脑，依据货架或台账输入要订购的商品，经由电话线传递到总部配送中心或供应商，即可完成订货手续，并验收商品。

④ EDI（Electronic Data Interchange）电子数据交换系统

可以实现商品信息和客户资源信息共享，连锁经营各店通过信息联网，进行业务流、数据信息流、资金流、商品流的管理和协调，实现信息的标准化。

E&P 举例与实践

联想公司的特许加盟经营模式

1998 年，联想公司开始进行特许经营模式的第一阶段——试验阶段，在北京、上海和广州开了 6 家店，接着又在全国开了 10 家店，取得了很好的成绩。然后进入了第二个阶段——大规模发展阶段，1999 年，联想公司用了一年的时间开了 100 家特许加盟店，覆盖全国 33 个城市；2000 年，又扩大了加盟店的范围，联想公司的加盟店已经达到 260 家，营业额已经达到 10 亿元以上。

（一）家用电脑的销售和商用电脑的销售是不同的，采取委托代理制，并不适合家庭用户，设立特许加盟专卖店可以为联想公司带来 3 方面的好处。联想公司建立专卖店的设想其实很简单：一是客户需求，客户要求统一的价格，良好的服务；二是促进联想公司的渠道发展；三是"大联想"概念的进一步深化。随着电脑进入家庭，联想公司的电脑产品系列也分为商用电脑和联想 1＋1 家用电脑。

联想公司针对家庭用户建立了全新的专卖店体系。由代理制转变为特许经营是市场的选择。原来在一条街上，就会出现代理商无序竞争的现象，不利于联想品牌的树立。采用特许经营的方式，可以提高整体竞争力，实现对品牌、管理经验的整合，产生"大联想"的品牌效应。

专卖店的产生也是给代理一个发展的空间。全国 26 个城市里，最大的 IT 代理公司代理的产品都有联想公司的，其 70%~80% 的营业额都来自于联想电脑，有的甚至达到 100%。这些公司在 1994 年时还都是些小公司，是和联想一起成长起来的。所谓"大联想"的概念，就是大家荣辱与共、共担风险、共享收益。特许经营这种专卖店商业模式正符合他们的需求。多年来，"大联想"策略可以说是联想公司成功的秘诀之一，特许专卖店的建立也是这一策略的延伸。

基于上述思想，联想公司开始做专卖店。联想公司是想在 IT 业验证特许经营这个模式，其最核心的成功要素是三赢，即客户要认可，加盟方要挣钱，联想也要盈利。

（二）特许经营专卖方式被誉为 20 世纪最成功的营销创举，我国多数特许经营行业集中在衣、食、住、行等方面。1998 年，联想公司率先将专卖店的特许经营这一经营模式带进了中国的电脑行业。联想 1+1 专卖店的建立填补了信息产业在特许经营专卖领域的空白。在此之前，国外品牌电脑进入中国都是采用找总代理的销售模式，由总代理再一层层地进行分销。这和专卖店的连锁方式是有所区别的。分销模式里有一个二级通道，然后发货到下一层的经销商。分销商和二级通道是两个利益体，他们的价值是在传递的。简言之，就是在采用总代理的分销中，各个层次都是要赚取自己的利益，从而在客户服务方面埋下了很多隐患和问题。渠道的市场秩序非常混乱，分销商发展的渠道的销售价格具有不统一的问题。而联想公司需要的是保证最终的销售渠道提供用户很好的客户服务。特许经营方式就很好地解决了这些问题。特许经营组织利益体只有一个，多家特许经营连锁店共享着管理资源、资金。联想公司采取 6 个统一的模式，即统一的产品和价格、统一的理念、统一的布局、统一的形象、统一的管理和统一的服务。

（三）给合作伙伴的不仅是产品和技术，更重要的是无形资产。

从联想 1+1 特许专卖店来看，联想给予合作伙伴的不仅仅是产品和技术，更重要的是联想的企业形象识别系统和管理运营经验等无形资产。联想公司通过这种特许经营的方式与合作伙伴紧密联系在一起，形成利益共同体。

像麦当劳、肯德基等成功的连锁经营一样，特许经营的关键是高度的一致性。例如，客户一进入到特许经营连锁店就应该感觉到很正规，店面的装修都应该一样，地面很清洁，样机从各个角度都让客户感觉很舒服。联想公司几乎把餐饮业的标准化服务模式完全搬进了 IT 行业，对员工的穿着和整体形象都有具体的要求。联想公司的员工从客户进门的问候语开始都要进行标准的培训。又如，送货上门，员工必须携带什么样的工具，进门时必须穿鞋套，不允许客户搬运，必须站着为客户服务等，就是这样把每一个细节都标准化，以此来提高联想公司的服务水准。

联想 1+1 特许专卖店的经营宗旨就是最大限度地满足客户需求。为此，在切实保障"六个统一"的原则得到贯彻的同时，联想 1+1 特许专卖店着力加强服务功能，向客户提供专业化的售前、售中、售后一条龙服务，旨在更好地服务客户，更好地满足家庭和个人客户现在及未来的需求。所有联想 1+1 专卖店店员在上岗前都经过了统一的培训和考核，只有合格者才可上岗。店员以顾问的身份出现在客户面前，根据客户的使用需求和对电脑的了解，并结合实际应用状况，提供购机指导。所有的 1+1 专卖店都对购机用户建立了用户档案，实施 1+1 跟踪服务。为了让用户把电脑用得更好，专卖店还提供免费上门安装、电脑应用培训等专业化的服务。专卖店内开设了培训教室，有计划、有组织地举办专场培训，向专卖店所在地的居民进行电脑知识的普及。正因为有这样的支持，95%以上的购机客户对联想专卖店的服务给出了非常满意的评价。数据显示，有30%的新客户是老用户带来的。联想公司的网页上也提供了 1+1 社区服务，会员用户可自由进入社区，更好地感受到联想公司提供的服务。

（四）联想公司有一套管理"神经系统"MIS，可以得到想要的一切情况。

特许经营实践经验表明，无论从特许方或是加盟方的角度来看，凡属成功的特许经营，一般都有一个在社会上已经建立起声誉和好感的特许经营授权企业。没有一个站得住脚的先行企业，从事特许经营就会缺少优势。特许经营所以能奏效，乃是因为特许方能为加盟方提供一个经实践证明是成功的企业模式。联想公司正是这样一个成功的企业和品牌。特许经营的背后是社会化大生产的观念和机制，其核心是科学的管理。

具体到联想专卖店的核心，就是如何规范管理加盟的特许经营连锁店。联想公司有很全面的规范，无论谁拿去做，做出来都是一个样子。这就保证了服务一致性的问题。联想公司有一套完善的专卖店的发展、管理体系。发展、建设有组织来保证、考核，是可以保证统一的。联想公司有一套神经系统 MIS，可以得到想要的一切信息。联想公司同时通过这套 MIS 系统来对专卖店进行监督。加盟的特许经营连锁店要是不符合规范就要受罚，甚至取消加盟资格。监督有很多方式，例如有内部员工冒充客户进行"微服私访"等。物流是连锁经营的很重要的一个环节，就是在整个体系里来共享商务资源、资金，类似于总店的概念。这个物流体系面向用户的界面是专卖店，是零售点，背后有很多神经网络。所以联想公司的物流是一种架构，不是单纯地依靠某个连锁店或是联想公司自己来做的。运作可能是分销商之间的、代理之间的或是连锁和总店之间的。

5．网络营销

网络营销是组织借助因特网、电脑通信和数字交互媒体等现代化技术而开展的各种营销活动，包括网络调研、网络新技术开发、网络分销、网络促销、网络服务等。网络营销的出现，在一定程度上反映了信息技术的发展对营销领域的影响，并有可能促使传统的营销手段和营销方式发生巨大的变化，也促使传统的分销渠道结构及分销渠道功能发生很大的变化，企业与用户之间的直接沟通将变得越来越便捷和完善，使企业能够以相对低廉的成本，获取更多的顾客。

（1）C to G 网络营销模式

C to G 网络营销模式是指政府对消费者个人的商务活动，如税务部门和会计、审计事务所利用电子方式为个人报税和进行财税审理，政府部门为个人提供政策法规及宏观海量信息。政府部门与消费者之间的电子商务活动目前还处于初期阶段，随着电子商务的不断发展，消费者对政府之间的电子商务将会迅速发展起来。

（2）B to B to C 网络营销模式

通常大型生产制造厂商或集团通过电子商务活动从其供应商那里采购原材料，又通过与覆盖全国乃至世界的经销渠道、经销商之间的电子商务活动销售产品，同时针对最终消费者进行网上营销活动。

（3）B to G 网络营销模式

这种电子商务可以覆盖企业与政府组织间的各种事务。如政府采购可以在网上发布，通过电子商务进行交易和营销；政府可以通过电子数据交换方式来征收税收。企业和政府之间在经济活动中有密切联系，而这些都可以通过电子商务活动来开展。这将促进政府更好地为经济发展和企业繁荣服务，也能够有效地监控和管理企业的经营活动。

（4）企业网络营销分析方法

① 网站需求：为什么要建立网站？企业应该说明建立网站的理由。另外，企业希望通过网站得到什么？企业的战略目标是什么？

商业模式：企业需要根据自己的经营目标和经营特点选择网上经营模式，包括 B to B、B to C、B to G 等。

② 网站定位：企业形成的区别于其他企业的网上经营特点或特色，应具有鲜明的个性，可以通过企业形象、企业品牌、服务特色、营销策略等方法来获得。

③ 消费需求：企业在网上经营必须调查和研究目标消费者的需要、动机及购买行为，以满足消费者在网上购物的需求。

④ 市场分析：企业应对网上经营有总体把握，包括网站规模有多大，未来的发展计划，如何开拓市场，促销策略、广告策略、人员及服务策略是什么，企业网上经营的内外部环境分析，企业应抓住的机会和面临的挑战，竞争对手的状况和发展趋势。企业应结合自身优势，制定竞争战略，以求在网络营销激烈的竞争中立于不败之地。

⑤ 经营实施：企业应该制定出为达到企业网络经营战略目标，而要采取的具体行动步骤和计划，以及各阶段资源如何配置、人员如何管理以及执行监督措施等。

⑥ 网站管理：涉及企业网络经营由谁管理，责任和权利归属问题，分工问题，人员工作安排与计划，资金需求与分配计划。

⑦ 财务分析：涉及网络营销预算分析、预计的收益和损失及现金流动。

6. 关系营销

现代市场营销离不开公共关系。关系营销把企业的营销活动看成一个企业与顾客、供应商、分销商、竞争对手、政府机构及其他社会组织发生互动作用的过程。其核心是建立和发展与这些合作伙伴之间的良好关系来实现获利，特别强调顾客参与、顾客联系和顾客服务。关系营销的最终成果是创立营销关系网络。营销关系网络是一种带有独立性、几乎不可转让的无形资产。营销关系网络之间的竞争已成为主要的竞争手段。

关系营销的特点如下。

① 重视客户关系。为获取最佳的营销效果，企业应对营销变量（产品、定价、渠道、促销）制定特定的营销策略，时刻注意眼前和潜在的客户关系。

② 建立顾客数据库来收集信息。企业通过与顾客直接沟通，获得顾客的消费情况，并根据数据库进行市场份额统计，才能真正研究顾客的需要和欲望，研究如何提高产品和服务质量及顾客满意程度。

③ 营销导向。企业整个组织都应具备关系营销意识，通过协作去建立和维护客户关系，推进营销活动的开展。

关系营销适用于边际利润很高、顾客不多的产品，如航空公司、电信公司、办公自动化系统的企业，这些企业通过巨额的关系投资，一般能收到较好的效果。

7. 文化营销

文化营销指企业在经营活动中，针对自己面临的目标市场的文化环境，采取一系列的文化适应策略，以减少或防止营销与文化特别是异域文化的冲突，进而使营销活动适应并融于当地社会的一种营销方式。它强调物质需要背后的文化内涵，并把文化观念融合到营销活动的全过程中，而不是仅仅停留在广告、销售等个别环节上。

文化营销强调通过顺应和创造某种价值观，来达到某种程度的满足感。因此可以说，价值观是文化营销的基础，而核心价值观念的构建是文化营销的关键，只有通过发现顾客的价值群并加以甄别和培养，或企业顺应需要，努力创造核心价值观念，才会使文化营销取得成功。

文化营销包括产品文化、品牌文化、企业文化3个方面。

① 产品文化营销。从文化的角度来看，市场营销的产品是指提供给市场，在人们选取、使用或消费中满足人们某种欲望或需要的一切实体和价值观念的综合体现。产品文化营销是指在营销过程中更加重视文化的作用，以文化带动营销。文化对产品的影响主要体现在人们的品味上。文化品味不同，产品的设计、产品的样式就有明显的差异。产品的包装随着产品本身的发展和社会选择的多样化；强调以文化为导向，追求顾客的满意度。

② 品牌文化营销。品牌文化包括了整个社会对品牌的信任和保护，包括消费者用名牌的行为，反映了消费者的价值选择，也包括厂商创立名牌、生产名牌的行为。作为厂商同品牌文化营销有着密切的关系。厂商创造名牌的过程，就是不断积累品牌文化个性的过程。当品牌竞争在质量、价格、售后服务等物质要素上难以有突破时，给品牌注入文化的内涵，其身价就不仅仅是物质因素的总和，而是更高境界的较量。

③ 企业文化营销。企业文化营销是企业根据自身文化内涵的特色，选择恰当的方式进行系统创新和有效的沟通，以在消费者心目中树立鲜明个性的企业形象，并以此达到企业经营目标的一种营销方式。企业文化营销的核心就在于寻找为顾客所接受的价值信条，将该信条作为立业之本，从而促进顾客对整个企业包括其产品的认同。例如，IBM公司的经营宗旨是：尊重人、信任人，为用户提供最优服务及追求卓越的工作业绩。

8. 品牌营销

品牌涉及产品质量、市场定位、广告策略、竞争战略等诸多营销元素，是联系厂商、经销商和顾客三方面的桥梁，具体包括品牌延伸、品牌组合、品牌衡量、品牌优势、品牌价值、品牌忠诚度等。如何实现对品牌的有效管理，如何培育具有国际竞争力的知名品牌，是目前和今后国际国内营销学界所关注的重要课题。

9．服务营销

服务已成为多数制造商取得竞争优势的主要手段。不少跨国企业竞相增加对服务的投资，使得服务营销全球化的趋势日益明显。因服务具有无形性、相联性、易变性和实时性等基本特征，从而服务市场营销同产品市场营销有着本质的区别。服务营销的核心理念是"顾客的满意和忠诚"，通过取得顾客的满意和忠诚来促进相互有利的交换，最终获得适当的利润和企业的长远发展。

10．非营利组织营销

非营利组织包括政府、学校、慈善机构、宗教团体及其他社会团体。市场营销帮助这些组织构建了与环境之间互动联系的桥梁，使这些组织对环境变化和市场需要能够及时作出反应，确保组织战略目标的实现，所以市场营销成为许多非营利性组织的重要战略组成部分。目前许多非营利性组织把它们的名称和标志特许给认为合适的营利组织使用，并从对方的经营收入中获取特许使用权费用。

开篇训练：开篇实践活动训练

一、提问并研讨，然后各组（企业）陈述各自的答案

（1）员工的工资从哪里来？

_____

_____

_____

_____

（2）企业的业绩从哪里来？

_____

_____

_____

_____

（3）是什么促进企业的成长与发展？

_____

_____

_____

_____

二、请学生举例证明顾客对企业成败的重要性

三、练习：制定各岗位"顾客满意服务计划"

部门岗位	顾客类型	顾客的期望	实际感受

讨论1：列举在学习生活中，印象最深刻的正的和负的瞬间感受。

讨论2：如果买到不好的东西，你通常会投诉吗？

四、提问

（1）顾客不满意给企业带来的危害有哪些？

_____

_____

_____

（2）提高服务质量是否就需要提高成本？

_____

_____

_____

_____

（3）就本企业而言，哪些因素对顾客是重要的？请按照重要程度排序。

_____

_____

_____

_____

_____

_____

_____

五、测试题：判断你目前的经营理念（请选择"T"或"F"）

（1）　　T　F　客户的期望值总是过高。

（2）　　T　F　客户应尽量体谅我们的难处。

（3）　　T　F　客户期望每次打电话能快点儿得到对方回话，这种要求是不合理的。

（4）　　T　F　客户会对鸡毛蒜皮的事情进行抱怨。

（5）　　T　F　可以让客户在电话里等待几分钟。

（6）　　T　F　如果不知道如何答复，你可以让客户去找另一个部门。

（7）　　T　F　可以告诉你的客户，你每天要处理许多客户问题，以此降低对方的期望值。

（8）　　T　F　要是同一位客户就某些问题不断地打电话抱怨，可以不必太介意。

（9） T F 要是你提供的服务比较复杂，所需时间长，你要让客户知道，并用热情与友善来弥补。

（10） T F 客户是决定企业生存发展的关键因素。

六、让顾客满意——交际技巧练习（角色扮演）

1．在饭馆吃饭时发生的故事

夏日炎炎，三位青年人去饭馆午餐，首先叫来冰爽饮料，三人一口气喝下许多，其中一人无意中发现饮料瓶底注明的饮用日期已经过期了，三人招呼服务员，火气冲天地与服务员嚷嚷。

要求：① 请一位同学扮演服务员，另三位同学扮演就餐青年；

　　　② 服务员要求做到交际技巧的三点；

　　　③ 其他同学进行观察，然后反馈哪些做得不错，哪些需要改进，以及如何改进。

2．订购生日蛋糕

一位同学为朋友预订生日蛋糕，中午 11:00 与蛋糕店张姓服务员预订下午 5:00 做好蛋糕来取，但在 5:00 来取蛋糕时，张姓服务员已经下班，其他服务员没有接到这个订单，因此没有做蛋糕，这位同学很生气，与蛋糕店交涉。

要求：① 请一位同学扮演服务员，另一位同学扮演预订蛋糕的人；

　　　② 服务员要求做到交际技巧的三点；

　　　③ 其他同学进行观察，然后反馈哪些做得不错，哪些需要改进，以及如何改进。

3．赶飞机

一位公司老总是某航空公司金卡顾客，一年大部分时间需要乘坐该航空公司的飞机到各地做生意。航空公司出于安全考虑，必须提前 1 小时进行安检通关。这位老总今天下午 3:00 到上海签一个 300 万元的项目，因此他预订了 11:00 飞往上海的机票，但由于堵车，他到达机场时离起飞时间只剩下 45 分钟了，安检人员不允许他通过。他认为自己是金卡会员，与航空公司领导和各乘务人员交情甚深，应该通融一下，况且下午要签订几百万元的大单子，谁也耽误不起，他软硬兼施，但是乘务人员还是不能违反规定。乘务人员应急顾客所急，想一些办法解决顾客问题。

要求：① 请一位同学扮演乘务人员，另一位同学扮演公司老总；

　　　② 乘务人员要求掌握好交际技巧和处事技巧；

　　　③ 其他同学进行观察，然后反馈哪些做得不错，哪些需要改进，以及如何改进。

七、让顾客满意——处事技巧练习

游戏：

三人一组，相对而坐，其中发给第一个人教师事先准备好的图片，第二个人准备一张白纸和笔。第二个人通过运用封闭式和开放式提问，将第一个人手中的图片画出来，要求细节越像越好。第三个人负责将提问和回答记录下来，事后反馈。

八、服务技巧综合练习（包括交际技巧和处事技巧）

活动：谁能提供更好的服务？

该游戏的目的在于启发学生积极思考如何才能满足以及超越客户的期望。教师应说明每步的要求，严格掌握时间。

1. 准备阶段（5分钟）

教师首先将活动情景告之学生："十一"黄金周，苏女士家想利用假期出门旅游。苏女士家出门旅游的人数为8人：苏女士一家三口，其中苏女士女儿4岁；苏女士姐姐一家三口，其中姐姐的儿子6岁；苏女士父母亲，均68岁高龄，其中母亲患有高血压，父亲心脏不太好。家里电话号码为87654321。

每组应取一个"旅行社"名称，然后各组分开，进行策划。

2．策划阶段（15分钟）

① 教师应启发人人参与，积极献策。要求每组产生一个代表，代表该组向苏女士提供"最佳旅游方案"。

② 在此过程中，"苏女士一家"需研究他们的"期望"是什么，提出有一定难度的期望标准，来检验哪家旅行社设计的方案更能满足以致"超越"他们的期望。"苏女士一家"可随机回答旅行社提出的问题。

3．交流阶段（25分钟）

① 首先，各"旅行社"分别向"苏女士一家"介绍他们的"最佳旅游方案"。每组不得超过5分钟，包括回答"苏女士一家"的问题。

② "苏女士一家"公布他们的"期望"标准，然后谈他们认为哪家"旅行社"的方案"超越"了他们的期望并解释原因。该过程为5分钟。

③ 最后全班讨论——从这个游戏中得到了什么启示？（5分钟）

九、与不同性格的顾客交流练习

1．应聘

小王毕业以后在一家IT公司任工程师，逐渐熟悉业务，合作完成了一些工程，并且还负责了一个重点项目，但是三年工作后，薪水和地位没有丝毫变化。这时正巧另一家综合性公司招聘项目经理，小王觉得凭这几年的经验和业务实力，可以到这家综合性公司工作，通过换工作，能够提高目前的待遇和地位。

要求：① 请一位同学扮演小王，另一位同学扮演招聘者；

② 要求招聘者说明自己的性格类型，小王根据所学知识，与招聘者进行沟通；

③ 其他同学进行观察，然后反馈哪些环节做得不错，哪些需要改进，以及如何改进。

2．白领的烦恼

小张在外企上班，最近外企受经济大环境的影响，普遍紧缩开支，纷纷裁员，小张有些害怕，但是他想了一下，自己虽然没有什么丰功伟绩，但是也从来没有什么闪失，平时也不迟到早退，几年来休假也推迟了。可是这一天，主管走过他的座位时敲了一下他的桌子，说："明天你来我办公室一下"。小张心里咯噔一下，"莫非要裁掉我"。下班后小张没有回家，他找到大学同窗好友，倾诉了内心的不安，希望得到些安慰，并希望好友帮助分析，以制定下一步的打算。

要求：① 请一位同学扮演小张，另一位同学扮演小张的好朋友；

② 要求小张说明自己的性格类型，小张的好朋友根据所学知识，与小张进行沟通；

③ 其他同学进行观察，然后反馈哪些做得不错，哪些需要改进，以及如何改进。

项目一　设计市场营销战略

任务一　了解和预测市场

任务一所起的基本作用是收集市场信息，为营销决策提供可靠的依据。企业的经营管理者经常面临各种营销决策，如营销可行性分析决策、竞争决策、新产品开发决策、目标市场营销决策、营销渠道决策、品牌决策、价格决策、广告决策等，所有这些决策都离不开对市场信息的准确把握，而市场信息都需要通过市场调研来获得。这一任务的关键知识点包括：① 市场营销调研的内容；② 市场营销调研的方法；③ 市场营销调研的程序；④ 市场营销调研问卷的设计；⑤ 市场营销调研报告的撰写。

第一部分　任务学习引导

1.1　市场营销调研的内容

总体而言，市场营销调研的内容很广泛，凡是直接或间接影响企业营销状况，能为企业营销决策提供信息的因素都可能被纳入调研的范围。市场营销调研的内容通常可分为以下四大类。

1. 宏观环境的调研

（1）人口环境

主要是调研人口数量及其增长、人口构成及变化等内容。

（2）政治法律环境调研

主要是调研政府现行政策、法令及政治形势的稳定程度等内容。

（3）经济环境调研

主要是调研经济发展状况、物价、居民存款、信贷、人们的收入、消费结构等各种综合经济指标所达水平、变动趋势和变动程度。

（4）社会文化环境调研

主要是调研一些对市场需求变动产生影响的社会文化因素，诸如文化程度、职业、民族构成、宗教信仰及民风、社会道德与审美意识等。

（5）技术环境调研

主要是调研如新技术、新工艺、新材料、技术现状及发展趋势等方面内容。

（6）自然环境调研

主要是调研目标市场的地理条件、交通、资源、气候等内容。

2．市场需求调研

即调研市场需求总量、需求结构及其变化趋势、企业的市场占有率及需求者购买行为等。需求者购买行为调研又包括需求者的购买动机、购买方式、购买及使用频率等内容，目的在于掌握市场需求状况及其变化趋势。

3．营销组合因素调研

即对产品、价格、分销渠道和促销等 4P 因素的调研。

（1）产品调研

包括有关产品性能、特征和顾客对产品的意见和要求的调研；产品寿命周期调研；产品的包装、品牌、外观等给顾客印象的调研，以了解这些形式是否与消费者或用户的习俗相适应。

（2）价格调研

包括产品价格的需求弹性调研；新产品价格制定或老产品价格调整所产生的效果调研；竞争对手价格变化情况调研；实施价格优惠策略的时机和实施这一策略的效果调研。

（3）销售渠道调研

包括企业现有产品分销渠道状况，中间商在分销渠道中的作用及各自实力，用户对中间商尤其是代理商、零售商的印象等项内容的调研。

（4）促销方式调研

主要是对人员推销、广告宣传、公共关系、营销推广等促销方式的实施效果进行分析、对比。

4．竞争对手调研

企业在竞争中要保持自身优势，就必须随时掌握竞争对手的各种动向。竞争对手调研主要包括竞争对手数量、竞争对手的销量、市场占有率及变动趋势、竞争对手已经及将要采用的营销策略、潜在竞争对手情况等方面的调研。

1.2 市场营销调研的方法

市场营销调研方法可根据不同的依据划分。根据信息搜集的规模划分，分为全面调查和非全面调查。全面调查即普查；非全面调查又分重点调查、典型调查、抽样调查 3 种方法。根据信息搜集的方式划分，则分为询问法、观察法和实验法。企业进行每一项营销调研时，都须从搜集信息的规模上确定采用何种调查方法，然后要确定对样本或典型单位或重点单位的信息采用何种方式搜集。

1．搜集信息规模不同的调研方法

（1）普查

普查是指对调研总体中的每一调研单位都无一例外地进行调查来搜集信息的方法。所谓调研总体，是指在市场调研中能提供所需信息的个人或者群体的全体。

普查的优点是收集的信息资料比较全面、系统、准确、可靠；其不足是涉及面广、工作量大、时间较长，需要大量的人力和物力，组织工作较为繁重，以至于在营销调研的通常情况下是不可行的。

尽管市场营销调研中很少用到普查，但是有时它也适用于某些案例。譬如，在某著名石油公司、麦当劳、中国电信等神秘顾客访问中，由于总体不大，因此采用的是普查的方式。另外，在工业品营销中，一个企业只向少量客户销售极为特殊的产品时，普查也是适当和可行的。

（2）重点调查

重点调查是在总体单位中选择一部分重点单位进行调查。重点单位通常是指在调查总体中具有举足轻重的，能够代表总体的情况、特征和主要发展变化趋势的那些总体单位。这些重点单位在全部单位中虽然只是一部分，但它们在所研究现象的总量中却占有绝大比重，因而对它们进行调查就能够反映全部现象的基本情况。例如，要了解全国钢铁生产的增长情况，只要对全国为数不多的大型钢铁企业的生产情况进行调查，就可以掌握我国钢铁生产的基本情况了。重点调查的单位可以是一些企业、行业，也可以是一些地区、城市。

此种方法的优点是，所投入的人力、物力少，而又能较快地搜集到统计信息资料。重点调查的主要作用在于反映调查总体的主要情况或基本趋势。一般来讲，在调查任务只要求掌握基本情况，而部分单位又能比较集中反映研究项目和指标时，就可以采用重点调查。

（3）典型调查

典型调查是从众多的调查研究对象中，有意识地选择若干个具有代表性的典型单位进行深入、周密、系统地调查研究。进行典型调查的主要目的不在于取得社会经济现象的总体数值，而在于了解与有关数字相关的生动具体情况。

典型调查的优点在于调查范围小，调查单位少，灵活机动；具体深入，节省人力、财力和物力等。其不足是在实际操作中选择真正有代表性的典型单位比较困难，而且还容易受人为因素的干扰，从而可能会导致调查的结论有一定的倾向性，且典型调查的结果一般情况下不易用于推算全面数字。

典型调查和重点调查相比，其区别是，前者调查单位的选择取决于调查者的主观判断，后者调查单位的选择具有客观性；前者在一定条件下可以用典型单位的量推断总体总量，后者不具备用重点单位的量推断总体总量的条件。典型调查在作总体数量上的推断时无法估计误差，推断结果只是一个近似值。

（4）抽样调查

抽样调查是从总体中选取一部分单位作为样本，对样本进行调查，并根据调查样本所得的结论推算总体特征的一种非全面调查。

抽样调查和重点调查、典型调查的根本区别就在于选取调查单位的方法不同。抽样调查是非全面调查方法中用来推算和代表总体的最完善、最有科学根据的调查方法。

抽样调查因抽样方法不同，又形成了不同的抽样调查法。抽样方法可分为两大类：一是随机抽样，即在抽样时，总体中每一个单位被选为样本的几率相同。随机抽样具有健全统计理论基础，可用几率理论加以解释，是一种客观而科学的抽样方法；二是非随时抽样，即在抽样时，总体中每一个单位被选为样本的几率为不可知。

① 随机抽样方法。

第一种，简单随机抽样。简单随机抽样也称为单纯随机抽样，是指从总体 N 个单位中任意抽取 n 个单位作为样本，使每个可能的样本被抽中的几率相等的一种抽样方式。

简单随机抽样一般可采用掷硬币、掷骰子、抽签、查随机数表等办法抽取样本。在统计调查中，由于总体单位较多，前三种方法较少采用，主要运用后一种方法。3 种方法是都要对总体单位编号，然后利用掷硬币、掷骰子、抽签、查随机数表来抽取。

例如利用查随机数表抽样，假定有 2000 名调查对象，以随机数表随机抽取 150 名作为样本，其抽样步骤如下。

（a）将 2000 名调查对象，由 0001 编至 2000 等 2000 个连续编号，即对每一总体单位编号。

（b）由随机数表，利用抽签方法选取号码开始点。例如，选取为第 15 行第 4 列。

（c）由设定的起始点选取号码，选取号码与调查对象的编号位数相同，即 1475，9938，4460，0628，……，有效号码样本在 2000 以下。

（d）若总体单位与随机数表抽样号码条件相同即为样本，大于调查编号，跳过不取。

（e）若逢重复号码，亦应跳过。

（f）依上述方法，直到抽取 150 个号码，即为完成抽样。

第二种，分层抽样。分层抽样又称为分类抽样或类型抽样，该抽样技术在市场营销调研中较多地被采用。它是先将调研总体的所有个体按某种标准进行分类（层），然后在各类（层）中采用简单随机抽样或等距随机抽样方式抽取样本个体的一种抽样方式。

分层的作用主要有二：一是为了提高抽样的精度；二是为了在一定精度的要求下，减少样本的单位数，以节约调查费用。因此，分层抽样是应用最为普遍的抽样技术之一。

按照各层之间的抽样比例是否相同，分层抽样可分为等比例分层抽样与非等比例分层抽样两种。下面给出一个等比例分层实例。

E&P 举例与实践

某地区共有居民 20000 户，按家庭收入高低进行分类，其中高收入的家庭为 4000 户，占总体的 20%；中等收入为 12000 户，占总体的 60%；低收入为 4000 户，占总体的 20%。要从中抽选 200 户进行购买力调查，则各类型居民应抽取的样本单位数如下。

家庭收入高的样本数为：$200 \times 20\% = 40$（户）

家庭收入中等的样本数为：$200 \times 60\% = 120$（户）

家庭收入低的样本数为：$200 \times 20\% = 40$（户）

第三种，整群抽样。整群抽样是首先将总体中各单位归并成若干个互不交叉、互不重复的集合，称之为群，然后以群为抽样单位抽取样本的一种抽样方式。

整群抽样的优点是实施方便、节省经费；缺点是往往由于不同群之间的差异较大，由此而引起的抽样误差往往大于简单随机抽样。

第四种，等距抽样。等距抽样也称为机械抽样，它是首先将总体中各单位按一定顺序排列，根据样本容量要求确定抽选间隔，然后随机确定起点，每隔一定的间隔抽取一个单位的一种抽样方式。

② 非随机抽样方法。

第一种，任意抽样（偶遇抽样、便利抽样）。任意抽样是指调查人员从调查工作方便出发，在调查对象范围内随意抽选一定数量的样本进行调查。如调研人员对年轻的北京市民的消费倾向作调查，就可直接选择同学或朋友作为访问对象，或在街头拦截路人作为访问对象。

第二种，判断抽样。判断抽样是指凭调查人员的意愿、经验和知识，从总体中选择被认为具有代表性的样本进行调查。它是调研人员根据"最符合调查对象特征"的原则来确定自己的样本。它不同于任意抽样的"最方便"，而是"最适合"。例如，调查北京大学生的考研消费时，可能需要 100 人的样本以保证调查结果的准确性。而这个 100 人的样本中，必须有50%的女性，有 20%的大三学生，30%的文科学生。因此，在调查中，首先要根据这一规定来确定样本结构，即样本中的 50 名女生、20 名大三学生、30 名文科学生，然后再对符合上述相应特征的人结合任意抽样进行调查。

第三种，配额抽样（定额抽样、计划抽样）。配额抽样是指调查人员先分层，再根据总体中各层的比例确定在各层中抽取样本单位的具体数量（即配额），然后在每层中用任意抽样的方法选取样本单位的一种抽样方法。它类似于分层抽样法，但不同的是，分层抽样是按随机原则在层内抽取样本，配额抽样则是由调查人员在配额内主观判断选定样本。根据配额的要求不同，配额抽样可分为独立控制配额抽样和非独立控制配额抽样。

第四种，滚雪球抽样。指采用随机方式选择一组调查对象，在进行调查后，根据他们所提供的信息由他们推荐选择下一组调查对象的抽样方法。这样，通过上一组选择下一组，像滚雪球一样一波一波地继续下去，直到调查结束。

2．搜集信息方式不同的调研方法

对样本、典型单位、重点单位等调查对象搜集信息的方式有两大类：间接调研法和直接调研法。

（1）间接调研法

间接调研法（也称文案调研法）是指对已经被他人搜集和整理好、现成的相关资料进行搜集的方法，这类资料通常被称为间接资料或第二手资料。其来源一般为国家机关、金融服务部门、传媒、行业机构、市场调研与信息咨询机构等发表的统计数据，科研机构发表的研究报告、著作、论文，也可能来源于企业内部其他部门已统计整理好的资料，如内部统计部门、销售部门、财务部门、档案室收集整理的报表、工作总结、业务建议、销售统计、客户意见等。

搜集第二手资料的具体方法有上网搜索、查阅、索取、购买等。

很多情况下，把间接调研法与直接调研法结合使用，完成调研任务的效果较好，但有时单独使用也同样能很好地达到调研目的。

E&P 举例与实践

广东香蕉如何通过第二手资料调研进入欧洲市场

广东某土产公司是专营新鲜水果、新鲜蔬菜等农产品的企业，它的新鲜蔬菜和其他土产品出口量不大，主要出口货物是香蕉，销往美国、西欧、日本等地。公司打算向西欧展开一次出口攻势。鉴于该公司资源有限，只能把力量集中放在一个盈利潜力最佳的目标市场。从历史情况分析：芬兰、瑞典、英国、瑞士、西班牙和葡萄牙都是进口香蕉的国家。公司的管理部门要求调研人员从中挑选一个国家作为自己香蕉出口的目标市场。

公司的调研人员从经济合作与发展组织（OECD）所发表的贸易统计资料着手，开始了第二手资料的调研，他们找到近年来上述六国香蕉进口数据，如表1-1所示。

表1-1　　　　　　　　　　六国香蕉进口数据

香蕉进口国别	第一栏 1992年 （万美元）	第二栏 1993年 （万美元）	第三栏 1994年 （万美元）	第四栏 1994年 （万吨）
芬兰	4000	5000	7500	33
葡萄牙	1500	1600	1000	5
西班牙	900	1200	1500	5.5
瑞典	10000	12000	12500	45
瑞士	12500	15500	15000	45
英国	45000	50000	55000	180

研究人员接着根据市场规模、增长速度、单位价格三个方面的指标，对六国的香蕉进口进行分析并确认一个最佳的目标市场。

从表1-1第三栏的1994年六国香蕉进口值不难看出，英国的香蕉进口居于首位，葡萄牙进口最少，这说明广东某土产公司若将香蕉销往西欧，英国市场规模最大，瑞士次之，瑞典第三，芬兰第四，西班牙第五，葡萄牙最小。

从表1-1中1994年与1993年进口值相比，得出各该国香蕉进口的增长速度，芬兰占第一位，葡萄牙仍居末位。可见，广东某土产公司的西欧香蕉潜在市场，以芬兰增长速度最快，其余依次为西班牙、英国、瑞典、瑞士和葡萄牙。

从表1-1中1994年的进口值除以当年的进口量，可以求出每吨香蕉进口价格，其中以瑞士进口价格最贵，每吨为333美元，广东某土产公司若将香蕉向西欧出口，则在瑞士可以卖得最好的价钱，葡萄牙单价最低，居中的是瑞典和西班牙。该土产公司作第二手资料分析表，如表1-2所示。

表1-2　　　　　　　　　某土产公司作第二手资料分析表

国别	市场规模位（a） 第三栏	市场增长位次（b） （第三栏-第二栏）÷第二栏	位次	每吨单价位次（c） 第三栏÷第四栏	位次	各项位次总计 (a)+(b)+(c)
芬兰	4	50%	1	227美元	5	10
葡萄牙	6	-38%	6	200美元	6	18
西班牙	5	25%	2	272美元	4	11
瑞典	3	4%	4	277美元	3	10
瑞士	2	-3%	5	333美元	1	8
英国	1	10%	3	305美元	2	6

从上述市场规模、市场增长、单位价格进行综合分析，该土产公司向西欧出口香蕉，英

国市场是盈利潜力最佳市场。因为英国的市场规模最大（居六国之首），市场增长速度较快（第三位），每吨进口价甚高（第二位）。公司调研人员经过位排列分析，挑选英国作为该公司的目标市场，供公司管理部门决策时参考。

采用间接调查法进行调查时，应遵循的原则如下：一是先易后难、由近到远的原则。即先搜集那些比较容易得到的历史资料和公开发表的现成信息资料，而对那些内部保密资料或原始资料，只是在现存资料不足时才作进一步搜集。另外，要注意从近期到远期逐期查阅。二是先内部后外部的原则。即先从本企业、本行业内部着手，然后再到有关的组织与行业搜集相关的现成信息资料。

（2）直接调研法

直接调研法（也称实地调研法）是指采用直接接触调查对象的方式获取第一手资料的方法。该方法又分为询问法、观察法和实验法。

① 询问法。询问法就是调查人员通过各种方式向被调查者发问或征求意见来搜集市场信息的一种方法。它可分为深度访谈法、焦点问题小组座谈会、问卷调查等方法，其中问卷调查又可分为电话访问法、邮寄问卷调查法、留置问卷调查法、入户问卷访问法、街头拦访法等调查方法。

询问法是市场调研中最常见和使用最广泛的一种方法。下面着重介绍焦点问题小组座谈会和深度访谈法，问卷调查法将在后面介绍。

（a）焦点问题小组座谈会。由一个经过训练的主持人，以一种自然的形式，与一个小组的被调查者就焦点问题进行交谈和讨论。其主要目的是为了获得用户对某个产品或者项目计划实施情况的看法。我国许多调研机构在用户体验研究中越来越多地采用这种方法。一个小组一般由2~8人组成，一般需要采访2~4个小组。

（b）深度访谈法。通过深入地对被访者进行访谈，来了解和揭示被访者对某一问题的潜在动机、信念、态度、情感、想法和建议。深度访谈的特点是直接地、一对一地访问。一次深度访谈可能要花30分钟甚至1个小时以上。在进行访谈时，虽然访谈员事先有一个粗略的提纲并试图按照提纲来采访，但在问题的具体措辞和顺序上，往往受到被访者反应的影响。为了获取有意义的、能揭示内在问题的反应，访谈技术是十分关键的。

访谈提纲一般包括：确定访谈调查目的（为什么谈）；确定访员（谁去谈）；确定访谈对象（与谁谈）；确定访谈时间（何时谈）；确定访谈地点（何地谈）；确定访谈种类（怎么谈）；确定访谈记录方式（怎么记）；确定访谈报告方式（怎么写）。如果是标准化访谈，必须用组织统一设计的访谈问卷；如果是非标准化访谈，提纲则无需有严格的分类和固定的回答方式，但要求必须把与调查主题相关的主要项目和问题列出，问题要简练、明确。

② 观察法。观察法是指通过观察被调查者的活动来取得第一手数据的一种调查方法。观察法多用于对零售活动、消费者购买习惯和动向、广告效果等方面的研究。

观察法主要包括以下几种具体的形式。

（a）实验观察和非实验观察。实验观察是在人为设计的环境中进行的观察。例如，建立一个模拟超市，招募一些被观察者作为顾客进行模拟购物，给他们每人一个购物车，并告诉他们随意浏览货架，挑出自己所喜欢的商品，从而观察他们的行为。

非实验观察是在自然状况下进行观察，所有参与的人和物都不受控制，跟往常一样。例如，调查人员在自然状况下观察商场售货员接待顾客、提供服务的过程。

（b）直接观察和间接观察。直接观察是调查者直接加入到调查情景之中进行观察，观察结果的准确性较高。

间接观察又称实际痕迹测量法，是调查者不直接加入到调查情景之中，而是通过观察被调查对象的某种痕迹和行为，来推断被调查对象的情况。例如，调研者通过对家庭丢掉的生活垃圾观察，来研究他们的日常消费模式，通过收集旧产品观察人们的产品使用情况和性能要求。

（c）秘密观察与公开观察。秘密观察是指被调查者不知道自己正在被调查，公开观察指被调查者知道自己正在被调查。公开观察易于导致误差。

（d）人工观察和仪器观察。人工观察是调查者直接在观察现场记录有关内容，由调查者根据实际情况对观察到的现象作出合理的推断。该方法容易受调查人员自身因素的影响，可能影响到调查结果。

仪器观察是调查者借助仪器设备（如摄像机、录音机、监测器、闭路电视等）进行现场观察，记录效率较高，也比较客观。

③ 实验法。实验法是从影响调研问题的若干问题因素中选择一两个因素，将它们置于一定的条件下进行小规模实验，然后对实验结果作出分析，研究是否值得大规模推广。凡是某种商品投入市场，或是商品改变品种、包装、价格、商标、促销方式等，均可应用这种方法进行小规模的实验、试销，由此了解消费者的反应和意见。例如，某公司打算对某产品是否改变包装进行试验，方法是第一、二周把改变包装后的产品给甲、乙两商店销售，把未改变包装的产品给丙、丁两商店销售，第三、四周调换。试验结果是四个商店改变包装的销售量比未改变包装的销售量都增加了，增加的幅度达到平均25%，因此，公司决定实施改变包装策略。

3种直接调研方法的比较如表1-3所示。

表1-3　　　　　　　　　　3种直接调研方法的比较

项　　目	询　问　法	观　察　法	实　验　法
优点	调研方法灵活方便 调研问题全面深入	调研方法直接有效 调研结果客观准确实用	验证因果关系 发现内在规律
缺点	周期长、组织难度大	重于表象缺乏深度	时间长、费用大

E&P 举例与实践

高露洁公司的新产品试销

高露洁公司在四个城市中试销新的肥皂产品，分别采用以下四种组合方式：①平均量的广告结合免费样品挨家挨户地赠送；②大量的广告加样品赠送；③平均量的广告结合邮寄赠券；④平均量的广告和不提供任何其他的宣传。结果表明，第三种方法获得了最好的利润水平。

Q&A 研讨题

"肯氏"鸡飞进北京城

1986 年暑假，我们一行三人旅游来到北京城。一天，骄阳似火，几乎快将整个京城烤焦。在北海公园的树荫下，我们准备休息片刻。不一会儿，一位衣着典雅脱俗，看上去文静、清秀的小姐微笑着朝我们走来，"今天好热，女士们想喝点、吃点什么？"，"谢谢"，我们中有两人同时回话。那小姐紧接着说："我是北京商学院的学生，暑假里被美国肯德基炸鸡公司聘为临时职员，公司为了征求中国顾客对肯德基炸鸡的意见，在这公园设置了免费品尝点，还准备了一些免费饮料。"那小姐指着公园东南边的小餐厅，"各位能否帮助我的工作？谢谢。"

我们随着这位小姐走进了餐厅。餐厅内，大理石地面，奶白色的墙纸，粉红色的窗帘，两边墙上各有一排古铜色、方形的鸿运扇，正面墙上挂着巨大的迎客松图，20 多张大圆桌上铺着洁白的桌布，宽大明亮的窗户外是翠绿的修竹……这儿的一切使人感到仿佛身处春天。

待我们盥洗完毕，一位衣冠楚楚的男士彬彬有礼地请我们就座，并在每个人面前摆放好以塑料袋盛装的白毛巾，随之送上苏打饼干和白开水，以消除口中异味，片刻又送上油亮嫩黄的鸡块。

稍事品尝后，一位女士开始发问："您觉得这鸡快做得老了还是嫩了？""鸡块外表是否酥软？""鸡块水分多了还是少了？""胡椒味重了还是轻了？""是否应加点辣椒？""味精用量如何？""还应加点什么佐料？""鸡块大小是否合适？""这块鸡卖 0.9 元是贵还是便宜？"……其项目十分详细，令人赞叹。"那么，您对餐厅设计有什么建议呢？"她边说边拿出一大本彩色画册，显示了各种风格、色调和座位布置的店堂设计。她一边翻着画册，一边比划着这个餐厅的设计，问我们一些问题，诸如墙壁、窗户的色调和图案，座椅靠背的高低，座次排列的疏密，室内光线的明暗等。

为了使气氛更轻松愉快，她随便地聊起北京的天气和名胜古迹，尔后，谈话很自然地又引到她的需要："您认为快餐店设在北京哪儿最好？""像您这样经济状况的人每周可能光顾几次？""您是否愿意携带家人一起来？"……最后，她询问了我们的地址、职业、收入、婚姻和家庭状况等。

整个询问过程不到 20 分种。那位女士几乎收集到了我们能够给予的全部信息。临行前，引我们入座的那位男士又给我们每人送上一袋热腾腾的炸鸡，纸袋上"肯德基 Kendagy Co."的字样分外醒目。"带给您的家人品尝，谢谢您的帮助"，他轻声说道。

1987 年，我们听说美国肯德基炸鸡公司在北京前门开业，他们靠着鲜嫩香酥的炸鸡、纤尘不染的餐具、纯朴洁雅的美国乡村风格的店容，加上悦耳动听的钢琴曲，赢得了来往客人的声声赞许。这时我们才意识到当初肯德基公司设置品尝点的良苦用心及其价值。我想，我们的企业也应像肯德基公司那样，以深入细致的调查去开拓市场。

问题：① 肯德基公司运用了什么调研方法？
② 对该公司代价巨大的市场调研，你认为是否值得？说明理由。

1.3 市场营销调研的程序

市场营销调研是一个科学性很强、工作流程系统化很高的工作。调研人员必须依照严格合理的工作程序进行。市场营销调研的程序如图1-1所示。

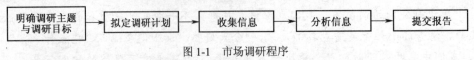

图1-1 市场调研程序

1.明确调研主题与调研目标

明确调研主题即要明确本次调研要围绕解决什么问题展开调查，例如，是顾客满意度如何，还是销售额下降的原因。然后确定一个相应的调研名称（即标题），如"A企业顾客满意度调查"或"B企业2008年第四季度销售额下降原因调研"或"上海DIY手工艺市场调研"。调研目标是指通过调查，最终要达到的目的，明确调研目标也就是要明确本次调研的最终目的是什么为营销决策提供了依据。

2.拟定调研计划

要使市场调研工作顺利进行，就必须制定一个完善的调研计划，它一般应包括以下内容（简称5W2H）。

① 制定主题及目标（Why）。

② 拟定调研内容（What）。它是市场营销调研四大调研内容的具体化，即拟定要对宏观环境、市场需求、营销组合因素、竞争对手环境因素中哪些具体调研内容进行调研，调研内容拟定得越详细越好。

③ 确定调研对象（Who）。界定调查总体、总体单位及要搜集信息的调查对象范围。

④ 确定调研地点（Where）。

⑤ 安排调研时间（When）。最好制定详细进度。

⑥ 选择调研方法（How）。从调研的规模上和搜集信息的途径上，都对调查方法作一个选择。

⑦ 编制调研预算（How much）。

3.收集信息

在确定了调研计划后，营销调研需要按照计划实施调研，这其中的工作可能包括：抽样设计、问卷设计，实施文案调查法收集第二手资料，实施实地调查法收集第一手资料。

4.分析信息

对于已搜集到的第一手资料、第二手资料，都要进行一个去伪存真、去粗存精、由表及里的处理和分析。首先，要对收集来的资料进行审查核实。审查核实的内容主要包括资料的完整性和准确性两方面。遗漏的要补充，不准确的要剔除，口径不一致的要改正，过时的要剔除。其次，要进行统计分组，汇总计算。最后，分析出结果与结论。

5.撰写和提交调研报告

营销调研的最后一步是撰写和提交调研报告。调研报告是对调研成果的总结和对调研结论的说明，该报告应紧扣调研主题，简明扼要，突出重点，讲求实用。调研报告的内容主要包括调研的目的、范围和调研方法的简要说明，调研结果分析，得出的结论性意见，调研结果的误差和局限性说明，以及供决策者参考的对策、建议等。并尽可能将分析阶段形成的数据图表附在其中，便于决策者在最短的时间内对整个报告有一个概括的了解。

1.4 市场营销调研问卷的设计

1. 问卷的结构

一份完整的调查问卷一般由三个部分组成：说明词、正文、结束语。正文是核心部分，必不可少，其他为了简化可舍弃。

（1）说明词

说明词也称前言，其主要内容是说明调研机构、调研的目的、意义、填答说明及激起被访者兴趣的句子等，它一般放在问卷的开头。例如：

——女士/先生：

您好！我们是××洗发水公司，我们正在进行一项关于公众对洗发水品牌意识方面的调查，目的是了解我公司的洗发水在市场的反应情况。您的回答无所谓对错，只要真实地反映了你的情况和看法，就达到了本次调查的目的。调查要耽搁您一点时间，请谅解。您的支持与合作对我们很重要，谢谢！

（2）正文

正文即问卷的问题部分。

（3）结束语

结束语放在问卷的最后，通常为以下内容：被调查者的个人档案，某些问题的附带说明，再次向被调查者致意，调查人员姓名及调查时间。例如：

填写完成后发问卷至 zg2007@163.com，可参与抽奖，再次感谢您对我们工作的支持！

调查时间： 年 月 日

2. 问卷的题型

问卷中问题的常用题型有两大类：一是开放式题，一般有填空题、字词联想题、完全自由答题等；二是封闭式题，有是非题、选择题、程度题等。所谓开放性问题，是指所提出问题并不列出可能的答案，而是由被调查者自由作答的问题。开放性问题一般提问比较简单，回答比较真实；但结果难以作定量分析，在对其作定量分析时，通常是将回答进行分类。所谓封闭性问题，是指已事先设计了各种可能答案的问题，被调查者只能从中选定一个或几个现成答案来作答。封闭性问题由于答案标准化，不仅回答方便，而且易于进行各种统计处理和分析；但其缺点是回答者只能在规定的范围内被迫回答，无法全面反映其他各种有目的的、真实的想法。

（1）是非题

是非题也称二项选择题，是指提出的问题仅有两种答案可以选择，即"是"或"否"、"有"或"无"等。这两种答案是对立的、排斥的，被调查者的回答非此即彼，不能有更多的选择。例如，"您家里现在有吸尘器吗？"答案只能是"有"或"无"。

又如，"您是否打算在近五年内购买住房？"回答只能是"是"或"否"。

这种方法的优点是易于理解和可迅速得到明确的答案，便于统计处理，分析也比较容易。但被调查者没有进一步阐明理由的机会，难以反映被调查者意见与程度的差别，了解的情况也不够深入。这种提问方法，适用于互相排斥的两项择一式问题，及询问较为简单的事实性问题。

（2）选择题

选择题是对于提出的问题列举几个备选答案，让被调查者在备选答案中任选其中一个或多个答案，既可设单项选择题也可设多项选择题。

例如，"您使用过下列哪种洗发水？"（可多选）

a.飞柔　　　b.丽仕　　　c.花香　　　d.雷雅

又如，"您每天看电视的时间有多长？"

a.1小时之内　　　b.1～2小时　　　c.3～4小时　　　d.3小时以上

由于所设答案不一定能表达出填表人所有的看法，所以在问题的最后通常可设"其他"项目，以便使被调查者充分表达自己的看法。

（3）程度题

为了了解不同被访者对所调查事项的态度在程度上的差别，一般要用程度题，其备选答案通常设计为表达不同程度的形容词，如"很赞成"、"赞成"、"不赞成也不反对"、"不赞成"、"坚决反对"；又如"很喜欢"、"喜欢"、"一般"、"不喜欢"、"很不喜欢"；再如"非常重要"、"很重要"、"重要"、"无所谓"、"不重要"。

例如，"手机的款式对您来说，重要的程度是："

a.绝对重要　　　b.重要　　　c.无所谓　　　d.不重要　　　e.绝对不重要

采用程度题时要注意：各答案要根据程度依次排列，而不能颠三倒四，否则会使被调查者思绪混乱，答案就可能不准确。答案可从最高程度到最低程度依次排列，也可从最低程度到最高程度依次排列。另外，程度题的答案也可不由文字表述，而是由分值表述，由被调查者选择分值大小给出不同的答案。

例如，"您认为下面活动的危险程度有多大？"

	低				高
爬山	1	2	3	4	5
徒步行走	1	2	3	4	5
野营	1	2	3	4	5

（4）填空题

填空题是拟定不完整的句子，请被访者填写。

例如，"贵公司所属的行业是_____。"

又如，"当您决定外出游玩时，最重要的考虑是_____。"

（5）词汇联想题

词汇联想题是列出一个或多个词汇，由被调查者说出他头脑中涌现的第一个词是什么。

例如，"当您听到下列字眼时，脑海中涌现的第一个词是什么？"

海尔；联想

（6）完全自由答题

完全自由答题是指提出问题，被调查者可以自由发表意见，并无已经拟定好答案的题型。

例如，"您觉得软包装饮料有哪些优、缺点？"、"您认为应该如何改进电视广告？"，等等。

这种题型的优点是涉及面广、灵活性大，被访者可充分发表自己的看法，使调研者对情况了解得更全面透彻；甚至可为调研者搜集到某种意料之外的资料；缩短问者和答者之间的距离，迅速营造一种调查气氛。缺点是由于回答者提供答案的想法和角度不同，答案会很分散，答案分类会遇到困难，资料较难整理，还可能因回答者表达能力的差异形成调查偏差，甚至还有可能由于时间关系或缺乏心理准备，被调查者放弃回答或答非所问，因此，此种问题不宜过多。

3．问卷设计应注意的问题

① 问卷说明词的口吻要亲切，态度要诚恳。

② 注意问题排列的先后顺序及它们之间的逻辑关系。一般是由简单到复杂、由表面到深层地提出问题。

③ 多用封闭性题型而少用开放性题型。因为封闭性题型便于统计也便于回答，开放性题型回答有难度，被调查者可能会知难而退，谢绝访问或放弃回答，统计也困难。

④ 避免问题模糊和过于专业。例如，"普通"、"经常"、"一些"、"美丽"等词语，各人理解往往不同，在问卷设计中应避免使用，否则问题会很模糊。例如，"您是否经常购买洗发液？"，这一问题被调查者可能不知如何回答，若改为"您每月平均买几瓶洗发液？"或"您上月共购买了几瓶洗发液？"，意思则会更清楚、确切些。再如，在一项关于计算机应用的调查中，有一问题是："您对哪个ISP的服务比较满意？"。对于计算机还不太熟悉的人，可能不知道ISP是网络服务供应商的简称，问题就太专业了，最好去掉专业术语简称，改为"您对哪个网络服务供应商的服务比较满意？"，可能会更为明白易懂。

⑤ 关于受访者个人资料的问题，不宜放在问卷开头。因为涉及隐私，不要一上来就问，否则被调查者会拒绝访问。

⑥ 问卷以简短为佳。问卷的长短，可以因受访者对主题的关心程度、询问场所、调查对象类型、调查员训练程度而定，以不超过30个问题为宜。访问时间最好在15分钟以内。

⑦ 问卷外观设计和印刷方面尽量精美，给人感觉到是有价值的问卷，采访遭到拒绝的可能性也会降低。

1.5 市场营销调研报告的撰写

市场营销调研的最后一个步骤就是撰写一份高质量的研究报告，也就是以报告形式表达市场营销调研所获得的资料和结果，为委托者或本企业管理层进行营销决策提供参考。调研报告是研究工作的最终结果，也是制定市场营销决策的重要依据，市场营销调研报告的提出和报告的内容、质量，决定了它对企业领导据此决策行事的有效程度。

1．市场营销调研报告的分类

营销调研报告根据读者的不同需要可分为专题报告和一般性报告。这两种报告分别适合有着不同兴趣和不同背景的读者，前者是供专门人员做深入研究用的，后者是供企业的行政领导或公众参考的。

（1）专题报告

专题报告又称技术性报告，在撰写时应该注意尽可能详细，凡在原始资料中发现的事实都要列入，以便其他专门人员参考。一项专业形式的报告应该详述每一研究步骤以及尽量使用专业词汇。

（2）一般性报告

一般性报告又称通俗报告，这种报告适合那些只关心研究结果而无兴趣于研究技术的读者。因阅读者人数众多，水平参差不齐，应力求条理清晰，并避免过多引用术语。为了提高阅读人的兴趣，报告要注重写得具有吸引力。

2．市场营销调研报告的撰写方式

专题报告和一般性报告这两种报告的拟定方式有较大的差别。

（1）专题报告的撰写方式

专题报告在撰写时一般应包含以下几部分内容。

① 标题封面。这部分应写明调研题目、承办部门及承办人、报告日期，也就是让读者知道调研报告的题目是什么、此项报告是为谁而写、此项报告由谁完成和此项报告的完成日期。

例如：

2008 年深圳市手机消费市场调查报告

报告日期：2009 年 2 月
深圳市 ABC 市场调研有限公司

关于标题可以有下面两种写法。

一种是规范化的标题格式，即"主题"加"文种"，基本格式为"××关于××××的调查报告"、"关于××××的调查报告"等。这种写法比较适合专题报告。

另一种是自由式标题，包括陈述式、提问式和正副标题结合使用三种。陈述式如《深圳市场私家车消费情况调查》；提问式如《为什么本企业白酒今年第一季度销量下滑》；正副标题结合式，正题陈述调查报告的主要结论或提出中心问题，副题标明调查的对象、范围、问题，这实际上类似于"主题"加"文种"的规范格式，如《销售渠道重在控制——对本企业销售渠道策略实施效果的思考》等。自由式标题格式比较不适合专题报告，而适合一般性报告。

② 目录。目录应列出报告的所有主要部分和细节部分，以及其所在的页数，以便读者能尽快阅读所需内容，但如果报告少于 6 页，目录则可省去。

③ 摘要。摘要是摘取报告的核心而成。要以简明扼要的语言陈述开展此项调研的目的和调研结果、结论与建议，以便企业的决策者或主管能在较短的时间内迅速地了解调研的结果与结论，确定应该采取什么样的措施或行为。因为他们通常很忙，对复杂的细节不感兴趣，摘要的长度以不超过 2 页为好，短的 500 字即可。

④ 前言。这部分要陈述调研背景、调研目的和所采用的调研方法、调查步骤等内容。在调研方法里要说明样本设计，抽样方法，资料搜集方法，实地工作启用了多少名、什么样的实地工作人员，对他们如何培训、如何监督管理，实地工作如何检查等。

⑤ 调查结果。这部分是调研报告的核心内容，调查结果和下面将提到的结论与建议共同构成调研报告的正文。调查结果在正文中占较大篇幅。这部分应按某种逻辑顺序提出紧扣调研目的的一系列调研发现，调研结果可以以叙述形式表述，并配合一些总括性的表格和图像。

⑥ 结论与建议。结论是基于调研结果的意见，而建议是提议应采取的相应行动。研究者的作用不仅在于向读者提供调查事实，而且应该在事实的基础上得出结论并提供建议。这里对结论和建议的阐述应该比摘要中更为详细，而且要辅以必要的论证。

⑦ 附录。附录通常包括的内容有：调查提纲、调查问卷和观察记录表，被访问人（机构单位）名单，较为复杂的抽样调查技术的说明，一些次关键数据的计算（最关键数据的计算，如果所占篇幅不大，应该编入正文），较为复杂的统计表和参考文献等。附录应尽可能多地列出有关论证和说明正文的资料。任何一份太具技术性或太详细的材料都不应出现在正文部分，而应编入附录。这些材料可能只为某些读者感兴趣。

（2）一般性报告的撰写方式。一般性报告有时特别强调调研结果中对本企业有利的事实，以收到宣传广告之功效。标题可采用自由式标题的格式，以吸引人的注意。对于调查方法、分析整理过程、资料目录等，只要作简要说明即可；而对调研得出的结论和提出的建议的叙述，可适当详细一些。

第二部分 工 作 页

实践活动 1：确定调研内容

（1）要求：学生分组，每一组确立一个待开发的项目，例如，可以是待开发一个新产品，或一个新的细分市场，或一个新的店铺，或一项新业务等。每一组为自己的待开发项目进行前期的项目可行性调研或进行项目可行性调研中某一方面的调研（这是为了减少学生调研的工作量），为此首先要确定调研课题和具体的调研内容。

（2）任务完成步骤：①确立本组的待开发项目；②讨论确定调研课题名称；③明确调研应该解决什么问题，即调研目的；④确定调研的具体内容。

（3）学生根据任务完成步骤进行上述四个方面的讨论，将讨论结果填入表 1-4 中。

表1–4 调研内容与讨论结果表

讨论论题	讨论结果
调研课题名称	
调研应该解决什么问题（即调研目的）	
调研的具体内容	
讨论过程中的感受	

填表人：_____

填表时间：　年　月　日

注意：调研内容如何填写，请参见下面的市场营销调研策划方案。

"溜洋狗"市场调研策划方案

一、前言

快速餐桌食品市场是近几年新兴起来的消费品市场之一，而牛肉食品从休闲食品向餐桌食品发展更是新兴之中的新兴者。据宏观预测，该市场成长曲线呈上升之势。

为配合"溜洋狗"连锁经营进军本地市场，评估溜洋狗行销环境，制定相应的广告策略及营销策略，预先进行本地区快速餐桌食品市场调查大有必要。

本次市场调查将围绕策划金三角的3个立足点：消费者、市场、竞争者来进行。

二、调查目的

（1）为溜洋狗连锁经营进入本地市场进行广告活动策划提供客观依据。

（2）为溜洋狗连锁经营的销售提供客观依据。

具体为：

① 了解本地区快速餐桌食品市场状况。

② 了解本地区消费者的人口、家庭等统计资料，测算市场容量及潜力。

③ 了解本地区消费者对快速餐桌食品消费的观点、习惯、偏好等。

④ 了解本地区常购快速餐桌食品的消费者情况。

⑤ 了解竞争对手的广告策略、销售策略。

三、市场调查内容

1．消费者

① 消费者统计资料（年龄、性别、收入、文化程度、家庭构成等）。

② 消费者对快速餐桌食品的消费形态（食用方式、花费、习惯、看法等）。

③ 消费者对快速餐桌食品的购买形态（购买过什么、购买地点、选购标准等）。

④ 消费者理想的快速餐桌食品店描述。

⑤ 消费者对快速食品类产品广告、促销的反应。

2．市场

① 本地区快速餐桌食品店数量、品牌、销售状况。

② 本地区消费者需求及购买力状况。

③ 本地区市场潜力测评。

④ 本地区快速餐桌食品销售通路状况。

3．竞争者

① 本地市场上现有哪几类快速餐桌食品店，食品店的品牌、定位、档次等。

② 市场上现有快速餐桌食品的销售状况。

③ 各品牌、各类型快速餐桌食品的主要购买者描述。

④ 竞争对手的广告策略及销售策略。

四、调查对象及抽样

因为牛肉食品从休闲转为餐桌的新兴食品，目前本地市场上大多以某某鸡、兔、鸭、排骨等为主产品作品牌，所以，在确定调查对象时，适当针对目标消费者，点面结合，有所侧重。

1．调查对象组成及抽样

消费者：300 户。其中家庭月收入 3000 元以上占 50%，3000 元以下占 30%，其他 20%。

竞争对手：20 家。其中大型商场 6 家，连锁经营店 4 家，小区单店 4 家，菜市小店 6 家。

2．消费者样本要求

① 家庭成员中没有人在快速餐桌食品店或相关岗位工作。

② 家庭成员中没有人在市场调查公司工作。

③ 家庭成员中没有人在广告公司工作。

④ 家庭成员中没有人在最近半年中接受过类似产品的市场调查测试。

五、市场调查方法

以访谈为主。

（1）户访。

（2）售点访问。

（3）访员要求。

① 仪表端正、大方。

② 举止谈吐得体，态度亲切、热情，具有把握谈话气氛的能力。

③ 经过专门的市场调查培训，专业素质较好。

④ 具有市场调查访谈经验。

⑤ 具有认真负责、积极的工作精神及职业热情。

六、市场调查程序及安排

第一阶段：初步市场调查　　2天

第二阶段：计划阶段

制定计划	2天
审定计划	2天
确认修正计划	1天

第三阶段：问卷阶段

问卷设计	2天
问卷调整、确认	2天
问卷印制	3天

第四阶段：实施阶段

访员培训	2天
实施执行	10天

第五阶段：研究分析

数据输入处理	2天
数据研究、分析	2天

第六阶段：报告阶段

报告书写	2天
报告打印	2天

调查实施自计划、问卷确认后第四天执行。

七、经费预算（略）

实践活动2：确定调查方法

（1）要求及任务完成步骤：请学生先确定调查对象总体，再从调研规模上确定是采用普查、重点调查、典型调查，还是抽样调查方法。如果是抽样调查，样本的量、样本的要求、如何抽样都要确定。然后确定第一手资料用什么方法取得，第二手资料用什么方法取得。最后确定调查的分工、时间安排及预算。

（2）请学生完成后，填写表1-5。

表1-5 市场调研实施计划表

计 划 项 目	计 划
调研课题名称	
调查对象总体	
调查方法	
抽样设计	
人力分配	
预定进度	
预　算	
其他方面	

填表人：＿＿＿＿＿＿

填表日期： 年 月 日

实践活动3：设计调研问卷

（1）要求：为此次调研设计调研问卷一份。问卷结构要完整，问卷题型尽量多样化，问题要紧扣主题，问卷长短要合适，尽量避免出现前面注意事项中提到的不应出现的问题。将问卷设计出初稿后，全体组员认真审核、修改形成终稿，并将终稿誊写于下方"调研问卷誊写处"。

（2）可参考的调研问卷如下。

上海碧海金沙水上乐园消费者市场调查

——女士/先生：

您好！我们上海碧海金沙水上乐园公司为了更好地了解消费者的旅游消费习惯及需求，改善服务水平，为消费者提供更好的旅游产品和服务，特举办此次调查活动。调查要耽搁您一些时间，请您谅解。请在符合您情况的选项上打"√"或在问题的"_____"上填写适当的内容。您的支持与合作对我们很重要，谢谢！

① 您是否知道碧海金沙水上乐园？

    A. 是

    B. 否

② 您是否在碧海金沙水上乐园游玩过？

    A. 是

    B. 否

③ 您的职业？

    A. 企业管理人员

    B. 政府官员、公务员

    C. 个体经营者

    D. 专业人士或技术人员

    E. 教师、学生

    F. 企业普通员工

    G. 离退休人员

    H. 自由职业者

    I. 其他

④ 您会选择什么时段到碧海金沙水上乐园游玩？

    A. 周一至周四

    B. 周五至周日

⑤ 您为什么选择周一至周四游玩？（说明：第4题选周五至周日的直接跳至第6题）

    A. 周一至周四休息

    B. 错开双休高峰

    C. 其他

⑥ 您会与谁一起到碧海金沙水上乐园游玩？

    A. 家人

    B. 朋友

    C. 同事

    D. 同学

    E. 其他

⑦ 您对碧海金沙水上乐园的看法是？

    A. 很满意

    B. 满意

    C. 一般

    D. 不满意

    E. 很不满意

⑧ 您对一次到碧海金沙水上乐园消费的最大承受额度是＿＿＿＿＿元。（说明：数字范围是 50 至 1000 元）

⑨ 您的年龄是?

    A．18 岁以下

    B．18~24 岁

    C．25~30 岁

    D．31~35 岁

    E．36~40 岁

    F．40 岁以上

⑩ 请问您的最高学历?

    A．高中

    B．大专

    C．大学本科

    D．硕士

    E．博士

    F．其他

⑪您的姓名＿＿＿＿＿＿。

⑫您的联系方式＿＿＿＿＿。

再次谢谢您!

调查员：＿＿＿＿＿＿

调查日期：　　年　月　日

（3）调研问卷誊写处。

实践活动4：撰写调研报告

（1）要求：全组成员对实际调查后搜集来的资料进行整理、分析，在此基础上写出调研报告。报告要求：①基本内容齐全，即标题封面、目录、摘要、前言、调查结果、结论与建议、附录；②条理清晰、逻辑严密。

（2）提交报告并写出本活动心得。

本任务实践活动心得：

任务二 分析企业环境

任务二的学习目标是企业在选择目标市场和确定营销战略时，要能处理的营销环境中的各种要素。任何企业不论制定什么决策，都需要掌握企业所处的内外部环境。成功的企业都非常重视搜集、掌握和研究政策、技术、文化、竞争对手等各方面信息因素，来帮助自己不断紧跟市场环境变化，作出正确的判断和决策。

本任务解决的问题包括：企业面临的宏观环境有哪些？企业面临的微观环境有哪些？行业及竞争对手情况如何？各环境对企业发展是怎样产生影响的？如何分析和处理环境因素带来的影响？其关键知识点包括：

① 市场营销环境；
② 宏观环境分析；
③ 微观环境分析；
④ SWOT 分析；
⑤ 竞争战略及策略。

第一部分 任务学习引导

2.1 市场营销环境

1. 市场营销环境的含义

市场营销环境，按照美国著名市场学家菲利普·科特勒的解释是：影响企业的市场和营销活动的不可控制的参与者和影响力。具体来说就是："影响企业的市场营销管理能力，使其能否卓有成效地发展和维持与其目标顾客交易及关系的外在参与者和影响力。"因此，市场营销环境是指与企业营销活动有潜在关系的所有外部力量和相关因素的集合，它是影响企业生存和发展的各种外部条件。

企业市场营销环境的内容既广泛又复杂。不同的因素对营销活动各个方面的影响和制约也不尽相同，同样的环境因素对不同的企业所产生的影响和形成的制约也会大小不一。一般来说，市场营销环境主要包括两个方面的构成要素：一是微观环境要素，二是宏观环境要素。

2. 市场营销环境的特点

市场营销环境是一个多因素、多层次而且不断变化的综合体。其特点主要表现在以下几个方面。

（1）客观性

企业总是在特定的社会经济和其他外界环境条件下生存、发展的。不管我们是否承认，企业只要从事市场营销活动，就不可能不面对着这样或那样的环境条件，也不可能不受到各种各样环境因素的影响和制约。

（2）差异性

市场营销环境的差异性不仅表现在不同的企业受不同环境的影响，而且表现在同样一种环境因素的变化对不同企业的影响也不相同。例如，不同的国家、民族、地区之间在人口、经济、社会文化、政治、法律、自然地理等各方面存在着广泛的差异性。

（3）相关性

市场营销环境是一个系统，在这个系统中，各个影响因素是相互依存、相互作用和相互制约的。这是由于社会经济现象的出现，往往不是由某种单一的因素所能决定的，而是受到一系列相关因素影响的结果。

（4）动态性

营销环境是企业营销活动的基础和条件，这并不意味着营销环境是一成不变的、静止的。恰恰相反，营销环境总是处在一个不断变化的过程中，它是一个动态的概念。因此，企业的营销活动必须适应环境的变化，不断地调整和修正自己的营销策略，否则将会丧失市场机会。

（5）不可控性

影响市场营销环境的因素是多方面的，也是复杂的，并表现出企业不可控性。例如，一个国家的政治法律制度、人口增长以及一些社会文化习俗等，企业不可能随意改变。另外，各个环境因素之间也经常存在着矛盾关系。例如，消费者对家用电器的兴趣与热情就可能与客观存在的电力供应的紧张状态相矛盾，这种情况就使企业不得不作进一步的权衡，在利用可以利用的资源的前提下去开发新产品，而且企业的行为还必须与政府及各管理部门的要求相符合。

2.2 宏观环境分析

宏观环境是指在从事营销活动中企业难以控制也较难影响的营销大环境，并能给企业的营销活动带来市场机会和环境威胁的主要社会力量，包括人口环境、经济环境、自然环境、技术环境、政治法律环境以及社会文化环境等。企业及其微观市场营销环境的参与者，无不处于宏观市场营销环境中。

1．PESTEL 分析模型的含义

PESTEL 分析模型又称大环境分析，是分析宏观环境的有效工具，不仅能够分析外部环境，而且能够识别一切对组织有冲击作用的力量。它是调查组织外部影响因素的方法，其每一个字母代表一个因素，可以分为 6 大因素。

（1）政治因素（Political）

是指对组织经营活动具有实际与潜在影响的政治力量和有关的政策、法律及法规等因素。

（2）经济因素（Economic）

是指组织外部的经济结构、产业布局、资源状况、经济发展水平以及未来的经济走势等。

（3）社会文化因素（Social）

是指组织所在社会中成员的历史发展、文化传统、价值观念、教育水平以及风俗习惯等因素。

（4）技术因素（Technological）

技术要素不仅包括那些引起革命性变化的发明，还包括与企业生产有关的新技术、新工艺、新材料的出现和发展趋势以及应用前景。

（5）自然环境因素（Environmental）

是指一个组织的活动、产品或服务中能与环境发生相互作用的要素。

（6）法律因素（Legal）

是指组织外部的法律、法规、司法状况和公民法律意识所组成的综合系统。

PESTEL 是在 PEST 分析基础上加上环境因素（Environmental）和法律因素（Legal）形成的。在分析一个企业集团所处的背景时，通常是通过这六个因素来分析企业集团所面临的状况。

2．PESTEL 分析模型的具体内容

PESTEL 分析模型要分析的子因素很多，如表 2-1 所示。

表 2-1   PESTEL 分析模型思路

大类	小类	分析内容
宏观环境因素分析	政治	政府的管制和管制解除、政府采购规模和政策、特种关税、专利数量、国与国的关系、财政和货币政策的变化、特殊的地方及行业规定、世界原油、货币及劳动力市场、进出口限制、它国的政治条件、政府的预算规模
	经济	经济转型、可支配的收入水平、利率规模经济、消费模式、政府预算赤字、劳动生产率水平、股票市场趋势、进出口因素、地区间的收入和销售消费习惯差别、劳动力及资本输出、财政政策、欧共体政策、居民的消费趋向、通货膨胀率、货币市场利率、汇率、国民生产总值变化趋势
	社会文化	企业或行业的特殊利益集团、国家和企业市场人口的变化、生活方式、公众道德观念、对环境污染的态度、社会责任、收入差距、人均收入、价值观、审美观、对售后服务的态度、地区性趣味和偏好评价
	科技	企业在生产经营中使用了哪些技术，这些技术对企业的重要程度如何，外购的原材料和零部件包含哪些技术，企业是否可以持续地利用这些外部技术，这些技术最近的发展动向如何，哪些企业掌握最新的技术动态，这些技术在未来会发生哪些变化，企业的技术水平和竞争对手相比如何
	法律	世界性公约、条款、基本法（宪法和民法）、劳动保护法、公司法和合同法、行业竞争法、环境保护法、消费者权益保护法、行业公约
	自然环境	气候、生态环境、资源、能源、污染、环保、地形地貌、地理位置、交通状况等

E&P 举例与实践

中国服装市场宏观环境分析

改革开放以来，我国经济基本上摆脱了短缺经济状态，服装市场环境呈现出以下特征。

第一，品牌竞争加剧，市场集中程度提高。总体上看，我国目前的工业品市场已经进入供大于求状态。重复投资建设，使目前大多数消费品工业领域出现生产过剩和生产能力过剩。另一方面，众多国外著名跨国公司和国外商品的进入，更加剧了市场竞争的激烈程度。

第二，技术变化和产品生命周期缩短。现阶段新的供给能力往往是在现有资金、技术和存量资产基础上，通过对现有生产力重组而形成的，产品从设计开发到形成最终产品的产出周期大大缩短，新技术的开发应用和新产品的投资非常迅速。

第三，价格竞争异常激烈。企业施行价格竞争战略，一方面是出于市场压力；另一方面，企业经济规模的扩大、技术进步和企业素质的提高，生产和经营成本大大下降，也使价格竞争成为可能。

与此同时，随着我国居民消费水平的提高，消费需求也发生了深刻的变化。

收入水平的全面提高使社会消费水平迅速提高，为经济发展提供了广阔的市场空间；不同收入的社会阶层具有明显不同的消费需求和购买能力。消费者的偏好及消费结构发生较大变化，消费的多样化趋势明显，消费品更新换代加快。

消费的理性程度增加。消费者对耐用消费品的选择更为慎重，既包括对内在品质方面的追求，也包括对商品的外在品质的选择，诸如对商品的适用性、使用的可靠性以及售后服务等的要求，都明显比以往更加强烈。

生活和消费方式的变化使居民消费领域进一步扩大。一些新的消费领域迅速形成，消费者在信息、教育、文化、娱乐、医疗、保险、住房等方面的支出明显上升，服务消费增加，这些都将影响企业的营销行为。

这些变化说明，我国市场供求关系从卖方市场变成买方市场的根本性变化导致了生产与消费结构的变化，因而对产品营销带来了巨大的影响。

2.3　微观环境分析

1. 微观环境要素

微观营销环境指与企业紧密相联，直接影响企业营销能力的各种参与者，主要包括企业内部营销环境、供应商、营销中介、顾客、竞争者及社会公众。这些因素与企业有着双向的运作关系，在一定程度上，企业可以对其进行控制或施加影响。

（1）企业内部营销环境

企业内部的市场营销环境是由品牌经理、营销研究人员、广告及促销专家、销售经理及销售代表等组成。市场营销部负责制定现有各个产品、各个品牌及新产品、新品牌研究开发的营销计划。营销管理当局在制定营销计划时，必须考虑到与公司其他部门的协调，如与最高管理当局、财务部门、研究开发部门、采购部门、生产部门和会计部门等的协调，因为正是这些部门构成了营销计划制定者的公司内部微观环境。

（2）供应商

供应商是影响企业营销的微观环境的重要因素之一。供应商是指向企业及其竞争者提供生产产品和服务所需资源的企业或个人。供应商所提供的资源主要包括原材料、设备、能源、劳务、资金等。

供应商对企业营销活动的影响主要表现在以下几个方面。

① 供货的稳定性与及时性。原材料、零部件、能源及机器设备等货源的保证，是企业营销活动顺利进行的前提。如粮食加工厂需要谷物来进行粮食加工，还需要具备人力、设备、能源等其他生产要素，才能使企业的生产活动正常开展。供应量不足，供应短缺，都可影响企业按期完成交货任务。

② 供货的价格变动。毫无疑问，供货的价格直接影响企业的成本。如果供应商提高原材料价格，生产企业亦将被迫提高其产品价格，由此可能影响到企业的销售量和利润。

③ 供货的质量水平。供应货物的质量直接影响到企业产品的质量。

针对上述影响，企业在寻找和选择供应商时，应特别注意两点：第一，企业必须充分考虑供应商的资信状况。要选择那些能够提供品质优良、价格合理的资源，交货及时，有良好信用，在质量和效率方面都信得过的供应商，并且要与主要供应商建立长期稳定的合作关系，保证企业生产资源供应的稳定性；第二，企业必须使自己的供应商多样化。企业过分依赖一家或少数几家供应商，受到供应变化的影响和打击的可能性就大。

（3）营销中介机构

营销中介单位是协助公司推广、销售和分配产品给最终买主的那些企业。它们包括中间商、实体分配公司、市场营销服务机构及金融机构等。

① 中间商。中间商是协助公司寻找顾客或直接与顾客进行交易的商业企业。中间商分两类：代理中间商和经销中间商。代理中间商包括代理人、经纪人、制造商代表等，他们专门介绍客户或与客户磋商交易合同，但并不拥有商品持有权。经销中间商如批发商、零售商和其他再售商，他们购买产品，拥有商品持有权，并再售商品。中间商对企业产品从生产领域流向消费领域具有极其重要的影响。在与中间商建立合作关系后，要随时了解和掌握其经营活动，并可采取一些激励性合作措施，推动其业务活动的开展，而一旦中间商不能履行其职责或市场环境变化时，企业应及时解除与中间商的关系。

② 实体分配公司。实体分配公司协助企业储存产品和把产品从原产地运往销售目的地。仓储公司是在货物运往下一个目的地前专门储存和保管商品的机构。每个公司都需确定应该有多少仓位自己建造、多少仓位向存储公司租用。运输公司包括从事铁路运输、汽车运输、航空运输、驳船运输以及其他搬运货物的公司，它们负责把货物从一地运往另一地。每个企业都需从成本、运送速度、安全性和交货方便性等因素进行综合考虑，确定选用那种成本最低而效益更高的运输方式。

③ 市场营销服务机构。市场营销服务机构指市场调研公司、广告公司、各种广告媒介及市场营销咨询公司，他们协助企业选择最恰当的市场，并帮助企业向选定的市场推销产品。有些大公司，如杜邦公司和老人牌麦片公司，他们都有自己的广告代理人和市场调研部门。但是，大多数公司都与专业公司以合同方式委托办理这些事务。但凡一个企业决定委托专业公司办理这些事务时，它就需谨慎地选择用哪一家专业公司，因为各个公司都各有自己的特色，所提供的服务内容不同，服务质量不同，要价也不同。企业还得定期检查他们的工作，倘若发现某个专业公司不能胜任，则须另找其他专业公司来代替。

④ 金融机构。金融机构包括银行、信贷公司、保险公司以及其他对货物购销提供融资或保险的各种公司。公司的营销活动会因贷款成本的上升或信贷来源的限制而受到严重的影响。

（4）顾客

企业与供应商和中间商保持密切关系的目的，是为了有效地向目标市场提供商品与劳务。企业的目标市场可以是下列五种顾客市场中的一种或几种。

① 消费者市场。个人和家庭购买商品及劳务以供个人消费。

② 工业市场。组织机构购买产品与劳务，供生产其他产品及劳务所用，以达到盈利或其他目的。

③ 中间商市场。组织机构购买产品及劳务用以转售，从中盈利。

④ 政府市场。政府机构购买产品及劳务以提供公共服务或把这些产品及劳务转让给其

他需要它们的人。

⑤ 国际市场。买主在国外，这些买主包括外国消费者、生产厂、转售商及政府。

（5）竞争者

一个组织很少能单独作出努力为某一顾客市场服务。公司的营销系统总会受到一群竞争对手的包围和影响。

竞争环境不仅包括其他同行公司，而且还包括更基本的一些东西。一个公司掌握竞争的最好办法是树立顾客观点。顾客在将要购买某件东西的决策过程中，究竟考虑些什么呢？

假定一个人劳累之后需要休息一下，这个人会问："我现在要做些什么呢？"他（她）的脑际可能会闪现社交活动、体育运动和吃些东西的念头。我们把这些称为欲望竞争因素。假如这个人很想解决饥饿感，那么问题就成为："我要吃些什么呢？"各种食品就会出现在心头，如炸土豆片、糖果、软饮料、水果。这些能表示满足同一需要的不同的基本方式，我们可称之为类别竞争因素。这时，如果他（她）决定吃糖果，那么又会问："我要什么样的糖果呢？"于是就会想起各种糖果来，如巧克力块、甘草糖和水果糖，这些糖果都是满足吃糖欲望的不同形式，它们称为产品形式竞争因素。最后，消费者认为他要吃巧克力块，这样又会面对几种牌子的选择，如赫谢、雀巢和火星等，这些称为品牌竞争因素。

对于进行有效竞争的基本观察，现在可以作如下概括。一个公司必须时刻牢记四个基本方面，即称为市场定位的4C。也就是必须考虑客户（Customers）、销售渠道（Channels）、竞争（Competition）和作为公司（Company）自身的特点。成功的营销实际上就是有效地安排好企业与顾客、销售渠道及竞争对手间的关系位置。

（6）公众

公众就是对一个组织完成其目标的能力有着实际或潜在兴趣或影响的群体。

公众可能有助于增强一个企业实现自己目标的能力，也可能妨碍这种能力。鉴于公众会对企业的命运产生巨大的影响，精明的企业就会采取具体的措施，去成功地处理与主要公众的关系，而不是不采取行动和等待。大多数企业都建立了公共关系部门，专门筹划与各类公众的建设性关系。公共关系部门负责收集与企业有关的公众的意见和态度，发布消息、沟通信息，以建立信誉。如果出现不利于公司的反面宣传，公共关系部门就会成为排解纠纷者。

对一个企业来说，如果把公共关系事务完全交给公共关系部门处理，那将是一种错误。一个企业的全部雇员，从负责接待一般公众的高级职员到向财界发表讲话的财务副总经理，到走访客户的推销代表，都应该参与公共关系事务。

每个企业的周围有以下七类公众。

① 金融界。金融界对企业的融资能力有重要的影响。金融界主要包括银行、投资公司、证券经纪行、股东。

② 媒介公众。媒介公众指那些刊载、播送新闻、特写和社论的机构，特别是报纸、杂志、电台、电视台。

③ 政府机构。企业管理当局在制定营销计划时，必须认真研究与考虑政府政策与措施的发展变化。

④ 公民行动团体。一个企业营销活动可能会受到消费者组织、环境保护组织、少数民

族团体等的质讯。

⑤ 地方公众。每个企业都同当地的公众团体，如邻里居民和社区组织，保持联系。

⑥ 一般公众。企业需要关注一般公众对企业产品及经营活动的态度。虽然一般公众并不是有组织地对企业采取行动，然而一般公众对企业的印象却影响着消费者对该企业及其产品的看法。

⑦ 内部公众。企业内部的公众包括蓝领工人、白领工人、经理和董事会。大公司还发行业务通信和采用其他信息沟通方法，向企业内部公众通报信息并激励他们的积极性。当企业雇员对自己的企业感到满意时，他们的态度也就会感染企业以外的公众。

2．微观环境分析方法

企业微观环境的分析内容比较多，如表 2-2 所示。

表 2-2 微观环境分析思路

大类	相关因素	具 体 内 容
微观因素分析	目标顾客	居民顾客群、中间商顾客群、制造商顾客群、非营利组织顾客群、顾客需要、顾客动机、顾客心理、顾客行为、购买力水平、所属社会阶层、相关群体、文化观念、年龄、家庭生命周期阶段、职业、经济状况、信息来源
	竞争对手	愿望竞争对手、类别竞争对手、形式竞争对手、品牌竞争对手、市场主导者、市场挑战者、市场跟随者、市场利基者、替代品生产者
	供应商	供货能力、供货质量、信贷制度、供货价格、供货周期、供货政策、供货市场状况
	营销中介	经销商、代理商、物流企业、咨询公司、保险公司、批发商、零售商等
	营销公众	金融公众、媒介公众、政府公众、企业内部公众、社团公众、社区公众等
	企业内部条件	企业生产能力、企业营销能力、企业管理能力、企业员工素质、企业财务状况、企业技术水平、企业制度、企业组织结构、企业领导风格、企业经营理念、企业规模实力
	行业	行业寿命周期阶段、行业在社会经济中的作用与重要性、行业分布、行业依赖程度、行业竞争结构、行业市场结构、行业发展趋势、进入该行业的障碍、退出该行业的障碍
	地区	企业所在地政策、生产要素供应、配套设备、产业集群状况、居民收入水平

以上各环境因素其实是一个整体的不同部分，只有将它们统筹起来才能看到环境对企业营销活动的影响。要分析以上环境因素，需要借助一定的方法，产品生命周期、产业五种竞争力、产业内的战略群体、成功关键因素等分析方法是微观环境分析的重要方法。

（1）产业生命周期

在一个产业中，企业的经营状况取决于其所在产业的整体发展状况以及该企业在产业中所处的竞争地位。分析产业发展状况的常用方法是认识产业所处的生命周期的阶段。产业的生命周期阶段可以用产品的周期阶段来表示，分为开发期、成长期、成熟期和衰退期四个阶段。只有了解产业目前所处的生命周期阶段，才能决定企业在某一产业中应采取进入、维持或撤退，才能进行正确的新的投资决策，才能对企业在多个产业领域的业务进行合理组合，提高整体盈利水平。

（2）产业结构分析

根据波特教授从产业组织理论角度提出的产业结构分析的基本框架——五种竞争力分析，可以从潜在进入者、替代品、购买者、供应者与现有竞争者间的抗衡来分析产业竞争的强度以及产业利润率。潜在进入者的进入威胁在于减少了市场集中，激发了现有企业间的竞争，并且瓜分了原有的市场份额。替代品作为新技术与社会新需求的产物，对现有产业的"替代"威胁的严重性十分明显，但几种替代品长期共存的情况也很常见，替代品之间的竞争规律仍然是价值高的产品获得竞争优势。购买者、供应者讨价还价的能力取决于各自的实力，比如卖（买）方的集中程度、产品差异化程度与资产专用性程度、纵向一体化程度以及信息掌握程度等。产业内现有企业的竞争，即一个产业内的企业为市场占有率而进行的竞争，通常表现为价格竞争、广告战、新产品引进以及增进对消费者的服务等方式。

（3）市场结构与竞争

经济学中对市场结构的四种分类：完全竞争、垄断竞争、寡头垄断和完全垄断，有助于对市场竞争者的性质加以正确的估计。严格定义的完全竞争市场在现实生活中并不存在，但这一市场中激烈的价格竞争使价格趋向于边际成本的描述在许多消费品市场中却屡见不鲜。垄断竞争市场中，产品的差异性为企业建立了固定客户，并且允许企业对这些固定客户享有价格超过边际成本的一些市场权力。寡头垄断市场中，企业的决策要依赖于其他企业的选择，决策主体的行为发生直接相互作用条件下的决策均衡问题日益受到广泛重视。完全垄断市场中，垄断厂商控制操纵价格和产量的行为因损害了消费者的利益受到了反垄断政策的制约，但企业通过创新来取得垄断力量和实现高额利润的努力也存在一定的合理性，从长期来看，对垄断的限制对消费者是不利的，因为它限制了竞争。

（4）市场需求状况

可以从市场需求的决定因素和需求价格弹性两个角度分析市场需求。人口、购买力和购买欲望决定着市场需求的规模，其中生产企业可以把握的因素是消费者的购买欲望，而产品价格、差异化程度、促销手段、消费者偏好等影响着购买欲望。影响产品需求价格弹性的主要因素有产品的可替代程度、产品对消费者的重要程度、购买者在该产品上支出在总支出中所占的比重、购买者转换到替代品的转换成本、购买者对商品的认知程度以及对产品互补品的使用状况等。

（5）产业内的战略群体

确定产业内所有主要竞争对手战略诸方面的特征是产业分析的一个重要方面。一个战略群体是指某一个产业中在某一战略方面采用相同或相似战略的各企业组成的集团。战略群体分析有助于企业了解自己的相对战略地位和企业战略变化可能产生的竞争性影响，使企业更好地了解战略群体间的竞争状况，发现竞争者，了解各战略群体之间的"移动障碍"，了解战略群体内企业竞争的主要着眼点，预测市场变化和发现战略机会等。

（6）成功关键因素

作为企业在特定市场获得盈利必须拥有的技能和资产，成功关键因素可能是一种价格优势、一种资本结构或消费组合、或一种纵向一体化的行业结构。不同产业的成功关键因素存在很大差异，同时随着产品生命周期的演变，成功关键因素也会发生变化，即使是同一产业中的各个企业，也可能对该产业成功关键因素有不同的侧重。

E&P 举例与实践

中国服装行业微观环境分析

1. 原料和生产

在过去，许多外国投资者都认为在中国寻找某些产品的时候会遇到困难，例如基本原材料、某种组合成分或是成品等。主要由于品质较低且不稳定，经常拖延送货时间以及对于当地供货商的损坏问题。随着服装零售环节的日趋成熟，许多国外和国内的服装零售商们变得越来越注重进货，他们开始与更多的面料、纱线供货商洽谈，开展多渠道经营，防止供货商过少而引发的危机。有些服装零售商开始发展自己的生产，而不是只依靠别人来供货。另一方面，为了加强进货能力，许多服装零售商更关注他们的采办效能。一些零售商甚至设立专门的采购队伍，典型的由企划人员、洽谈人员、产品专家组成，用以加强队伍在进货时的识别和议价能力。

2. 营销渠道

服装零售商们如今采用了不同的营销渠道，包括百货商店、专卖店、购物中心等。营销模式也发生了三个步骤的演变：第一步，从"引厂进店"到"承包经营"；第二步，从"商企联销"到"直营专卖"；第三步，从"特许加盟"到"直销连锁"，并且从注重外部营销转向内部营销进而讲求整体营销。

除了这些传统的零售模式，中国的网上零售尽管在 1998 年以前还未出现，但是目前正在成为一股新的力量。由于个人电脑价格的下降及互联网的快速发展，越来越多的人涉足网络，网上销售将成为一种十分重要的新型销售方式。

3. 消费者

20 世纪 80 年代以前，中国消费者还缺乏对服装的认识，不顾个人的特点而盲目地跟随潮流；而今，消费者在选购服装时已经学会注重个性了。20 世纪最后 20 年，经济体制的改革使得中国消费者再也不用受到物质短缺的束缚，消费者可以充分享受消费的乐趣。同时，消费者也变得愈加成熟和挑剔。如今，当消费者决定购买服装时，他们不仅考虑品牌形象、产地，而且考虑包装和是否物有所值。

2.4 SWOT 分析法

现代营销学认为，企业经营成败的关键，就在于企业能否适应不断变化着的市场营销环境。"适者生存"既是自然界演化的法则，也是企业营销活动的法则。下面介绍一个常用的环境分析方法——SWOT 分析法。

1. SWOT 分析法的含义

SWOT 分析法（也称 TOWS 分析法、道斯矩阵）即态势分析法，在 20 世纪 80 年代初由美国旧金山大学的管理学教授韦里克提出。SWOT 分析表示分析企业的优势（Strength）、劣势（Weakness）、机会（Opportunity）和威胁（Threats）。SWOT 分析实际上是对企业内外部环境各方面内容进行综合和概括，进而分析组织的优势、劣势、面临的机会和威胁的一种方法。

从整体上看，SWOT 可以分为两部分：第一部分为 SW，主要用来分析内部条件；第二部分为 OT，主要用来分析外部条件。其中，优劣势分析主要是着眼于企业自身的实力及其与竞争对手的比较，而机会和威胁分析将注意力放在外部环境的变化及对企业的可能影响上；但同时，外部环境的同一变化给具有不同资源和能力的企业带来的机会与威胁却可能完全不同，因此，两者之间又有紧密的联系。

2．SWOT 分析流程

（1）分析环境因素

运用各种调查研究方法，分析出企业所处的各种环境因素，即外部环境因素和内部环境因素。外部环境因素包括机会因素和威胁因素，它们是外部环境对企业的发展直接有影响的有利和不利因素，属于客观因素，一般归属为经济的、政治的、社会的、人口的、产品和服务的、技术的、市场的、竞争的等不同范畴；内部环境因素包括优势因素和弱点因素，它们是企业在其发展中自身存在的积极和消极因素，属于主动因素，一般归类为管理的、组织经营的、财务的、销售的、人力资源的等不同范畴。在调查分析这些因素时，不仅要考虑到企业的历史与现状，而且要考虑企业的未来发展。

（2）构造 SWOT 矩阵

将调查得出的各种因素根据轻重缓急或影响程度等排序方式，构造 SWOT 矩阵。在此过程中，将那些对企业发展有直接的、重要的、大量的、迫切的、久远的影响因素优先排列出来，而将那些间接的、次要的、少许的、不急的、短暂的影响因素排列在后面，如表 2-3 所示。

（3）根据 SWOT 分析，选择竞争战略

通过以上对企业内部和外部环境因素的综合分析，就可以展现一个比较简明的企业的总体态势，发现企业处在一个什么样的地位，可以采取哪些相应的措施来加以改进、防御或发展，这对企业发展战略的制定、执行和检验可以起到重要的参考作用。

表 2-3　　　　　　　　　　　　　　　SWOT 矩阵分析

内部环境 战略 外部环境	优势（S）	劣势（W）
机会（O）	SO 战略：利用优势，抓住机会	WO 战略：利用机会，弥补劣势
威胁（T）	ST 战略：利用优势，规避风险	WT 战略：避免风险，弥补劣势

3．应对环境影响的措施

分析营销环境的目的，在于寻求营销机会和避免环境威胁。所谓环境威胁，就是营销环境中对企业营销不利的趋势，对此如无适当应变措施，则可能导致某个品牌、某种产品甚至整个企业的衰退或被淘汰；而营销机会则是企业能取得竞争优势和差别利益的市场机会。在现实生活中，机会和威胁往往同时并存。同一环境变化对不同行业的影响也不相同，它可能对某些行业或企业造成威胁，同时却给另一些行业或企业提供机会。对企业所面临的市场机会和环境威胁，市场营销管理者应该采取什么反应或可采用什么对策呢？根据企业所在机会

威胁水平分析图中的位置，可分别采取不同的对策。

E&P 举例与实践

机会与威胁矩阵

图 2-1 表示一个机会矩阵和某汽车公司所面临的若干机会分布情况。公司在每一个特定机会中的成功概率取决于它的业务实力（即独特的能力）是否与该行业成功所需要的条件相符合。经营最佳的公司将是那些在满足该行业成功条件中拥有大量竞争优势的企业，这些优势形成公司为顾客创造价值的能力。

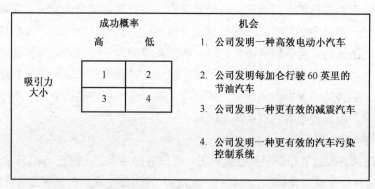

图 2-1 机会矩阵和某汽车公司面临的机会分布情况

图 2-2 表示一个威胁矩阵和某汽车公司所面临的若干威胁分布情况。公司营销经理应该在其营销计划中把公司所面临的威胁识别出来。这些威胁应按其严重性和出现的可能性分类。左上角的威胁是关键性的，因为它们会严重地危害公司利益，并且出现的可能性也最大。

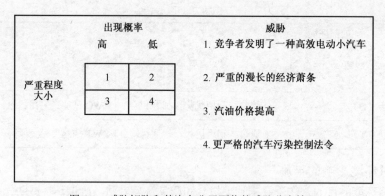

图 2-2 威胁矩阵和某汽车公司面临的威胁分布情况

把某个特定公司所面临的威胁和机会集中图解出来，就能勾勒出整个情况的特征。有四种可能的结果：一种理想的业务是指拥有很多大好机会，而很少甚至可以避免威胁；一种投机性的业务是大好机会和威胁的出现率同样高；一种成熟的业务是大好的机会和威胁都很少；最后，一种麻烦的业务是机会很少，威胁却很大，如图 2-3 所示。

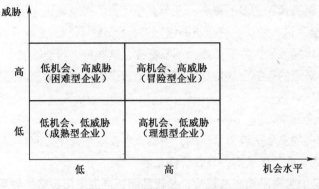

图2-3　机会威胁水平分析图

（1）理想型企业

这类企业的市场营销环境处于高机会、低威胁的状态。企业应当抓住"机会"，充分发挥企业优势，密切注意威胁因素的变动情况。

（2）成熟型企业

这类企业的市场营销环境处于低机会、低威胁的状态。成熟并不表明企业经营环境处于良好状态，低机会限制了企业的发展，企业应当居安思危，努力发掘对企业有利的市场营销环境因素，提高企业营销机会。

（3）冒险型企业

这类企业的营销环境处于高机会、高威胁的状态。高机会表明企业营销环境对企业营销活动具有极强的吸引力，但高威胁又表明企业环境因素对企业营销活动构成了强大的威胁。因此，企业必须在调查研究的基础上，采取限制、减轻或者转移威胁因素或威胁水平的措施，使企业向理想型企业转化。

（4）困难型企业

这类企业的营销环境处于低机会、高威胁的状态。此时企业营销活动出现危机，企业应当因势利导，发挥主观能动性，"反抗"和"扭转"对企业的不利环境因素，或者实行"撤退"和"转移"，调整目标市场，经营对企业有利、威胁程度低的产品。

2.5　市场竞争战略及策略

综观全球经济，国与国之间的跨国竞争思维与战略博弈激烈；传统与现代产业、朝阳与夕阳行业更迭交替；产品、市场与资源的争夺无时无处不在。可以说，竞争是企业经营的主旋律，分析企业竞争环境以及建立企业竞争优势是企业各项经营工作的关键所在。

1. 市场竞争的含义

市场竞争具有广泛的含义，包括资源竞争、产品和业务竞争、客户竞争、思维竞争、价格竞争、成本竞争等。

（1）资源竞争

自然资源、人力资源、时间资源和资金资源四大要素构成企业资源竞争。传统的工业化时代，大规模制造业，机械化、标准化生产，自然资源和资金资源是企业竞争的关键保障。

企业拥有更多的自然资源和更多的资金，就为竞争优势的确立奠定了基础。但是进入 20 世纪 90 年代以来，全球进入知识、信息与网络经济社会，高科技、金融、教育等具有高技术、高知识含量的产业迅猛发展，并逐渐成为朝阳行业，这些新兴行业改变了传统的行业模式和结构，企业间对于资源的竞争也从自然资源和资金资源的争夺转变为人力资源和时间资源的竞争。

（2）产品和业务竞争

企业产品和业务的竞争是最为激烈的，主要表现在以下几个方面。

① 由于产品的同质化程度高，导致价格竞争行为。

② 产品和业务的生命周期越来越短，替代品和新产品层出不穷，导致市场份额的减少。

③ 个性化需求使得产品和业务决策更加动态，变得更难把握。

企业可以通过生产和销售同样的产品或者经营同样的服务以及开展相同的业务来识别和判断自己的竞争对手。

（3）客户竞争

客户决定着企业的市场份额和竞争地位，客户竞争更多地体现在建立满足目标客户群需求的服务网络和体系方面，体现在保持与客户的长期和互利的关系上以及赢得客户满意度和忠诚度、降低客户流失率方面。客户竞争是未来企业经营成败的最重要的环节。

（4）思维竞争

在知识经济时代，思想、知识、信息、技术是建立企业长期竞争优势的关键，而以知识和信息为基础的思想和观念的创新又是其中最重要的因素。思维竞争的焦点在于致力于长期的发展眼光、动态的发展规划和科学的发展体系。

2．识别竞争者

传统观念认为，竞争者是与本企业生产同样产品并且所服务的目标客户群也相似的其他企业。从现代市场营销实践看，可以通过企业和市场两种途径来识别竞争者，即企业竞争观念和市场竞争观念。

（1）企业竞争观念

从企业方面看，竞争者是那些提供同一类产品或虽然产品不同但核心功能或核心价值可以互相替代的产品的企业。

（2）市场竞争观念

从市场方面看，竞争者是那些与本企业争夺同一个目标客户群，满足相同市场的企业。

许多企业只注重现实竞争者，而忽视了潜在竞争者的威胁。潜在竞争者可能是本行业的新进入者，也可能是新产品、新技术的创新者或发明者，他们可能持有品牌、专利和技术，或者具有成本或管理优势，产品具有替代性或独特品质。一个企业很可能被潜在竞争者吃掉，而不是当前的竞争者。因此，企业应动态地看待市场的竞争者，要从宏观市场局面出发，搜集本行业以及与本行业相关的情报和信息，随时跟踪行业发展动态和产品、技术状况，警惕由于新技术直接转化到市场经济中所带来的新产品以及新需求对本企业的冲击。

3．一般竞争战略

制定竞争战略的本质在于把企业与其所处的内外部环境联系起来，企业可以选择三种互相具有内在联系的一般竞争战略，即成本领先战略、产品差异化战略和目标集中战略。

（1）成本领先战略

成本领先战略（Overall Cost Leadership）是指通过有效途径，使企业的全部成本低于竞争对手的成本，以获得同行业平均水平以上的利润，从而处于竞争优势。

这种战略包括追求规模经济、专利技术、原材料的优惠待遇和其他因素来尽一切可能降低成本。实现成本领先战略需要有一整套具体政策，即要有高效率的设备，积极降低经验成本，紧缩成本和控制间接费用，以及降低研究开发、服务、销售、广告等方面的成本，控制渠道和物流成本。如果一个企业能够取得并保持全面的成本领先地位，那么它只要能使价格相等或接近于该产业的平均价格水平，就可以获得高于产业水平的收益。当成本领先的企业的价格相当于或低于其竞争厂商时，它的低成本地位就会转化为高收益。

① 成本领先战略的优点。

第一，获得价格优势。在竞争处于无序竞争阶段，企业由于处于低成本地位上，具有进行价格战的良好条件，即使竞争对手在竞争中处于不能获得利润、只能保本的情况下，本企业仍可获益；在竞争处于完全竞争阶段，由于市场潜量有限，市场进入成熟阶段，销售增长缓慢，成本领先企业仍能保持较高的获利水平。

第二，议价能力强。当面对强有力的买方要求降低产品价格时，处于低成本地位上的企业仍可以有较好的收益。当面对强大的卖方时，由于企业的低成本，相对于竞争对手具有较大的对原材料、零部件价格上涨的承受能力，同时，由于低成本企业大多具有规模经济优势，对原材料或零部件的需求量大，因而为获得廉价的原材料或零部件提供了可能，也便于和供应商建立稳定的协作关系。

第三，抬高进入壁垒。潜在的进入者是进入产业的后来者，需要投入大量成本，而先行企业可以利用低成本地位压低价格，使潜在进入企业在规模经济或成本优势方面形成进入障碍，削弱了新进入者对低成本的进入威胁。

② 成本领先战略的缺点。

当然，成本领先战略也存在缺点。采取这种战略的企业由于追求规模经济效应，投入大量资金用于生产设备，一旦投产，很难在短时间内调整，因此不能适应外部市场变化。一旦外部市场需求发生变化，企业将面临产品积压的困境。另外，技术变革会导致生产过程工艺和技术的突破，使企业过去大量投资和由此产生的高效率一下子丧失优势，并给竞争对手造成以更低成本进入的机会。由于企业集中大量投资于现有技术及现有设备，提高了退出障碍，因而不愿意采用新技术以及技术创新。

③ 成本领先战略的适用条件。

（a）企业产品的市场需求具有弹性。

（b）产业中的各企业生产的是标准化的产品。

（c）买主的转换成本低。

在实施成本领先战略的企业中，通过采用降价策略进行促销往往行之有效。

E&P 举例与实践

格兰仕如何确立竞争优势

广东格兰仕目前拥有全球最大的微波炉生产基地，年生产能力占有全球市场的35%左右，产品畅销80多个国家。格兰仕70%的产品是外销的，微波炉已经做到了世界第一，光波炉也做到了世界第一。

格兰仕通过收购、合并、合作方式，扩展微波炉的生产能力，建成全球最大的微波炉制造基地，吸引了许多跨国公司将生产订单交由格兰仕定牌（OEM）生产，使格兰仕在无市场风险的情况下，获得现成的大量市场。2002年格兰仕家电大幅度降价的动力，主要来自于全球化采购和自动化生产线上规模生产，格兰仕以最优的价格采集到了最优质的元器件、零部件；另一方面，格兰仕从跨国公司低成本引进专业化生产线，快速走入规模化、集约化运转轨道；生产力水平大幅度提升。

格兰仕走的是一条通过降价占有市场份额，通过扩大规模降低成本，推动新一轮降价的路线。当看到别人比自己强时，就与巨头合作，使海外销售部达到80多个，将销售触角延伸到了200多家跨国公司，其中80多家是世界著名品牌，如美国通用电气、日本松下等。通过规模分摊研发费用，以持续不断的降价造就持续不断的新品，构筑技术壁垒，形成"中国制造"的良性循环。

格兰仕的竞争优势是通过创造比较优势获得的。格兰仕成功于运用"拿来主义"，即将对方的生产线搬过来，OEM的同时做自己的产品。例如，A品牌的生产线搬过来，就生产A，B生产线搬过来，就生产B，多余出来的生产时间属于格兰仕的，因为格兰仕还有另外一招叫拼工时。在法国，一周生产时间只有24小时，而在格兰仕这里可以根据需要三班倒，一天就可以24小时连续生产。也就是说，同样一条生产线，在格兰仕做一天相当于在法国做一个星期。格兰仕现在和200多家跨国公司全方位合作，就是依靠这种"拿来主义"。靠这种成本优势，格兰仕连续几次大降价，获得了微波炉的霸主地位，同时也加速了微波炉这一产业价格的下降趋势，为该行业竖起了价格门槛，竞争者必须投入巨资去获得规模，才可能达到同样的赢利水平。

问题：

① 通过格兰仕企业案例分析一般企业在什么条件下适宜采用成本领先战略？

② 格兰仕公司采取这种竞争方式面临的风险是什么？如何降低风险？

（2）产品差异化战略

所谓产品差异化战略，是指将企业提供的产品或服务标新立异，形成在全产业范围内具有专业性或独特性而采取的战略。通过企业形象、产品特性、优质服务、销售网络等形式创造经营特色，并获得客户的忠诚度。这种战略的重点是创造区别于竞争对手的、被全行业和顾客都视为独特的产品和服务以及企业形象。实现差异化的途径多种多样，如产品设计、品牌形象、技术特性、销售网络、用户服务等。如果企业能够在几个方面都具有独特性和差异性，那么企业不仅能够从众多竞争者中杀出重围，而且因为独特性和差异性还会给消费者留下深刻印象。

① 差异化战略的优点。

第一，有利于目标顾客群。实行差异化战略可以将整个市场进行细分，对主流市场和次主流市场进行界定，企业可以根据自己的资源等实力状况，决定进入哪类市场，并针对其目标顾客群提供差异化的产品和服务。

第二，规避价格竞争风险。差异化策略，一般不在主流市场与其他企业竞争，而是独辟蹊径，寻找次主流市场空间或空白市场和新兴市场，提供目标顾客群满意的产品和服务，培养顾客对其特色的偏爱和忠诚，由此可以降低对产品的价格敏感性，使企业避开价格竞争，在特定领域形成独家经营的市场，保持领先。

第三，抬高进入壁垒。由于目标顾客群对企业产品、服务或品牌、形象的认可，使得这种顾客的忠诚度和信任度对于潜在进入者形成了强有力的进入障碍，进入者要进入该行业则需花很大成本去扭转这种局面。

第四，获得溢价收益。采取差异化竞争战略，使顾客可以获得独特功能和享受，从而制定顾客愿意接受的较高的定价，取得较高的收益，应对供方压力，缓解买方压力。

② 差异化战略的缺点。

保持产品的差异化往往以高成本为代价，因为企业需要进行广泛的研究开发、产品设计、高质量的材料和优质的顾客服务等工作。同时，并非所有的顾客都愿意或能够支付产品差异所形成的较高价格。买主对差异化所愿意或能够支付的额外费用是有一定支付极限的，若超过这一极限，低成本低价格的企业与高价格差异化产品的企业相比就显示出竞争力。有时，企业差异化战略也与获得较高市场占有率相矛盾，在非主流市场可以做到领先地位，但从全产业来说，其市场份额极其有限。

③ 差异化战略的适用条件。

（a）企业具有实现差异化的生产技术或工艺条件。

（b）企业能承受差异化所带来的成本。

（c）产业中竞争对手实行差异化战略的为数不多。

（d）产业特点具有需求的多样性。

选择成本领先战略还是产品差异化战略没有固定模式，在同一市场中，常会出现这两种竞争战略循环变换的现象。一般来讲，为了竞争及生存的需要，企业往往以产品差异化战略打头，当其他企业纷纷效仿跟进，使差异化产品逐渐丧失了差异化优势，最后变为标准产品，此时企业只有采用成本领先战略，努力降低成本，使产品产量达到规模经济，提高市场占有率来获得利润。这时市场也发展成熟，企业之间竞争趋于激烈。企业要维持竞争优势，就必须通过新产品开发等途径寻求产品差异化，以开始新一轮战略循环。

（3）目标集中战略

目标集中战略是指企业主攻某个特定的顾客群、某产品系列的一个细分市场或某一个地区市场，来建立企业的竞争优势及其市场地位。尤其对于中小企业，由于资源有限，很难在其产品市场展开全面的竞争，因而需要瞄准特定的狭小市场，以期产生巨大有效的市场力量。目标集中战略可以选择自己的优势之处或竞争对手的劣势之处作为主要目标。

① 目标集中战略的优点。

第一，集中优势资源，获得局部市场。目标集中战略可以集中企业一切优势资源，为某一特定市场提供具有专门化、特色化的优质服务，使得企业比较竞争对手更具有经验优势，更能熟悉产品的市场、用户及同行业竞争情况，可以全面把握市场，获取竞争优势，由于生产高度专业化，在制造、科研方面可以实现规模效益。

第二，规避竞争，获得市场机会。进入窄小市场的企业，也就离开了竞争的主战场，保存自己的实力，专心致志经营于竞争者较少、竞争形势平缓的特定市场，而这类市场一般大企业不愿意进入，因此对于小企业来说获得了难得的市场机会。

② 目标集中战略的缺点。

当市场过分窄小时，利润空间变得十分有限，企业难以通过经营壮大自己的实力；当市场足够广阔、前景诱人时，就会有许多竞争者纷纷进入，构成激烈的竞争局面，失去目标集中战略所带来的优势。

③ 目标集中战略的适用条件。

（a）具有独特的优势占领特定的市场。

（b）该市场竞争者和未来潜入者少。

（c）企业资源条件限制进入大市场。

4．一般竞争策略

企业制定决策不仅取决于外部环境和内部的优势，而且竞争对手所采取的战略战术会极大地影响企业决策。企业竞争优势的建立不是企业自身就能控制的，它是与市场和竞争对手相关的，因此，企业制定决策时要研究竞争对手的竞争策略，根据竞争对手的决策制定相应的对策，使企业在竞争中处于有利地位。

（1）竞争地位

企业竞争是有规则的，企业必须遵循市场规则，符合市场规律，才能在市场竞争中生存壮大。企业按照其占领的市场份额的不同，分为市场领导者、市场追随者、市场挑战者、市场补缺者。

① 市场领导者。是指在相关产品的市场上市场占有率最高的企业。其特征为在相关市场产品占有最大的市场份额；在价格变动、新产品开发、分销覆盖和促销力度等方面处于领导地位。全球行业市场领导者如表2-4所示。

表2-4　　　　　　　　　　全球行业市场领导者

企　业	所 在 行 业
可口可乐	软饮料
柯达	照相业
杜邦	化工
微软、英特尔	计算机
尼康	照相机
通用电气	电子设备
麦当劳	餐饮业
迪斯尼	娱乐业
摩托罗拉、诺基亚	通信产品

② 市场挑战者。在行业中名列第二、三等次要地位的企业，这些居于第二、三位置上的企业不甘现状，向市场领导者或其他竞争者发动进攻，以夺取更大市场份额，这些企业为市场挑战者。其特征是企业处于上升阶段，对市场领导者构成巨大威胁，具有与市场领导者相似的实力。全球市场挑战者如表2-5所示。

表2-5　　　　　　　　　　全球市场挑战者

市场领导者	市场挑战者
可口可乐	百事可乐
柯达	富士
微软、英特尔	Google、AMD
IBM	惠普
通用电气	西门子、飞利浦
摩托罗拉、诺基亚	三星

③ 市场追随者。无法与行业中名列前茅的企业进行抗衡，希望避免与市场领导者或其他竞争者引起争端，这些企业被称为市场跟随者。其特征是避开主流市场，不与大型企业进行正面冲突。

④ 市场补缺者。行业中的小企业专心致力于市场中被大企业忽略的某些细分市场，通过专业化、特色化经营来获得最大限度的收益，这种有利的市场位置被称为"利基"，而占据这种位置的企业也称为市场利基者。

（2）竞争方法

① 市场领导者竞争方法。一般来说，市场领导者基本采用防御方法来维护自己的优势，保持自己的领导地位。防御策略的目标是要减小受到攻击的可能性，将攻击转移到威胁较小的地带，并削弱其攻势。具体来说，有以下种防御策略可供市场领导者选择。

（a）阵地防御（Position Defense）。阵地防御就是防守现有市场，在现有市场建立进入防线，这是一种静态的、消极的防御，是防御的基本形式，它不能作为唯一的形式。

（b）侧翼防御（Flanking Defense）。侧翼防御是指市场领导者除现有的阵地外，还应建立某些辅助性的基地作为防御阵地，构筑战略攻势，必要时作为反攻基地。

（c）先发防御（Preemptive Defense）。这种更积极的防御策略是在敌方对自己发动进攻之前，先发制人抢先攻击。

除此之外，还有反攻防御、运动防御和收缩防御。

应注意，大多数行业都有 1~2 家企业被公认为市场领导者，也就是行业老大。它在业务结构和规模、价格调整、技术创新与研发、新产品开发、销售渠道和促销力量方面处于主导地位，是市场竞争的导向者。这些市场领导者的地位是在竞争中自然形成的，但不是固定不变的。

围绕防御方法，通常可采取 3 种策略：一是设法扩大整个市场份额；二是采取有效的防守措施，保护现有的市场份额；三是进一步开发整个市场。

第一，扩大市场份额。

（a）发现新市场。调研新的未进入的市场，抢先进入该市场并提高进入壁垒，将紧随其后的竞争对手拦在该市场外面或是竞争对手付出更大代价才能进入，从而削弱竞争对手实力。例如，长虹电器在国内家电业竞争白热化阶段，果断进入农村市场，打出"太阳一族，长虹更新"的广告语，拉动了农村和城乡结合部消费者的需求，一时长虹彩电红遍大江南北的乡村、城镇，获得市场领先地位。

（b）发掘新用户。每一种产品都有吸引顾客的潜力，顾客可能由于以下原因暂时没有购买企业产品。

- 不知道或不熟悉该产品。
- 买不着或付出成本太高才能获得该产品。
- 价格不合适而不想购买该产品。
- 类似产品较多，特点不鲜明，出现盲目选择或随即选择。

企业在上述方面进行调整和修正，使更多用户了解、熟知和信任产品，扩大产品的应用人群，扩展产品概念外延，突出产品特色。

（c）拓展新用途。在企业业务组合和产品系列上下工夫，进行业务重新搭配、材料重新组合，形成改良产品，扩大产品长度、宽度和关联度，不断在现有业务和产品基础上整合出新的功能、新的用途、新的价值。

（d）扩大产品的使用量。企业采取扩大现有产品销售的方法，如增加销售网点、延长销售时间、增加营业摊位和扩大产品宣传力度等，促使使用者增加用量。

第二，保有市场占有率。处于市场领导地位的企业，在努力扩大整个市场规模时，必须注意保护自己现有的业务，防备竞争者的攻击。保有市场份额可以采用垄断、抬高壁垒、创新等方法。

（a）垄断。利用政策优势、资源占有优势、顾客知名度优势、规模经济优势整合企业上游供应商、并购同行业中的弱小企业、为顾客带来更多的让渡价值，保持垄断地位。

（b）抬高壁垒。企业将领先的技术、管理模式申请专利等保护措施，从而杜绝竞争者复制和模仿，防止竞争者利用技术知识专利来获取利润，通过这种方法阻挡竞争者抢占市场份额，也可以利用价格来控制局面，还可以利用地理优势就地取材，或者控制原材料供应商，形成一体化供应链，在供应市场形成垄断。

（c）创新。市场领导者防御竞争者最有建设意义的方法是不断创新。要抢在竞争对手前面用自己的新产品来代替老产品，注意对手的动向，及时反应，先发制人。领导者更多的竞争来自自己与自己比较，这样才具有领先对手的优势，把对手甩在后面。创新还包括对于管理模式、知识产权、专利的开发和利用，使企业难于模仿。

第三，开发整个市场。企业开发新市场，进行市场价值整合，发现市场新的盈利点，通过联合方式进入供应市场、销售市场或兼并竞争者市场，进入国际市场，开展网络营销，实行市场多样化模式。

② 市场挑战者战略。在行业中名列第二、第三等地位的企业称为市场挑战者。市场挑战者的基本竞争策略是进攻，向市场领导者发起攻击，由于市场领导者占有最大的市场份额，因此从市场领导者手中夺得市场份额就能击败对手，成为行业老大，因此挑战者必须集中全部精力针对领导者制定进攻策略。

（a）明确战略目标和挑战对象。挑战者可以通过首先壮大自己规模的做法来达到相当的实力，构成对市场领导者的威胁，例如，占领中小企业的市场份额、联合优势互补的企业以弥补自身的劣势、攻击具有明显弱点的竞争者等。不论通过什么方法壮大自己，其竞争目标仍然是市场领导者，其他手段都是为了对市场领导者发起攻击，壮大自己，削弱市场领导者的实力，降低它的市场占有率，撼动市场老大的地位。

（b）选择进攻策略。在确定了战略目标和进攻对象之后，挑战者要考虑进攻的策略问题。其原则是集中优势力量于关键的时刻和地方。总的来说，挑战者可选择以下几种战略。

正面进攻（Frontal Attack）

正面进攻就是集中力量向对手的主要市场发动攻击，采取针锋相对的策略，打击的目标是对手的强项而不是弱点。例如，针对可口可乐发起赞助世界杯的促销攻势，百事可乐有针对性地采取赞助奥运会的策略。针对同样的顾客群，发起争夺市场份额的进攻大战，这样，胜负便取决于谁的实力更强，谁的耐力更持久。进攻者必须在产品、广告、价格等主要方面大大领先对手，方有可能成功。

这种方法的优点如下。

- 在顾客心目中逐渐确立与市场领导者同等地位的印象。
- 提高企业的市场声誉，同时降低市场领导者的市场份额。
- 主流市场的正面冲突，带来高额回报。

侧翼进攻（Flanking Attack）

侧翼进攻就是集中优势力量攻击对手的弱点，有时也可正面佯攻，牵制其防守力量，再向其侧翼或背面发动猛攻，采取"声东击西"的策略。市场挑战者要发现市场领导者的市场薄弱环节，集中力量占领其市场份额，确保优势地位。

这种方法的优点如下。

- 避其锋芒，风险较小。
- 成功把握大，经济有效。
- 乘虚而入，攻其不备。

围堵进攻（Encirclement Attack）

围堵进攻具有歼灭战的攻势，是一种消灭竞争对手的进攻方法，迫使对手在正面、侧翼和后方同时全面防御。进攻者可向市场提供竞争者能供应的一切，甚至比对方还多，使自己提供的产品无法被拒绝。当挑战者拥有优于对手的资源，并确信围堵计划的完成足以打垮对手时，这种策略才能奏效。

这种方法的优点如下。

- 有利于占据市场老大的位置。
- 给竞争对手重创。

迂回进攻（Bypass Attack）

迂回进攻是一种最间接的进攻策略，它避开了对手的现有阵地而迂回进攻。具体办法有3种：一是发展无关的产品，实行产品多元化经营；二是以现有产品进入新市场，实现市场多元化；三是通过技术创新和产品开发，以替换现有产品。

③ 市场追随者战略。企业不能也不应当与大型企业正面冲突，应选择非主流市场，通过产品寄生策略、模仿策略和改进策略在局部地区和特定市场形成优势，取得竞争优势。

寄生策略

许多行业或产品在主流市场竞争激烈的时候，大量的衍生行业和衍生品具有极高的价值。市场追随者在这些具有附加值的领域进行经营，只要朝阳行业、朝阳业务和产品火爆一天，这些企业就可依附在这些行业和产品上赚取高的附加价值。

E&P 举例与实践

汽保行业与汽保产品

20 世纪末至 21 世纪，我国汽车行业成为朝阳行业，蓬勃兴起，一时间不仅国际跨国汽车巨头纷纷抢滩登陆，在北京、上海、长春、广东、武汉等城市建立自己的合资公司和销售网络，同时国内的许多企业也加入这一领域，迅速形成一个庞大的汽车产业。当越来越多的企业涌入这一行业的同时，也有一些聪明的企业瞄准了汽车市场的边缘市场，一些老板看到汽车市场的前景,开展了汽车保修业务,包括汽车修理、汽车保养、汽车养护产品、汽车指标测量设备和技术、汽车配件、车饰等,逐渐形成汽保行业。

汽保行业依附于汽车行业,显示出极大的市场潜力和经营空间,由于属于细分市场,大企业不愿意进入,竞争者相对少,利润相对大,大有反客为主的趋势。

列举身边运用寄生策略的经营案例。

模仿策略

市场追随者没有能力在产品研发上投入重金,也不可能在市场调研上长期投入,通过追随和跟踪大企业的研发信息,一旦发现新技术、新产品和管理新方法,便采取模仿策略,在技术和产品以及管理方法上进行类似做法,只要大企业产品试销对路,市场反响好,这些企业就跟进,同时获得一定的利益,这种方法省去了大量的研发费用和市场研究成本,同时成功的机会很大,而风险较低。

模仿策略还可以在产品样式、包装、形状、功能等方面运用,吸引客户购买,产生与被模仿产品一样的市场效果。

改进策略

对大企业的某些畅销产品进行研究,从而寻找自己产品的弱点、顾客不买的原因以及给顾客带来不方便的地方,改进这些方面,形成更受顾客欢迎的改良产品,给企业带来更大效益。

④ 市场补缺者战略。

行业中的小企业或处于创业初期的企业,实力不强,无法与大企业争夺市场,它们专心致力于市场中被大企业忽略的某些细分市场,在这些小市场上通过专业化经营来获取最大限度的收益。这种有利的市场位置就称为"利基(Niche)",而所谓市场利基者,就是指占据这种位置的企业。市场补缺者可以采用特色经营、专业化定位、特殊顾客、专业产品和进入无竞争者领域的策略。市场补缺者经常根据市场变化改变自己的经营方向,撤离原有市场转向竞争较小的狭小市场,利用船小好掉头的优势,在名特优新上取得突破。

【思考题】

① 对于中小企业来说,应该选择什么样的竞争方法和竞争策略?

② 为什么我国手机行业进入大打价格战的恶性循环中?

③ 企业如何避免在先行进入某一行业后继续保持领先优势?

④ 小企业不具备规模经济优势如何以弱胜强?

⑤ 面对消费者需求多样化和个性化的趋势,面对产品生命周期日益缩短的局面,大企业如何作出快速反应,保持并扩大市场份额?

⑥ 目前北京的茶馆、茶吧日渐兴起，请调研茶市场，包括茶商、茶吧经营者、茶消费者，分析茶馆、茶吧的定位以及竞争方法。

第二部分 工 作 页

实践活动 5：分析经济环境

要求：在完成实践活动 1 的基础上，回答以下问题，有助于深刻理解宏观、微观环境对企业营销活动的影响，以及研究宏观、微观环境的重大意义。

（1）利用 PESTEL 分析模型，试分析企业目前面临的宏观环境对企业营销活动的影响。

（2）利用微观环境的分析方法，分析企业目前面临的微观环境对其营销活动的影响。

实践活动6：分析行业竞争对手

（1）要求：实地调查竞争对手情况，可以通过第一手数据或者第二手数据进行分析，并展示调查照片、采访照片等实地信息资料。

（2）活动步骤：实地调研→分析整理事实数据信息→制作PPT分析演示报告→完成研讨题并写在演示报告中。

① 清晰地描述竞争企业业务范围、规模。

---

② 根据企业内外部环境分析，确定主要竞争对手并提供名单和阐述理由。

---

③ 确定竞争战略，制定竞争策略或者手段。

实践活动 7：分析企业经营条件

要求：利用机会威胁分析矩阵确定企业目前的业务环境属于哪一类。

实践活动 8：运用 SWOT 矩阵撰写企业分析报告

（1）要求：运用 SWOT 分析方法对今年本专业即将毕业的毕业生及其就业环境进行分析。

（2）步骤：根据前面的分析构建 SWOT 分析模型，并制定初步的方案。

S：	W：
O：	T：

内部环境 外部环境　　战略	优势（S）：	劣势（W）：
机会（O）：	SO 战略：	WO 战略：
威胁（T）：	ST 战略：	WT 战略：

本任务实践活动心得:

任务三　发现与满足目标顾客需求

发现与满足目标客户要求是企业制定业务战略的重要依据，是企业市场战略的重要组成部分。本任务解决的问题包括：企业了解市场和顾客需求的方法；对于目标顾客群的分析和描述；企业进入哪些市场以及进入依据；如何评估这些市场；如何在这些市场中满足顾客的需求；如何在市场和目标顾客群中建立与众不同的、良好而长久的地位。其关键知识点包括：① 顾客和目标顾客；② 市场和目标市场；③ 目标市场营销；④ 市场细分；⑤ 选择目标市场；⑥ 目标市场定位。

第一部分　任务学习引导

3.1　顾客和目标顾客

1．顾客

研究顾客、发现顾客需求并满足顾客需求是企业经营最重要的内容，也是学习市场营销的关键所在。企业希望所有的消费者都是自己的客户。因此从理论上来说，顾客是指一切对产品或者服务有需求或者有潜在需求的人，所有人都可能成为顾客。

2．目标顾客

从实际情况看，任何一个企业都不可能让所有人都成为自己的顾客。为什么呢？因为不论什么样的企业都是有局限的，而顾客需求是无限的，无论企业如何努力也只能占领一部分市场，满足一部人的需要，总有一些人对企业的产品不满意。因此，任何一个企业想占领所有市场、让所有人都成为企业的顾客是不现实的。成功的做法是，企业科学地选择适合自己的市场作为目标市场，了解目标市场顾客的需求，想尽一切办法来预测并满足目标市场顾客的需要和未来需要，使企业持续发展。而企业所选择的目标市场中的顾客就是目标顾客，企业经营的目标就是满足目标顾客的需要。任务三就是完成"发现目标顾客"的任务以及实现"满足目标顾客的需求"的目的。

3.2　市场和目标市场

1．市场

市场这一概念在市场营销学科上具有明确的界定。在此不是为了说明市场的概念，而是站在企业经营的角度对市场和目标市场进行一个比较，用来指导企业的经营操作。对于企业来说，有需求的地方就有顾客，有顾客的地方就是市场。任何一个企业面对的都是一个无限大的市场，企业必须有选择地分析市场、有选择地经营市场。因此，市场中的一部分或者称为子市场才是企业关注的市场。

2．目标市场

企业在市场中寻找和选择与自身实力相匹配的市场作为经营的主要市场，这个市场就称为目标市场。目标市场是企业长期经营并持之以恒发展的市场，一旦确定了目标市场，尽管可能目标顾客的需求千变万化，但是对目标市场轻易不会改变，因此目标市场的确定是企业业务战略的一部分，是企业的长期发展方向。通常情况下一个企业会花费相当长的时间来分析、研究和确定目标市场，而任务三的重点就是完成企业分析、选择、确定目标市场的工作。

3.3　目标市场营销

目标市场营销（Target Marketing）是在 20 世纪 50 年代以后逐渐发展起来的。随着社会生产力的迅速发展，产品数量剧增，产品花色品种多样化，买方市场形成，迫使许多企业认识并接受了市场导向观念，开始实行目标市场营销，即卖者首先识别众多顾客之间的需求差异，将市场分为若干个子市场，并从中选择一个或一个以上的子市场作为企业的目标市场，进行市场与产品定位，制定出相适应的市场营销组合，以满足目标市场的需要。随着当今消费者的消费需求日益多样化和个性化，大型的市场正在向小型化发展，逐步分解为数百个微型市场，其特征是不同的买方通过不同的分销渠道，采取不同的交流方式，来追求不同的产品。例如，当今的消费者再也不是仅仅收看三个电视台的节目，而是享受有线电视服务，收看 30 ~ 60 个电视台中的任何节目；教育在现在不仅意味着去学校或者培训场所，许多人选择在家里或者办公室接受教育，只要通过网络就可以在全球范围内寻找自己喜欢的培训学校和授课教师，甚至只需要应用学习软件做人机交互，面授的单一学习模式已经过时了；购物时，消费者也不是仅从一些大型超级市场和百货商场购买商品，而是从成百上千家商店购买商品。可见，没有目标顾客群的企业将难以生存。

目标市场营销分为 3 个步骤，企业必须按照顺序依次完成这 3 个步骤，也称为 STP 步骤。

第一步是进行市场细分（Segmentation），可将这个步骤比喻为"切蛋糕"，即按照某种依据将一块大蛋糕切成若干块小蛋糕。

市场细分是根据购买者对产品或营销组合的不同需要，将一个整体市场按照不同的顾客需求划分出许多子市场，并勾勒出细分市场轮廓的行为。

第二步是选择目标市场（Targeting），可将这个步骤比喻为"选蛋糕"，即按照实际情况选择那些小块蛋糕中的一块或者几块。

选择目标市场是选择要进入的一个或多个细分市场的行为。

第三步是市场定位（Positioning），可将这个步骤比喻为"吃蛋糕"，即用一些方法和策略确保能够吃住所选的那块或者那几块蛋糕。

市场定位是为产品和具体的营销组合确定一个富有竞争力的、与众不同的市场位置的行为。目标市场营销的方法是依次完成这 3 个步骤，如图 3-1 所示。

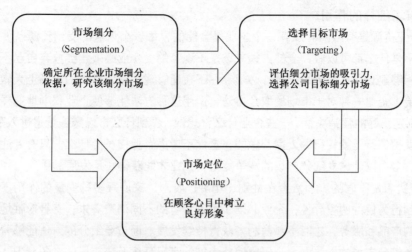

图 3-1 市场细分、目标市场营销方法：STP

3.4 市场细分

市场细分是企业营销战略的关键。它为企业决策开展什么业务、进入什么市场、放弃什么产品等方向性问题奠定基础，它直接关系到后续一系列营销工作的方向，也直接关系着营销的成败甚至企业整体战略的成败。

1. 市场细分的含义

市场细分[①]：根据消费者需求的差异性，把整体市场划分为若干个具有不同需求差别的消费者群体，针对每个消费者群体的购买动机和行为偏好采取单独的产品或市场营销组合战略。

理解这个概念应注意以下几个要点。

① 细分市场的划分依据是消费者的需求，消费者的需要、动机及购买行为因素的多元性，是市场细分的内在根据。

② 每一个细分市场都是由具有相似需求的消费者组成，也称子市场或分市场。

③ 企业需要结合自身条件，选择进入其中任何一个或一组子市场作为企业的目标市场。

④ 为了满足不同的消费者群的要求，企业针对每一个细分市场所采取的营销策略是不同的。

任何市场都可以有依据地进行细分。例如，当今汽车市场提供各式各样的汽车，车商们可以在家用车的颜色和车型上获得性别上的偏好，或者通过提供价格的差异来取得不同收入水平的消费者的认同。在手机市场、金融保险市场、房地产市场等，几乎所有市场都是如此。

---

① 市场细分是 1956 年由美国市场营销学家温德尔·斯密首先提出来的一个概念。见温德尔·斯密：《产品差异和市场细分——可供选择的两种市场营销战略》，载于美国市场营销协会出版的《市场营销杂志》1956 年 7 月，第 3～8 页。

2．市场细分的作用

① 企业资源是有限的。没有一个企业是全能的，每一个企业都受到资源条件的限制，因此企业不是什么都可以做，全部占领市场是不现实的。企业必须学会放弃自己不擅长的市场，选择能够建立自己优势的领域，必须专注于在能够建立竞争优势的市场上大做文章。而市场细分给了企业一种对于市场的取舍方法，运用这种方法能够使企业科学地选择企业的市场机会，制定正确的营销决策。一些企业什么都想做，看到什么市场赚钱就想进入那个市场，看到火爆发烫的行业就转行做大家都做的，全然不考虑企业擅长做什么。只有专注于企业的优势领域，全力以赴建立细分市场的竞争能力，企业才能获得长足发展。

② 消费者是不同的。消费者在性别、年龄、收入、家庭等多种变量的作用下，表现出购买心理和行为偏好的差异性，企业必须了解消费者的不同消费需求，有针对性地提供让消费者满意的产品和服务，才能不断盈利，获得持续发展。而市场细分的方法能够帮助企业深入研究每个细分市场的购买潜力，研究消费者群的满足程度及该市场的竞争状况。有些企业不区分消费群体，不论对于什么消费者都提供一样的产品或者服务，造成市场上太多雷同的产品或者服务，一方面产品滞销积压，但另一方面，差异化的消费需求并未得到较充分的满足，太多的细分市场空缺产品和服务；一方面企业感到生意难做，另一方面很多生意又没有人做。因此不进行市场细分，就无法针对消费者的不同需求设计企业的产品或者服务，就无法真正令消费者满意。

③ 市场规模是相对的。细分市场相对于整体市场而言是较小的子市场，其市场规模相对较小。但是相比规模更大的市场，细分市场企业数量更少、竞争更小，更容易发挥企业优势和建立竞争能力，从而获得更多的市场份额。大市场虽然规模大一些，但是正因为市场空间大，无数实力强大的企业充满其中，市场竞争激烈，被无限瓜分成窄小的市场而无利可图，企业特别是小企业的市场份额非常小，可能不到 1%。相反，在一个细分市场，中小企业却可以获得超过 25%甚至 40%以上的市场份额。因此，市场细分使得企业能够抓住市场机会，确定子市场中的老大地位。一些企业看到朝阳产业或者规模大的市场就不顾一切地进去，只想赚个金钵满盆，结果不但投资得不到回报，连市场地位也不保。究其原因，主要是没有根据自身实际情况寻找能够发挥优势的细分市场，建立属于自己的子市场地位。与其在整体市场上处于劣势，不如追求局部市场上的优势，这种思路对中小型企业发展市场有着至关重要的作用。中小企业资金有限，技术力量薄弱，在整个市场上难以和大企业竞争。通过市场细分，就可以及时发现某些"尚未满足的需求"，找到自己力所能及的良机，然后"见缝插针"、"拾遗补缺"，在竞争激烈的市场上也能获得很大发展。

④ 避免企业陷入恶性循环。寻找子市场，做子市场的老大，是避免激烈竞争的好方法。细分市场注重消费者需求的差异化，产品和服务都不同，同质性小，消费者可以根据不同需求很容易将这些产品和服务区分出来，获得不同的满足感。而在同质化的市场里，产品或者服务雷同，消费者要想获得更高利益或者价值只有通过价格因素来体现。因此，降价就成为企业销售产品获得更多市场份额的唯一方法，只有通过降价，消费者才能通过"更便宜"来区分产品或者服务，从而购买那些价格更低的产品或者服务，企

业陷入恶性循环的怪圈,越来越关注降低成本从而降低售价,而这些又以质量和功能的一降再降为代价,使企业长期在低层次经营中徘徊。市场细分可以避免企业在价格战中竞争,提高产品或者服务的差异性,从而提高产品和服务的价值,通过为消费者提供更高价值的产品和服务,实现企业价值最大化。

3. 市场细分的标准和依据

市场细分的标准就是将整体市场划分成为细分市场的依据。市场细分标准是一个具有三个层面含义的体系。

第一个层面是概念层面。不论什么行业或者领域的企业,其市场细分的理念都是相同的并且是不变的,那就是围绕顾客需求进行市场细分。

第二个层面是细分参数。在这里,从事消费品经营业务的企业所面对的顾客与从事工业品经营业务的企业所面对的客户,其需求有很大的差异,反映在细分参数上就有很大的不同。消费品市场的细分参数主要包括四项:人口参数、心理参数、行为参数和地理参数。而工业品市场的细分参数主要包括经营环境、产品用途、商业地位、组织类别。即使是经营相同业务的企业,也可能根据不同顾客需求进入不同的子市场,提供五花八门和千差万别的产品或者服务。因此在进行市场细分时,各企业所依据的标准可能都是不一样的。

第三个层面是参数对应的变量。对于消费品市场来说,四项参数都对应不同的消费者需求变量。同样工业品市场中不同的细分参数对应了更具体的细分变量。其具体的细分变量如图 3-2 所示。

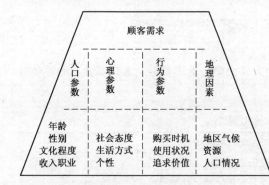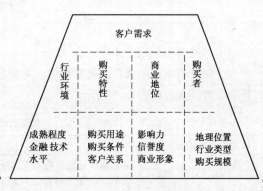

(a) 消费者市场细分多层面因素　　　　　　　(b) 组织购买者市场细分多层面因素

图 3-2　市场细分多层面因素

确信对这几个层面有了正确的理解后,请回答下面的研讨题。

Q&A 关于第一层面——概念层面的研讨题

你对顾客的需求了解多少

人类的基本需求是有限的,生老病死、衣食住行是人类生存的基本规律。但是人类是不是满足基本需求就满意了呢?显然不是。基本需求只是维持人类生存所必需达到的要求。除此之外,人类还有许多不同的愿望。例如,当人饿了就要吃饭,这是人类的基本需求,吃什么饭却有许多不同的愿望，因此愿望也可以被认为是满足基本需求的多种方式。人类的基本需求很少，但是愿望却很多，也可以说人类的愿望是无限的。当企业生产的产品不仅满足了人类的基本需求，同时满足了人们的某种愿望时，企业就创造了一种新产品，沿着这种思路不断创新，企业就能够不断满足顾客需求。因此，愿望是扩展了的基本需求。

当今人类在物质生活方面已经获得极大满足，人类的基本需求已经得到满足，而产品和服务创新的空间来自于对顾客愿望的判断和创造。例如，手机用来满足人们实时通信的需求，但是按照人类愿望来扩展这一产品的外延后，开发出工作记录、游戏娱乐、情感交流和上网等许多功能，极大地满足和丰富了人们对于手机的愿望，使得当代人对于手机的依赖程度越来越高，手机已经成为人们生活工作的基本需求。

① 上岛咖啡店提供套餐满足人们餐饮需求，除此之外，它更重要的是满足了人们哪些愿望？

----

② 三味书屋是一个书店，但是在每周六下午都推出针对专业人士包括学生的名人演讲茶座，对政治、文化、经济、法律高谈阔论、自由争辩，吸引了许多教师、学生及专业人士，请分析它带给顾客的多重愿望。

（1）消费者市场细分（B to C 市场）

细分消费者市场所依据的变数很多，可概括为 4 大类：地理参数、人口参数、心理参数和行为参数，大致如表 3-1 所示。

表 3-1　　　　　　　　　　　　　消费者市场细分参数

消费品市场细分参数	细分解释/举例
地理参数：地区、城市、自然环境、人文环境	如海南所处亚热带与天津所处的温带环境不同 依据城市规模和人口密度分为重点中心城市、城镇、乡村 各民族风俗习惯各不相同
人口参数：年龄、性别、国籍、家庭、家庭生命周期、收入、职业、受教育程度、民族、宗教信仰	将市场细分为男、女两大类 如婴儿、儿童、少年、青年、中年、老年细分市场 按照工资收入划分：2000 元以下、2000～5000 元、5000 元以上 如自由职业者和演员、教师和医生、军人和警察、公务员、企业家 如单身、两口之家（年轻夫妇）、两口之家（中年以上）、三口之家
心理参数：生活方式、个性、购买动机、价值取向	如性格开朗、豪放、敏感或者内向 按照生活方式，如早九晚五公务一族、黑白颠倒的艺术一族、随心所欲的自由职业族
行为参数：购买时机、追求价值、忠诚程度、使用频率	如人们购买牙膏，获得的价值：防蛀牙、美白、除味 对于一种产品频繁使用、少量使用 周末、节假日和平时消费特点不同

① 地理参数。企业按照消费者所在的地理位置来细分市场称为"地理细分"。具体变量包括地区（洲、国家、地区、城市、乡村）；城市（城市规模、城市建设规划、人口密度）；自然环境（气候条件、地形地貌、交通运输条件、通信联络条件）；人文环境（经济条件、政策法律、文化习惯）等。地理细分的主要根据是：处在不同地理位置的消费者，对于同一类产品通常会有不同的需要和偏好；他们对企业的产品、价格、分销渠道、广告宣传等营销措施的反应也各有不同。例如，我国地域广阔，从南到北、从东到西，分布着诸多城市、乡村和各民族人民，东南沿海开放城市与西北内陆城市具有很大的消费差别；不同地区的各族人民在生活习惯、消费需求、社会风俗等方面也差异很大，因而，在衣食住行各个方面要求市场能提供多种多样的商品，如各地不同风味的食品，各种少数民族用品、服饰，等等。

② 人口参数。企业按照"人口参数"进行市场细分称之为"人口细分"。人口参数是用来了解消费者的基本背景，包括一系列人类的自然特征和社会特征，如年龄、性别、国籍、家庭人数；家庭生命周期、收入、职业、受教育程度、民族、宗教信仰等。人口因素长期以来一直是细分市场的重要变数。因为，上述这些因素通常决定着消费者的欲望、偏好和产品的使用率，而且这些变数一般都较易获得。

（a）性别。男女性别不同，从而购买需求有很大的差异性。例如，男性购物可能喜欢稳重、大件、保质和趋于理性的产品；而女性可能更偏向于花哨、可爱、物美价廉、色彩缤纷等趋于感性的产品。

另外还有一种倾向，即区分性别的产品有中性化发展趋势，而传统的中性产品则开始以性别来细分市场。例如，牛仔裤、工装等服装的性别模糊，但同样受市场热捧；而地铁专门为女性准备的女性专列以及女性手表、女性汽车等又将女性作为一个重要消费群体区分开来。

（b）年龄。年龄这一变量能够比较明显地反映出产品需求的差异性特征。例如，经营服装、鞋帽、化妆品的行业一般都采用年龄等变量；在文化时尚方面更是明显；世界各国图书出版市场都区分儿童图书、成年读物；日本的动漫按照年龄段制作动漫作品，电视台也针对不同年龄制作节目等。

（c）收入。收入在很大程度上对消费者购物行为产生重要影响。按照收入水平高低，划分为高收入阶层、中等收入阶层和低收入阶层。高收入阶层奉行"更好"、"更贵"、"更稀有"；中等收入阶层追求"性价比"、"品质价值"；而工薪阶层讲究"经济实惠"、"物美价廉"。因此，企业区分高、中、低端市场来提供不同产品以满足不同收入消费者的需求。例如，美国飞虎自行车公司在进军北美市场时，根据收入水平把北美市场细分为 3 个子市场：售价在 300~1200 美元的高端市场，生产高档赛车；售价在 200~300 美元的中端市场；售价一般在 50~80 美元的低端市场。

（d）文化程度。受教育程度反映在消费上的差异也是越来越明显。在书籍、音乐、茶吧、艺术、科技、专业技能等领域中，比较容易锁定受教育程度高的消费者。

（e）职业。不同职业对于人们的消费习惯也产生比较大的影响。自由职业者和演员、教师和医生、军人和警察、公务员、企业家等，他们的工作环境、工作时间、工作中的人际关系、职业要求和从业特点都不相同，逐步将这些不同带到消费购物中，使得他们的个人生活消费具有很大的职业特征，反映在购物过程和结果中差异很大。

（f）家庭。二人世界和三口之家在消费购物中具有很大的差异性。例如，人们将年轻且没有小孩的夫妇称为"月光族"（每月将工资花光）、"三好族"（吃好了、用好了、花好了），消费享乐成为许多年轻夫妇的时尚选择。三口之家中孩子用品是消费的重点之一，家庭消费围绕生活用品、学习用品和家庭公共用品。随着家庭生命周期逐渐走向成熟，消费逐渐变化，向着汽车、房屋、保险、理财、留学等产品或者服务转移。

③ 心理参数。按照消费者的心理特征来细分市场称之为"心理细分"。心理因素十分复杂，包括生活方式、个性、社会态度等，其中主要是生活方式和个性两个方面。

（a）生活方式。生活方式是指消费者的生活活动的特定习惯和倾向性以及兴趣和意见等。生活方式是一个内涵十分广泛、丰富的概念，它与消费者的年龄、收入、文化素养、社会地位、价值观念、职业等因素密切相关。

为了进行生活方式细分，企业可以用以下 3 个尺度来测量消费者的生活方式：活动（Activities），如消费者的工作、业余消遣、休假、购物、款待客人、体育等活动；兴趣（Interests），如消费者对家庭、服装的流行式样、食品、娱乐等的兴趣；意见（Opinions），如消费者对社会、政治、经济、产品、文化教育、环境保护等问题的意见。这叫做 AIO 尺度。企业可以派调查人员去访问消费者，详细了解消费者的各种活动、兴趣、意见，从而发现生活方式不同的消费者群，按照其不同的生活方式来细分消费者市场。

（b）个性。个性反映一个人的特点、态度和习惯，是对于外部社会和环境所表现出来的情绪、态度和行为方式。企业可以按照个性变量来细分市场，使自己的产品具有与消费者相一致的个性，即树立所谓的"品牌个性"和"品牌形象"，从而使这些消费者对本企业的商品产生兴趣，保持和扩大本企业的市场占有率。例如，保时捷汽车北美公司经过调查发现，在这个总的人口范围内可通过 5 种个性类型对保时捷车的购买者进行更有效的细分，如表3-2所示。保时捷公司根据研究结果重新定义了市场。经历了前十年的不景气之后，该公司在北美的销售额增长了48%。

表3-2　　　　　　　　　　保时捷汽车购买者分类

类　型	占全部消费者比例	说　明
顶尖人士	27%	有抱负、有野心的类型。象征权力与控制。他们希望受到注意
杰出人士	24%	传统的贵族血统。车就是车，无论多贵都无所谓。它并不反映个性
自豪的主顾	23%	能够拥有已经知足。车是努力工作的报偿，谁在乎别人怎么看
生活奢侈的人	17%	在全世界寻找高速和刺激的人。他们的车给他们本来火热的生活又增添了刺激
梦幻者	9%	沃尔特·米蒂（Walter Mitty）类型的人。他们的车是一种摆脱。他们不仅对影响别人不感兴趣，而且对拥有一辆车甚至有一点负罪感

资料来源：国家职业资格培训教程：《营销师》，第289页。

④ 行为参数。按消费者的购买行为来细分市场称之为"行为细分"。这方面的具体细分变量很多，主要包括购买时机、追求价值、使用频率等。行为参数比较外向，它与消费者的行为息息相关，通过客户关系管理、分析消费者的资料信息，比较容易获得行为参数。

（a）购买时机。即消费者购买和使用产品的时刻。例如，中国大陆电影院通常在每周二所有的电影票打折出售；春节、中秋节、国庆节等节日都带来消费品市场旺盛的购买需求。某些产品或服务项目专门适用于某个时机（如挂历的销售最佳时机是每年的 11～12 月、文具商店可在新学期开始前专门为学生准备学习用品）。不同的购买与使用时机需要公司制定产品功能、用途、价格和广告上的相应手段。

（b）追求价值。消费者购买商品或劳务所要追求的利益，往往各有侧重，可据此细分市场。这个变量一般是通过对购买者进行市场调查就能够知道的。例如，消费者购买此产品的目的是什么？看中了此产品的什么功能？得到了什么好处？许多企业都是通过消费者追求的产品或者服务的价值功效不同来进行产品细分的。美国学者哈雷对牙膏市场的细分，是运用利益细分变数取得成功的一个典型事例，如表3-3所示。他发现牙膏购买者所追求的利益主要有4点：物美价廉、防治牙病、洁齿美容、口味清爽。根据以上分析，牙膏公司可明确，自己将为之服务的目标市场及其特征是什么，主要竞争产品是什么品牌，市场现有品牌缺少什么利益，从而决定对自己现有的产品如何改进，或重新推出新的品牌，以满足牙膏市场上未满足的需要。

表3-3 　　　　　　　　　　　　　牙膏市场的利益细分

利益细分	人口统计特征	行为特征	心理特征	符合该利益的品牌
价廉物美	男 性	大量使用者	自主性强者	大减价品牌
防治牙膏	大家庭	大量使用者	忧虑保守者	品牌A、B
洁齿美容	青少年	吸烟者	社交活动多者	品牌B
口味清爽	儿 童	薄荷爱好者	喜好享乐者	品牌C、D

（c）使用频率。某些产品市场可以按消费者的使用频率来细分。可先划分使用者和非使用者，然后再把使用者分为小量使用者、中量使用者和大量使用者。企业重点细分出大量使用者群体，并根据他们的需要进行有针对性的营销政策，进一步强化对大量使用者多的服务。根据20/80法则，企业80%的利润来自20%的顾客，这20%的顾客就是大量使用者群体，抓住这20%的顾客就稳定了企业的利润来源。此外，还要不断想办法提升中量使用者的购买频率，使他们向大量使用者转化。

（2）组织购买者市场细分（B to B 市场）

工业品市场与消费品市场不同，工业品市场的客户不是像消费品市场针对的是一类或者几类消费者，而是一类或者几类组织，这些组织包括其他企业、公司、机关事业单位以及各种中间机构等。因此，工业品市场不是针对个人消费者的，其市场细分的标准也要依据客户需求来进行。一般来说，工业品市场的参数包括宏观环境、客户特性、商业地位和购买者，如表3-4所示。

表 3-4　　　　　　　　　　　　　　　　组织购买者市场细分参数

生产者市场细分依据	细分解释/举例
行业环境：成熟程度、商业壁垒、金融、技术水平	如国际/国内区域市场、国内地区市场、工业发达市场、国际化程度高的市场
购买特性：购买用途、购买条件、客户关系	采购政策、采购程序、采购核心的构成、购买影响者、平均订购规模、购买频率、购买者存货需求
商业地位：影响力、信誉度、商业形象、行业排名	处于行业领先地位、具有良好信誉品牌的企业是本企业的重点客户
购买者：行业类型、购买规模	如客户地理位置、产业或者行业类别、客户规模和潜力、客户经营情况

① 行业环境。选择组织购买者要看它所在的行业环境。例如，2008 年受金融危机影响，房地产市场萎缩，升值空间不大，连带建材市场、家居装饰等市场可能出现疲软，对于消费行为和消费能力影响很大。而许多跨国公司划分区域市场时都将中国作为一个独立的大市场来看待，因为中国在改革开放后经济获得了空前的发展，基础设施建设带动相关行业具有极大的市场潜力，这些市场在中国宽松的政策、市场环境下成为世界最具有投资和经营价值所在。进入中国基础设施建设相关行业市场成为跨国公司的市场战略。

② 购买特性。批量购买的企业相比较销量购买的企业更受到企业的重视。有实力的组织购买者往往购买的数量大、种类多或者频率高，而一些专业化程度高具备共同购买能力的则不同，这需要企业选择甄别并以不同政策营销支持。

③ 商业地位。品牌信誉、影响力和知名度高的企业具有强大的议价能力，往往形成自己的购买体系。这些企业不是很多，但是购买能力旺盛，可以划分为高端细分市场。另外，众多的中小组织购买者可以按照社会知名度和影响力划分为较高和较低，与信誉较好的企业发展长久持续的业务往来，发展大客户，与较差信誉的企业只做阶段性的业务或者不做业务。

④ 购买者。在生产者市场上，不同类型的组织购买者对同一种产品的市场营销组合往往有不同的要求。例如，飞机制造商所需要的轮胎必须达到的安全标准，比农用拖拉机制造商所需轮胎必须达到的安全标准高得多，豪华汽车制造商比一般汽车制造商需要更优质的轮胎。因此，企业对不同的最终用户要相应地运用不同的市场营销组合，采取不同的市场营销措施，以投其所好，促进销售。

4. 市场细分的方法

学习市场细分首先要知道市场细分的方法。任何企业在进行市场细分时都可以按照一定的方法进行。

市场细分的过程是按照方法切蛋糕的过程，因此方法很重要。市场细分的方法包括 3 个步骤。

第一步：确定企业所在领域是消费品市场还是工业品市场，是针对个人消费者还是组织购买者。其实践工具如表 3-5 所示。

表3-5 确定企业进入的市场领域

企业业务市场	消费者市场	组织购买者市场
业务市场1（如家用电器市场）	✓	
业务市场2（如轮胎市场）		✓
业务市场3（如轻型摩托车市场）	✓	

第二步：思考一下什么是使企业所在市场最能够差异化的参数。用最能够差异化的参数作为切分该市场的第一刀标准，用次差异化的参数作为切分该市场的第二刀，依此类推。其实践工具如表3-6所示。

表3-6 细分市场

参数二 ＼ 参数一	

第三步：评估细分市场。在将市场切分后，要认真分析细分市场，一个市场被划分成为许多市场以后，划分的市场有没有用、这些市场进入的条件是什么，市场容量多大，需求能否被衡量，市场能带来多大效益，企业必须明确这些问题，才可能进入下一步选择目标市场。这些问题可以归纳成4个方面来进行评估，即细分市场的差异性、细分市场的可衡量性、细分市场的可进入性和细分市场的可盈利性，这4个方面也被称为市场细分的原则。

① 该市场是否具有差异性。将市场按照细分参数划分成为若干个细分市场后，发现有些细分市场具有类似的消费需求，在这些细分市场中，划分出来的不同的消费者群体对于提供的产品或者服务具有相同或者相似的需求，其差异性很小，如果出现这样的情况，就没有必要划分成为不同的市场。要想避免产生这种错误，可以多运用几个参数来锁定细分市场，其差异性小的特点就显现出来了。

② 该市场是否具有可衡量性。是指细分后的市场是否能够量化。不能量化的市场即没有数字和事实依据的细分市场没有办法运作。细分市场必须是可以识别的和可以衡量的，即细分出来的市场不仅有明显的范围（包括什么，不包括什么），而且也能估量该市场的规模及其购买力的大小。为此，市场细分的标准必须是明确的、可以识别和衡量的。有些细分市场捉摸不定，难以衡量，如以"爱好家庭生活的人"来细分市场，就很难测算什么样的人是爱好家庭生活的人，什么样的人是不爱好家庭生活的人。因此，对于细分的参数要尽可能量化，而不是模棱两可的文字或者概念。

③ 该市场是否具有可进入性。有两层含义。第一层含义是指企业对该细分市场能有效进入和为之服务的程度。即市场的细分和选择必须适应企业本身的营销力量和开发能力，必须是公司可能进入并占有一定市场份额的，否则没有现实意义。例如，细分的结果，发现已有很多

竞争者，自己无力与之抗衡；或者虽有未满足的需要，但缺乏原材料或技术，货源无着落，难以生产经营，就不要贸然去开拓，否则难免会以大量的投资开始，而以赔钱失败告终。

第二层含义是指进入该市场的政策法律限制和社会风险。尽管市场前景和潜力很好，但是违反长远社会效益如环保指标，或者引起国际纠纷的市场不能进入。

④ 可盈利性。是指细分市场的容量是否能保证企业获得足够的经济效益，如果容量太小，销售量有限，得不偿失，就没有单独开拓的实际价值。一般来说，企业根据自身情况，选择与自己实力匹配的细分市场进入是一个明智的选择。对于大企业来说，市场规模应该足够大，并且该市场还具有足够的未来成长率。但是对于大企业看不上的小细分市场，规模可能正好与小企业匹配。

第一步比较容易确定，以下举例解释第二步和第三步的实践方法。

E&P 举例与实践

第二步实践方法

服装公司进行市场细分，在明确了本公司所在的领域是针对个人消费者的消费品市场后，就开始了市场细分的第二步。

第二步：选择最能够使服装市场差异化的参数。显然，作为服装这个产品来说，区别最大的参数是性别和年龄。男女服装差异最大，年龄不同如童装和成年装差异最大，因此就可以将性别参数或者年龄参数放在第一位，把另一个参数作为细分市场的第二位因素，如表3-7所示。

表3-7　　　　　　　　　服装市场的市场第一次细分方法

性别 年龄	0～2岁婴儿	2～6岁儿童	7～17岁校服	18～30青年	31～55中年	56以上老年
男						
女						

通过两个参数的市场细分，确定了 12 个细分市场或称为子市场，这样就把服装这个市场划分为具有性别和年龄段特征的细分市场了。如果继续细分，可以将服装类型作为第三个差异化参数，划分为运动服、套装、休闲装等细分市场。经过几个参数的划分，形成了若干个服装细分市场。

第三步实践方法

服装公司对市场进行细分后，形成若干个细分市场。要对这些细分市场进行评估是市场细分以后和选择目标市场以前要完成的步骤。

① 评估差异化。对于细分市场是否具有差异性的衡量，可以采用的方法是小规模投放一种有可能模糊差异的产品，如对于 15 岁或者 18 岁的男性学生服装市场投放有相同颜色款式和面料的运动装，观察在这两个细分市场中的消费者对该产品的反应，如果投放同样的运动装所得到的需求反应同升或者同降，那么很可能这两个不同的细分市场没有需求的差异化，反复通过这样的实验观察，就可以评估其差异性程度。必须注意的是，不考虑差异性而过分细分的市场将给企业经营带来更高的管理成本和产品混乱问题。

② 评估可衡量性。可以通过历史资料来了解企业所在的市场过去 5 年或者 10 年的销售情况，比如 18 岁男学生运动装市场过去 5 年或者 10 年的销售情况，它可以帮助服装公司掌握所在的市场增长率，也可以说明未来该市场的发展趋势。这些历史记录可以从行业研究报告、政府信息数据和行业协会的统计数字中获得，很多可以在网络上的国家权威数据库、研究机构统计报告或者图书馆中找到。而市场占有率也可以有一个大概的估计，比如服装公司所在的 18 岁男学生市场中穿运动装的数量，平均每人每年的平均购买件数，两者相乘得到市场总规模，用企业的销售量除以总规模，就得出了企业在 18 岁男学生运动装市场的市场占有率。

③ 评估可盈利性。服装公司可以对比其他经营 18 岁男学生运动装的企业来评估可盈利性。一般而言，如果竞争对手经营处于盈利状态，并且低于公司的市场占有率，就可以预测该市场具有盈利性。完成工作页中的实践活动 9，掌握市场细分的有关操作技能。

3.5 选择目标市场

选择目标市场实际上是要决策进入哪些市场、放弃哪些市场、做什么产品和业务、不做什么产品和业务的问题。企业不能像过去那样拍脑袋决策，而必须具有科学的分析和判断过程。目标市场就是企业要进入的市场。企业进行市场细分以后，就得到了若干个相对清晰的可以量化的"子市场"，接下来的步骤就是在若干个细分市场中选择要将哪个或者哪几个细分市场作为企业要进入的市场即目标市场。企业的一切营销活动都是围绕目标市场进行的。

企业在占领某个目标市场之前要充分估计一下：开拓与占领这个目标市场，需要多少费用，可能销售多少产品，将要获得多少利润，市场占有率可能达到多少，投资收益率如何，几种盈利率（销售额盈利率、资金盈利率、成本盈利率、工资盈利率等）的比较预计如何，等等。只有对占领某个细分市场可能带来的经济效益作出了正确的预测，才能评价是否值得去开拓，才能决策采取什么策略和方法去占领。尤其是决定采取差异性营销策略或集中性营销策略的企业，更要仔细估价比较一下重点开拓哪个细分市场更为有利。

企业评估目标市场的目的就是为了选择决策企业究竟要进入哪个或哪几个细分市场。通常情况下，对目标市场的评估重点有 3 大因素。

第一，该市场的市场吸引力如何；

第二，该市场中的竞争者情况如何；

第三，企业自身的情况如何。

一般来说，一个市场的顾客越多、购买力越强，市场的吸引力就越大，但是市场吸引力越大，可能竞争就越激烈，那些资源条件有限的中小企业在竞争中往往处于不利位置。因此，企业必须根据自身情况作出判断，进入那些与自身实力相匹配的市场以大显身手。

1．目标市场选择标准和依据

（1）市场吸引力

决定市场吸引力的因素很多，企业必须根据自己以及所在行业的情况将这些因素按照重要等级进行排列。一般情况下，决定市场吸引力的主要因素有市场规模大小、进入市场难度、市场成长率、市场竞争强度、市场透明度高低、市场生命周期等。如果是规模实力很强的大企业，更具有规模经济优势，进入大市场是他们的目标，因此可能更看重市场规模和市场的透明度。而对于中小企业来说，自身实力有限，不能形成大规模生产能力，不能与大企业全面竞争，因此，竞争强度和进入市场的难度是中小企业要考虑的问题。

企业可以采用加权分析法来确定各个因素对于本企业的重要性。

加权分析法是经常用到的一种方法。该方法也叫选优矩阵法，是一种基于多种标准进行项目选择的系统方法，首先是要识别出企业选择项目的若干重要的指标；接着对各个指标赋予权重；然后就上述每一个指标对候选项目进行评分。一般企业都会规定最低得分，大于最低得分的项目才会被选择，综合分值最高的项目即为最好的项目。

用这种方法可以帮助企业评估市场吸引力。

第一步：给各项因素打分。先将所有市场吸引力的因素罗列出来，然后将各个因素分配分数，如以5分来计算，将5分不均匀地分配给每个因素，对于企业非常重要的因素给5分，不重要的因素给3分，最不重要的因素给1分，依此类推。

第二步：确定加权值。哪项因素加权多少是判断各因素重要性的关键。这项工作不能随便由一些人草率决定。一般情况下，确定加权值的人必须对市场非常熟悉，并且是由一组人通过头脑风暴方法来决定，这组人包括高层主管、营销部门主要负责人、市场管理人员。

第三步：加权平均。通过计算得出各个因素的综合分数，分数高的市场吸引力就大。

通过上述3个步骤，企业就可以评估市场吸引力了。

E&P 举例与实践

分析市场吸引力的实践方法

在本任务学习引导的"市场细分的方法"中的 E&P 举例与实践版块，对服装公司进行了市场细分，在第一次和第二次细分市场中，共细分出36个子市场。在此以3个子市场为例，来说明服装公司是如何针对这些细分市场进行市场吸引力方面的评估的。用来举例的3个子市场是2~6岁的女性婴儿市场（简称A市场）；18~30岁的女性青年休闲装市场（简称B市场）；31~55岁的男性中年运动装市场（简称C市场）。将这些细分市场与市场吸引力因素组合在一起，如表3-8所示。

表3-8　　　　　　　　　　评估服装公司的细分市场吸引力

市场吸引力因素	权重	A市场	B市场	C市场	A市场加权	B市场加权	C市场加权
市场规模	1	3	4	3	3	4	3
市场竞争程度	5	4	5	2	20	25	10
市场成长率	3	3	3	4	9	9	12
行业平均利润率	4	2	2	2	8	8	8
总加权得分					40	46	33

经过上述分析得出，B市场的市场吸引力最大，其次是A市场，市场吸引力最小的是C

市场。完成了市场吸引力分析以后，服装公司还要对公司自身实力进一步分析，从而找到与公司相匹配的市场，确定公司的目标市场。

（2）分析匹配度

尽管市场有无限机会，企业却不能什么都做，而只能选择进入与自身实力条件相匹配的市场。如果企业规模大、实力雄厚，就会选择具有足够空间的大市场。由于大企业经营成本高，小市场不能给大企业带来效益，也就是说，市场机会和企业实力不匹配，因此大企业对于弱小市场就不得不放弃，而去占领规模更大的市场。而这些小市场就留给了小企业。这些小市场面对的是更细分的顾客群，具有更个性化的消费需求，小企业针对大企业放弃的小市场，进行差异化营销，虽然市场规模不大，但是竞争小，有利于小企业扩大市场份额，增加市场占有率，从而在小市场获得巨大的市场机会。而有些企业虽然发展很快，是高速成长的企业，但是还没有建立像大企业那样的规模优势，同时也不像那些微型企业能够灵活多变地应对市场，因此，这些企业就必须从两方面来选择目标市场。一方面，寻找那些竞争相对小而又规模足够自身发展的市场；另一方面，也可以通过创新产品开辟新的细分市场，创造属于自己的市场空间。

分析企业与市场的匹配度是将每个市场机会与本企业的实力因素进行一一对比，选择最匹配的目标市场，也可以采用加权分析法。

第一步：确定竞争匹配度因素。企业特别是中小企业必须分析市场上竞争对手以及竞争程度，然后与自身实力相比较，看看自身是否有比竞争对手更大的优势条件，能够在该市场中获胜。企业将这些竞争因素罗列出来，如具有专利技术、有技术研发平台、能快速转化成新产品、新技术，产品品牌在市场有一定知名度，服务系统比较完善等。

第二步：给各项因素打分。将各个竞争因素分配分数，如以5分来计算，将5分不均匀地分配给每个因素，对于企业非常重要的因素给5分，不重要的因素给3分，最不重要的因素给1分，依此类推。

第三步：确定加权值。哪项因素加权多少是判断各因素重要性的关键。这项工作不能随便由一些人草率决定。与确定市场吸引力的因素时相同，确定竞争因素加权值的人必须对市场非常熟悉，并且是由一组人通过头脑风暴方法来决定，这组人包括高层主管、营销部门主要负责人、市场管理人员。

第四步：加权平均。通过计算得出个各个因素的综合分数，分数高的市场匹配度就高。

通过上述4个步骤，企业就可以评估与市场的匹配度了。

E&P 举例与实践

评估市场匹配度的实践方法

评估服装公司在2～6岁的女性婴儿市场（简称A市场）、18～30岁的女性青年休闲装市场（简称B市场）和31～55岁的男性中年运动装市场（简称C市场）3个细分市场上的匹配度，将竞争因素罗列出来，包括服装设计技术、服装设计师、加工工艺、品牌信誉、销售网络。给这些因素打分，然后加权计算得出个各个因素的综合分数，分数高的市场是匹配度高的市场，如表3-9所示。

表3-9　　　　　　　　　　评估服装公司的细分市场匹配度

市场竞争因素	权重	A市场	B市场	C市场	A市场加权	B市场加权	C市场加权
服装设计技术	5	2	3	3	10	15	15
服装设计师	4	1	4	2	4	16	8
加工工艺	3	3	3	4	9	9	12
品牌信誉	4	3	3	2	12	12	8
销售网络	3	3	4	4	9	12	12
总加权得分					44	64	55

经过上述分析得出，B市场的市场匹配度最高，其次是C市场，市场匹配度最差的是A市场。

（3）结论

完成了市场吸引力分析，也评估了企业的市场匹配度，企业基本掌握了每个细分市场的综合情况。将所有市场的总分进行排队，就得出了企业所有的细分市场综合排名。这种方法建立在科学分析和客观标准的基础上，能够比较准确地确定企业的目标市场。

2．依据企业实力选择目标市场

企业进行目标市场选择，可以参考下列3种方式，即无差异营销、差异营销、集中营销。其中差异营销又分为四种类型，即产品专业化、市场专业化、选择性专业化和个性化营销，如图3-3所示。

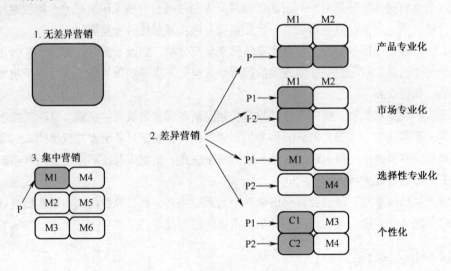

P：产品　　　M：市场　　　C：消费者

图3-3　目标市场选择方式

（1）无差异营销（Undifferentiated Marketing）

企业把整个市场看成是一个无差异的整体，不做市场细分，而认定所有消费者对某种需求基本上是一样的（即使消费者需求是有差别的，但差别极小，有足够的相似之处，而可以看做一个同质市场），只提供一种产品给所有的消费者。这种市场也被称为大众市场（Mass

Market）。例如，食盐、粮食、水、电、某些燃料、某些民用杂品等，一般都属于无差异市场。这种市场可以忽略消费者需求之间存在的不明显的微小差异。还有一种情况是企业认为没有细分的必要，因此，企业只向市场投放单一的商品，设计一套营销组合策略，开展无差异性的营销活动，通过无差异性的大力推销，吸引尽可能多的消费者。例如，美国可口可乐公司因拥有世界性专利，在 20 世纪 60 年代以前相当长的时间内曾实行这种无差异性目标市场营销策略，以单一口味的品种、单一标准的瓶装和统一的广告宣传（广告词句一模一样），长期占领了世界饮料市场。

这种营销策略的最大优点是可以实行大规模、标准化、流程化生产；有利于降低营销成本；节省促销费用；不搞市场细分，也相应减少了市场调研、产品研制、制定多种市场营销组合方案所要耗费的人力、财力、物力；在市场竞争不激烈的情况下，适用于销售挑选性很小的商品。

在当今市场竞争激烈的情况下，消费者需求不断变化，以一种产品和一套营销组合方案来满足不同层次、不同类型的所有消费者的需求是很难做到的。世界上一些曾经长期采用这种策略的大企业最终也不得不改变策略，转而实行差异性营销策略。仍以美国可口可乐公司为例，由于软饮料竞争加剧，特别是"百事可乐"异军突起，打破了"可口可乐"垄断市场的局面，终于迫使可口可乐公司不得不放弃无差异性营销策略。这样的实例在改革开放后的中国也是屡见不鲜的。

（2）集中营销（Concentrated Marketing）

集中性营销又称密集性营销或者利基市场营销，是指那些无力与大企业进行激烈竞争的企业在市场细分的基础上，专心致力于一个目标市场（Nichemarket），制定一套营销组合方案，实行专业化经营，进行密集性开发，集中力量争取在这些分市场上占有大量份额，而不是在整个市场上占有一席之地（小份额）。

这种营销的好处是可以集中优势资源占领小市场的大份额，将该小市场做精做专，形成经营特色或商品信誉，获得消费者的信任，提高投资收益率，又可以伺机在条件成熟时迅速扩大生产、提高市场占有率。但是，集中营销具有较大的风险性。由于目标市场狭窄，一旦市场需求发生急剧变化或出现更强大的竞争者，而本企业又不能随机应变时，就可能造成巨大损失。所以，采用这种策略，必须对市场有深刻的了解，必须对可能发生的风险有比较充分的应变准备，避免因选点过窄而孤注一掷。

（3）差异营销（Differentiated Marketing）

差异营销是一种以市场细分为基础的目标市场营销策略。企业针对不同的细分市场采取不同的产品组合和营销策略。企业按照消费者需求差异的调查分析，将总体市场分割为若干分市场，从中选择若干细分市场作为自己的目标市场，并针对不同的细分市场，有选择性地提供不同的商品，制定不同的市场营销组合，分别进行有针对性的营销活动，以满足不同分市场的不同需求。具体分为产品专业化、市场专业化、选择性专业化和个性化营销 4 种。

① 产品专业化。即指企业细分市场后，按照细分市场的共性归类，为这些细分市场提供一类专业化的产品或者服务。例如，建筑设计公司可以为房地产、医疗事业单位、城市商业设施等多个市场提供设计服务。又如，提供音响系列产品的公司，其音响专业化产品提供家庭音响

产品以满足个人消费者市场，提供功放、扩声设备给教育部门，还提供卡拉OK给娱乐场所。

什么样的企业采用产品专业化更容易成功呢？一般情况下，实施产品专业化策略的企业都具有技术优势或者产品服务专长，其产品具有独特性能，在某一领域有独到性。采用这种方式的不足之处是产品或者服务过分专业，造成产品种类单一，受行业影响和经济环境制约较大，在同行竞争激烈的情况下，不能分散经营风险。

② 市场专业化。即指企业用不同产品满足相同的顾客群体，企业对某一类市场进行专门化营销策略。例如，金利来公司专门经营男性市场，除了金利来领带、袜子、衬衫以外，还包括皮夹、皮包、腰带等产品，虽然产品跨度大、种类多，但是针对的市场却只有男性市场这一类。

采用市场专业化的企业更了解市场、贴近顾客，更易建立品牌形象和顾客忠诚度，对于市场的开发和扩展都有好处。但是这种方式的弱点是市场的有限性，企业的资源技术优势不能借势发展到其他市场，在市场具有风险的时候不能有效分散市场风险。

③ 选择性专业化。即指企业有选择地进入几个不同的细分市场，为不同的顾客群提供不同性能的同类产品。采用这种策略应当十分慎重，必须以这几个细分市场均有相当的吸引力即均能实现一定的利润为前提。一般情况下，具有某种技术传统或者市场传统的企业可以采用这种策略。例如春兰公司，作为军工企业积淀了深厚的技术传统，军工企业转民用企业以后，继续发挥其在电机设备方面的优势，先后进入摩托车行业、空调行业等性质不同的行业中，却也表现不俗，占领了一定的市场份额，取得了不错的业绩，这正是得益于他们的技术厚势。

采用这种方式能够较多较快地变换花色品种，以分别满足不同消费者群的需要，因而有利于增加顾客对企业的依赖感和购买频率，树立起良好的企业形象，提高产品的竞争能力，扩大销售和提高市场占有率。但是，实行这种策略，就难免加大费用开支，增加营销成本，因为选择的产品和市场之间关联性差，协同增效能力差，势必增加设计、制造、管理、仓储、促销等方面的成本，这就有可能得不偿失。

④ 个性化。当今消费趋势正朝着享乐、娱乐、休闲、体验等个性化方向发展。这是知识经济时代文化与经济和科技与文化相互融合作用的结果。越来越多的消费者倾向于购买那些针对自己的消费产品和服务，定制化、订单化时代到来了。例如，保姆市场、家教市场、心理辅导、家庭保健医生、家庭理财顾问、DELL定制电脑等，这些趋势发生在服务行业特别明显。一般来说，采用这种方式能使消费者获得较高的满足感，但是企业的规模效应较差，成本较高。因此，这种策略适合面向高端顾客群和高端市场，推出高端产品和服务。

差异化营销应该避免过分差异化带来的高成本负担，同时，这种策略还可能导致资源分散和市场凌乱，给企业带来巨大浪费和损失。例如，联合利华（Unilever）是全球最主要的日用品与食品制造商，拥有多芬、旁氏、力仕、白兰、熊宝贝、立顿、康宝等知名品牌，2000年初其品牌数达到了1600多个，但是其中1200多个品牌只贡献10%的营业收入，随后几年联合利华压缩了品牌线，将品牌数减少到400个左右，反而带来了营业收入的增长。

3.6 目标市场定位

许多企业的名字和产品令人耳熟能详。例如，一提到麦当劳，人们就联想到干净、清洁、效率、舒适的快餐店印象；提到沃尔玛，人们就会想到天天低价的仓储超市；提到当当网，人们就会想到方便快捷的网上购书。这就是定位带来的结果。

尽管在细分市场，也存在不止一个企业在经营同样的业务，只要有市场、有盈利空间，就会有竞争者出现，从而也就面临瓜分目标市场、争夺目标顾客群的竞争。而企业必须要做的就是让消费者认识自己、熟知自己、喜欢自己并忠诚于自己，这就要求企业树立与众不同的形象和鲜明个性的品牌，以区别于竞争对手，这就是市场定位。

市场定位，是指企业设计出自己的产品和形象，从而在目标顾客心中确定与众不同的有价值的地位。

市场定位有两个方向：一个是企业形象定位，可以通过标识、名称等来定位；另一个方向是企业产品定位，可以通过品牌、商标等来定位。市场定位的成功与否取决于两个因素，一个是企业是否能够长期持续地进行市场定位战略并积极主动地创造和展示自我形象和产品的独特性；另一个因素是目标顾客心目中是否有明确的企业的形象和产品，并具有较高的评价或者地位。

企业的形象和所提供的产品是与众不同的吗？这需要企业来设计和实施，而由目标顾客群来判断。如果企业的目标顾客群对于下列问题的回答都是肯定的，就说明本企业已经成功地树立了良好的市场形象和产品品牌。

① 目标消费者能否说出企业的产品与竞争对手的产品有什么不同之处？

② 目标顾客能否在企业的产品中买到在竞争对手的产品中所没有的特殊功能？

③ 目标顾客能否识别出企业产品的标识或者品牌？

④ 企业提供了哪些竞争对手没有的服务？

⑤ 企业最近开展了一项新的专门化的顾客服务吗？

⑥ 企业的产品、员工、服务是否在目标顾客心中有一个整体形象？

1. 市场定位的作用

市场定位的作用表现在以下几个方面。

（1）提高目标顾客的忠诚度

使企业的良好形象和品牌深入人心，让顾客形成深刻印象和持久记忆，美好的记忆和印象是宝贵的无形资产，它能够带给企业及其产品巨大的价值，使之牢固建立与顾客的持续关系，提高顾客对于企业及其产品的忠诚度。确定产品在顾客心目中的适当位置并留下深刻的印象，以便吸引更多的潜在顾客。因此，市场定位是企业目标市场营销战略体系中的重要组成部分，它对于树立企业及其产品的鲜明特色、满足消费者的需求偏好具有重要意义。

（2）扩大市场竞争优势

市场定位的实质是取得目标市场的竞争优势，当目标顾客更容易在市场上识别、发现并更喜欢购买企业的产品时，就削减了竞争对手的市场份额。更重要的是，良好的形象和品牌更容易传播和扩散，扩展企业的潜在市场和潜在顾客。

（3）规划企业营销策略

企业明确了希望在消费者心目中确立什么样的形象、希望自己的产品在消费者那意味着什么，就可以有目的地进行广告策划、公关、产品包装、渠道设计以及其他营销手段。这些营销手段成为一套组合拳而不是单拳出击，成为具有完整内涵的营销体系，给目标顾客持续一致的鲜明印象和良好效果。

2．市场定位依据的因素

（1）产品属性和利益

产品本身的属性以及由此而获得的利益能使消费者体会到它的定位。例如，大众汽车的豪华气派、丰田车的经济可靠、沃尔沃车的耐用。有些情况下，新产品应强调一种属性，而这种属性往往是竞争对手没有顾及到的，这种定位方法比较容易见效。

（2）产品价格和质量

选择在质量和价格上的定位也是突出本企业形象的好方法。按照这种方法，企业可以采用优质高价定位和优质低价定位。在"彩电大战"、"空调大战"如火如荼的同时，海尔始终坚持不降价，保持较高的价位，这是优质高价定位的典型表现。

（3）产品用途定位

主要通过产品可以解决什么问题来定位。例如，"金嗓子喉宝"专门用来保护嗓子，"地奥"心血康专门用来治疗心脏疾病。为老产品找到一种新用途，是为该产品创造定位的好方法。尼龙从军用到民用，便是一个很好的用途定位例证。

（4）使用者定位

通常消费者购买行为受价值取向影响。主要包括3个方面的因素，第一是经济因素，主要是按照不同的消费者购买能力来定位；第二是功能因素，主要是在购买能力允许的情况下产品达到什么功能，具有什么功用；第三是心理因素，主要是购买该产品获得什么满足感，达到什么目的。企业按照目标消费者的价值取向来综合考虑自己的产品营销策略。

（5）竞争地位定位

通过针对竞争对手弱点或者漏洞进行定位。例如，1967年七喜汽水（7-Up）以非可乐定位，市场反应强烈，从而拟定了它是可乐替代品的地位。

3．市场定位方式

（1）MAP定位图

这是一种对于市场所有竞争对手的整体分析方法，通过在图上标出竞争对手的位置，据此确立企业自身的市场定位以及未来的发展趋势。这种图采用四象限法，横、纵坐标的变量不是固定的，它依据不同企业所在行业和市场行情不同而定。一般依据是竞争强度，竞争强度大的因素优先选择。

E&P 举例与实践

MAP定位图的实践方法

对于汽车维修市场来说，经营方式和规模是这些汽车维修商竞争的重要因素，如图 3-4 所示。

从图 3-4 可以看出，提供零配件以及品牌服务多元化的汽车维修商大都位于大型汽配城，经营方式依托规模优势，很少单独设立维修点，这些厂商靠扎堆效应来扩大市场，吸引消费者。而 E、F、G 厂商则通过为某品牌进行汽保汽修，来树立企业形象和地位。MAP 定位图提供了3种定位方案，一种是避实就虚定位方案，即寻求竞争较弱的环节进行企业定位；另一种是迎头定位方案，即针锋相对，在强手如林的市场中挑战竞争对手；还有一种是转移定位，即在其他因素方面进行差异化定位，以确立与众不同的形象。

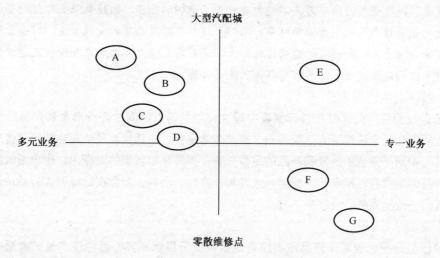

图3-4　汽车维修商定位分析图

（2）质量价位图

通过对产品在质量和价格上的比较来定位的方法。横、纵坐标分别代表质量和价格，据此划分为4个象限，来说明不同定位区域。

E&P 举例与实践

质量价位图的实践方法

在本任务市场细分和目标市场选择中分析的服装企业的细分市场，其18~30岁的女性青年休闲装市场（简称B市场）采用质量价位图的方法来定位，如图3-5所示。

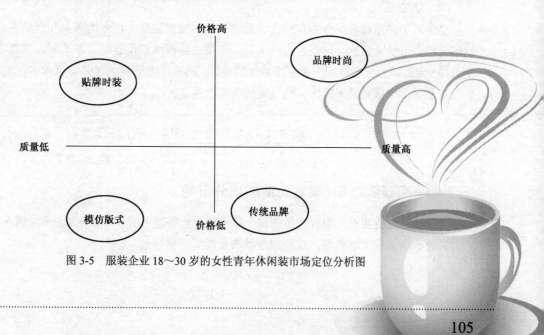

图3-5　服装企业18~30岁的女性青年休闲装市场定位分析图

在双高市场（即第一象限）的产品一般定位于较高端消费群体，如影视演艺时尚圈以及一部分高收入者群体。采用贴牌策略可以用品牌弥补材料质地的不足，定位于受品牌影响较大又比较实际的购买人群。对于喜欢追求时尚而尚处于事业未定型、收入来源有限的更年轻的女性来说，既要追求时尚前沿又不能太贵就成了她们的选择，因此象限三即仿时尚版式而质地一般的服装就成为她们青睐的对象。而对于这个年龄段上限的女性来说，时尚已经不是她们的首选，但是品位和档次的需求格外突出，这时具有稳定品牌形象和价位又适中的类似传统品牌风格的时装就成了这类消费群体的购买目标。

4. 如何避免错误定位

市场定位的目的就是要在目标顾客中建立鲜明的与众不同的企业形象和产品地位。因此，企业所采取的定位策略的一致性和一贯性非常重要。一致性就是企业的营销宣传应该与目标顾客心中对于企业的形象和产品的定位一致，另外在相当长的时期内，企业所做的关于形象和产品的定位目标不变，这就是一致性和一贯性。否则，就会在目标顾客心目中造成错觉和混乱。一般错误的定位包括 3 种。

（1）定位过低

定位过低是指企业对于产品或者服务的定位低于目标顾客心目中该产品或者服务的定位。例如，消费者认为某种产品应该与包装、环境、气氛等配套定位，像化妆品、香水柜台如果放在熟食柜台旁边就给人以定位过低的感觉；同样，如果橱窗里展示精美的婚纱来吸引消费者但店里同时还摆放了各种大宗电器，毫无浪漫的气氛，也会引起消费者的反感，这些都是定位过低的表现。

（2）定位过高

定位过高是指企业对于产品或者服务的定位高于目标顾客心目中该产品或者服务的定位。产品定位过高，会失去一部分有能力购买而被过高定位"吓跑"的消费者。例如 Steuben 牌的玻璃器皿，价格高到超过 1000 美元，尽管也有一些低价器皿，但在大多数消费者心目中 Steuben 牌的玻璃器皿属于超高价格的商品，因此在购买时望而却步。

（3）定位混乱

企业对于产品或者服务的定位在消费者心目中造成混乱，企业的形象和产品在品味、档次或者价位上令人迷惑。这是定位的大忌。如果企业整体定位混乱、不清晰，消费者难以识别清楚，会影响企业所有的产品在市场上的表现。有些企业所做的过分夸张或者不实的广告，也令消费者产生错觉或者疑虑，造成定位混乱的现象。

第二部分　工　作　页

实践活动 9：确定企业的细分市场

（1）分析企业要进入哪些市场领域，然后将企业要进入的 3～5 个市场领域填入表 3-10中，并分析所属的市场类型，在所对应的市场类型表格中划"√"。

表 3-10

企业业务市场	消费者市场	组织购买者市场

（2）探讨并回答下列问题，能够有助于深刻理解市场细分的概念，并帮助认识市场细分对于企业的重要意义。

① 企业能进入所有的市场吗？为什么？

---

② 企业的产品或者服务能够让所有的顾客都满意吗？为什么？

---

③ 企业应不断地变换产品或服务来进入那些最赚钱的市场吗？为什么？

（3）测试一下对下列问题的观点或者答案，以此来判断对于市场细分定义的理解和对其意义的认识。

首先，判断一下对下列问题的看法。

① 企业要通过市场细分的方法来了解消费者的购买心理和消费需求，据此来寻找市场机会，建立细分市场的竞争优势。

② 企业在目标市场营销过程中，首先要做的就是市场细分步骤。它是决定企业进入什么市场、提供什么产品或者服务以及如何提供这些产品和服务来满足顾客需要的关键步骤。

③ 企业必须有选择地进入与自己相匹配的市场，放弃那些不熟悉、没有优势、竞争激烈的市场。

其次，请给出下列问题的答案。

① 企业不做市场细分的后果是什么？

② 一些行业大打价格战、一些企业降价促销成了最主要的营销手段，其原因是什么？

③ 为什么有些企业的产品或者服务总是在市场上不受消费者的欢迎？

（4）列出企业进行市场细分的参数，并说明理由。

① 分析选择企业的细分市场参数，填写在表 3-11 中。

表3-11

参数二 ＼ 参数一				

② 说明企业选择这些参数的理由：

（5）研究企业细分市场的目标顾客的行为。

① 请列出第一细分市场和第二细分市场的需求分别是什么，并说明理由。

----

② 在第一细分市场和第二细分市场中的顾客群最关注什么？（分别说明）

（6）评估细分市场。

① 如果对同质化的市场（而不是差异化的市场）进行细分，会对企业经营产生哪些不利影响？

----

② 如果有一个企业将其业务定位于"喜欢外出旅游的年轻女性"，你怎样对于这一模糊概念加以进一步量化参数的细分，使之变成一个可以衡量的市场群体呢？

----

③ 评估企业的第一细分市场和第二细分市场。

可衡量性：

有无差异性：

可盈利性:

可进入性:

实践活动 10：选择企业的目标市场

（1）列出第一细分市场和第二细分市场的吸引力因素。

（2）分配各项因素的重要性和权值。

（3）分析研讨企业的第一细分市场和第二细分市场，然后填写在表 3-12 和表 3-13 中，评估企业的第一细分市场和第二细分市场的市场吸引力。

① 评估第一细分市场的市场吸引力。

表 3-12

市场吸引力因素	权重	A市场	B市场	C市场	A市场加权	B市场加权	C市场加权
总加权得分							

② 评估第二细分市场的市场吸引力。

表 3-13

市场吸引力因素	权重	A市场	B市场	C市场	A市场加权	B市场加权	C市场加权
总加权得分							

（4）评估企业的市场匹配度。

① 列出企业竞争主要因素。

---

② 分配各项因素的重要性和权值。

---

③ 评估企业第一细分市场的匹配度，填写在表 3-14 中。

表 3-14

市场竞争因素	权重	A市场	B市场	C市场	A市场加权	B市场加权	C市场加权
总加权得分							

④ 评估企业第二细分市场的匹配度，填写表 3–15。

表 3–15

市场竞争因素	权重	A 市场	B 市场	C 市场	A 市场加权	B 市场加权	C 市场加权
总加权得分							

（5）选择企业目标细分市场。

① 说明企业的目标市场及其依据。

_____

_____

_____

_____

_____

② 描述至少两个目标市场的顾客特征。

_____

_____

_____

_____

 实践活动 11：设计制定企业的市场定位

（1）为所选目标细分市场定位。（运用下列两个图分别对第一目标细分市场和第二目标细分市场定位）

① MAP 图分析所在企业产品定位。

② 质量价位图分析所在企业产品定位。

（2）制定该细分市场的营销策略。

① 描述品牌和产品适合哪些消费群体的口味。

_____

_____

_____

_____

_____

_____

② 阐述企业品牌和产品属于哪一个档次。

③ 描述企业产品的独特性是什么。

④ 检查企业定位方案有无错误定位。

本任务实践活动心得：

项目二 制定市场营销方案

任务四 制定产品方案

企业在完成细分市场、目标顾客选择以及相应竞争战略决策后，为了在激烈的市场竞争中获得优势，就要在其生产、销售产品时采取一系列与产品本身有关的措施和手段，主要包括产品生命周期、产品组合、商标、品牌、包装等方面的具体营销策略。其关键知识点包括：① 产品及其生命周期；② 产品组合；③ 产品的品牌；④ 产品的包装；⑤ 新产品开发和创新构思。

第一部分 任务学习引导

4.1 产品及其生命周期

1. 产品

产品是指能提供给市场，通过交换满足消费者或用户某一需求和欲望的任何事物，包括实物、服务、场所、组织、观察、主意等。它是一个包含了核心产品、形式产品、期望产品、附加产品和潜在产品 5 个层次的整体概念，如图 4-1 所示。

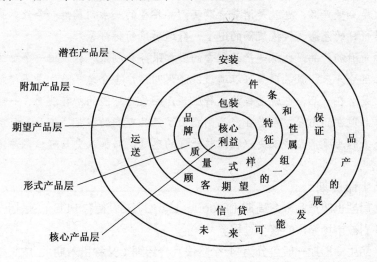

图 4-1 产品的整体概念的层次

① 核心产品（Core Benefit）：又称核心利益或实质产品，指产品的基本效用或利益，是满足顾客需要的核心内容。

② 形式产品（Basic Product）：又称基础产品，指核心产品借以实现的形式。形式产品由五个要素构成：品质、式样、特征、商标及包装。形式产品是呈现在市场上可以为顾客所识别的，成为顾客选购商品的直观依据。

③ 期望产品（Expected Product）：指顾客购买某产品时通常期望和默认的、与产品密切相关的一整套属性和条件。例如，旅客在寻找一旅馆时，期望干净的床、洗漱用品、台灯和相对安静的环境。

④ 附加产品（Augmented Product）：指顾客购买产品时所获得的全部附加利益与服务，包括安装、送货、保证、提供信贷、售后服务等。例如，服装产品可以通过洗涤说明、广告介绍等附加手段增加产品内涵。

⑤ 潜在产品（Potential Product）：是指与现有产品相关的未来可发展的潜在性产品，它指出了产品可能的演变趋势和前景。例如，彩色电视机可发展为录放影机、电脑终端机等。

Q&A 关于第一层面——概念层面的研讨题

探讨并回答下列问题，能够有助于深刻理解 5 个层次产品整体概念，也有助于进一步认识企业的产品——服装。

服装产品是指通过交换而满足人们穿着、审美欲望和需要的因素或手段。它包括物品（如西服、领带），服务（如产品咨询、保养、洗涤说明），人员（如服装设计师），组织（如服装协会），地点（如巴黎、东京）和观念构造（如流行趋势预测、服装设计概念）等。理解服装产品整体概念时，也要考虑产品的 5 个层次。

第一层次是核心产品，也是核心利益，是消费者真正要购买的服务或利益。

第二层次是形式产品，即产品的基本形式，例如，轻松明快的运动服、飘逸轻盈的连衣裙。

第三层次是期望产品，也就是消费者购买产品期望的一系列属性和条件，例如，西服，人们期望的是悦目的色彩、挺拔流畅的造型、舒适耐穿的材料等。

第四层次是附加产品，也就是产品包含的附加服务和利益，从而把一个企业的产品与其他企业的产品区分开来。服装产品可以通过洗涤说明、广告介绍等附加手段增加产品内涵。

第五层次是潜在产品，也就是目前这种服装产品最终可能的所有演变。一般来说，附加产品表明了产品现在的内容，而潜在产品则指出了产品可能的演变，例如，目前男服可以不配套穿着，未来的西服产品将改变以往工整严谨的感觉，而加入更多轻松、休闲、运动的设计元素。

2. 产品生命周期

产品生命周期也叫产品寿命周期（Product Life Cycle，简称 PLC），是指一种新产品从开始进入市场到被市场淘汰的整个过程。

典型的产品生命周期一般可分为 4 个阶段：介绍期（又称引入期）、成长期、成熟期和衰退期，产品生命周期与销售利润曲线如图 4-2 所示。

① 介绍期：是指新产品投入市场的试销阶段。在此阶段，产品销售呈缓慢增长状态，销售量有限。由于投入大量的新产品研制开发费和产品营销费，因此，企业在产品介绍期几乎无利可赚。

② 成长期：成长期是指新产品在市场上已打开销路后的销售增长阶段。在此阶段，产品在市场上已被消费者所接受，销售额迅速上升，成本大幅度下降，企业利润得到明显的改善。

③ 成熟期：成熟期指新产品在市场上普遍销售以后的饱和阶段。在此阶段，大多数购买者已经拥有该产品，市场销售额从显著上升逐步趋于缓慢下降。

④ 衰退期：衰退期是指某种产品在市场上已经滞销而被迫退出市场走向衰亡的阶段。

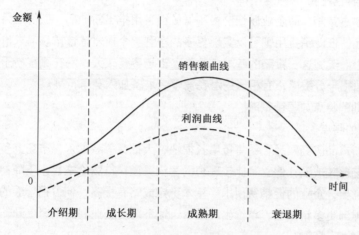

图 4-2　产品生命周期与销售利润曲线

以上所分析的产品生命周期的 4 个阶段仅是一种理论抽象，在现实经济生活中，并不是所有产品的生命历程都完全符合这种理论形态。

3. 产品生命周期各阶段特点与营销策略选择

（1）介绍期的特点与营销策略

① 介绍期的特点。

消费者对该产品不了解，大部分顾客不愿放弃或改变自己以往的消费行为，因此产品的销售量小，而单位产品成本相应较高；尚未建立理想的营销渠道和高效率的分配模式；价格决策难以确立，高价可能限制购买，低价则可能收回成本困难；广告费用和其他营销费用开支较大；产品的技术、性能还不够完善；利润较少，甚至出现经营亏损，企业承担的市场风险最大。但这个阶段市场竞争者较少，企业若建立有效的营销系统，即可以将新产品快速推进，进入市场发展阶段。

② 介绍期的营销策略。

根据上述特点，介绍期一般有 4 种可供选择的策略。

（a）快速撇脂策略。即以高价格和高促销推出新产品。实行高价策略可在每单位销售额中获取最大利润，尽快收回新产品开发的投资；高促销费用能够快速建立知名度，加快市场渗透。实施该策略的市场条件是：市场上有较大的需求潜力；目标顾客具有求新心理，急于购买新产品，并愿意为此付出高价；企业面临潜在竞争者的威胁，需要及早树立名牌。

（b）缓慢撇脂策略。即以高价格、低促销费用推出新产品。高价格和低促销水平结合可以使企业获得更多利润。实施这一策略的条件是：市场规模较小；产品已有一定的知名度；目标顾客愿意支付高价；潜在竞争的威胁不大。

（c）快速渗透策略。即以低价格和高促销费用推出新产品，目的在于先发制人，以最快的速度打入市场，取得尽可能大的市场占有率。实施这一策略的条件是：产品市场容量很大；潜在消费者对产品不了解，且对价格十分敏感；潜在竞争比较激烈；产品的单位制造成本可随生产规模和销售量的扩大迅速下降。

（d）缓慢渗透策略。即企业以低价格和低促销费用推出新产品。低价是为了促使市场迅速地接受新产品，低促销费用则可以实现更多的净利。企业坚信该市场需求价格弹性较大，而促销弹性较小。实施这一策略的基本条件是：市场容量较大；潜在顾客易于或已经了解此项新产品且对价格十分敏感；有相当的潜在竞争者准备加入竞争行列。

（2）成长期的特点与营销策略

① 成长期的特点。

消费者对新产品已经熟悉，销售量增长很快；大批竞争者加入，市场竞争加剧；产品已定型，技术工艺比较成熟；建立了比较理想的营销渠道；市场价格趋于下降；为了适应竞争和市场扩张的需要，企业的促销费用水平基本稳定或略有提高，但占销售额的比率下降；由于促销费用分摊到更多销量上，单位生产成本迅速下降，企业利润迅速上升。

② 成长期的营销策略。

（a）改善产品品质。根据用户需求和其他市场信息，不断提高产品质量，努力增加新的功能、改变产品款式、发展新的型号、开发新的用途等，提高产品的竞争能力，满足顾客更广泛的需求，吸引更多的顾客。

（b）加强促销环节。促销策略的重心从介绍产品转到建立产品形象上来，树立产品名牌，维系老顾客，吸引新顾客。

（c）寻找新的细分市场。通过市场细分，找到新的尚未满足的细分市场，根据其需要组织生产，迅速进入这一新的市场。

（d）适时降价。选择适当的时机调整价格，以激发那些对价格比较敏感的消费者产生购买动机和采取购买行动。

（3）成熟期的特点与营销策略

① 成熟期的特点。

产品的销售量增长缓慢，逐步达到最高峰，然后缓慢下降；市场竞争十分激烈，竞争者之间的产品价格趋向一致；各种品牌、各种款式的同类产品不断出现；在成熟期的后段，消费者的兴趣已开始转移，企业利润开始下降。

② 成熟期的营销策略。

（a）市场改良策略。也称市场多元化策略，这种策略不是要调整产品本身，而是发现产品的新用途、寻求新的用户或改变推销方式等，以使产品销售量得以扩大。通常有3种形式：寻找新的细分市场，使产品进入尚未试用过的市场；刺激现有顾客，增加使用率；重新树立产品形象，寻找新的买主。

（b）产品改良策略。也称为"产品再推出"，是指改进产品的品质或服务后再将其投放市场。这种策略是通过产品自身的调整来满足顾客的不同需要，吸引有不同需求的顾客。整体产品概念的任何一层次的调整都可视为产品再推出。

（c）营销组合改良策略。即通过对产品、定价、渠道、促销4个市场营销组合因素加以综合调整，刺激销售量的回升。常用的方法包括降价、提高促销水平、扩展分销渠道和提高服务质量等。

（4）衰退期的特点与营销策略

① 衰退期的特点。销售量由缓慢下降变为迅速下降，消费者对该产品已不感兴趣；价格降到最低点；多数企业无利可图，纷纷退出市场；留在市场上的企业，通常采取削减促销费用、简化分销渠道、调低价格、处理存货等措施，以维持微利或保本经营。

② 衰退期的营销策略。

（a）集中策略。即企业把能力和资源集中使用在最有利的细分市场、最有效的销售渠道和最易销售的品种或款式上，从中获取利润。这样有利于缩短战线和缩短产品退出市场的时间，同时又能为企业创造尽可能多的利润。

（b）维持策略。即继续延用过去的策略，保持原有的细分市场和营销组合策略，仍然保持原来的细分市场，使用相同的分销渠道、定价和促销方式，把销售维持在一个低水平上。待到适当时机，便停止经营，使该产品完全退出市场。

（c）榨取策略。即大幅度降低销售费用，如广告费用削减为零、大幅度精简推销人员等，这样可能导致产品在市场上的衰退加速，但可以争取产品被淘汰前的最后一部分利润。

（d）转移策略。对于衰退比较迅速的产品，应该当机立断，放弃经营。可以采取完全放弃的形式，如把产品完全转移出去或立即停止生产；也可采取逐步放弃的方式，使其所占用的资源逐步转向其他的产品。如果企业决定停止经营衰退期的产品，应在立即停产还是逐步停产问题上慎重决策，并应处理好善后事宜，使企业有秩序地转向新产品经营。

4.2 产品组合

1. 产品组合及其相关概念

（1）产品线

指在技术上和结构上密切相关，具有相同使用功能，规格不同而满足同类需求的一组产品，即通常所说的产品大类。例如，雅芳化妆品公司的产品线有化妆品、珠宝首饰和家常用品3条。

（2）产品项目

指产品线内不同档次、品种、质量和规格的特定产品。例如，雅芳化妆品公司有1300个以上的产品项目，而通用电气公司则有25万个产品项目。

（3）产品组合

指一个企业提供给目标市场的全部产品线和产品项目的组合或搭配，即经营范围和结构，也叫产品搭配。每个产品组合包含4个参数：宽度、长度、深度和相关性。

（4）产品组合的宽度

说明企业经营产品类别的多少及有多少条产品线，也叫广度。产品组合的宽度越大，说明企业的产品线越多；反之，宽度越窄，则产品线越少。

（5）产品组合的长度

指企业所有产品项目的总和，即每条产品线内不同规格的产品项目的数量之和。以产品项目总数除以产品线数目即可得到产品线的平均长度。

（6）产品组合的深度

指产品项目中每一品牌所含不同花色、规格、质量的产品数目的多少。例如，"佳洁士"牌牙膏有 3 种规格和两种配方（普通味和薄荷味），其深度就是 6。产品组合的深度越大，企业产品的规格、品种就越多；反之，深度越浅，则产品就越少。

（7）产品组合的关联性

指产品组合的密度，是指企业各条产品线在最终用途、生产条件、分配渠道或其他方面的密切相关程度。例如，某家用电器公司拥有电视机、收录机等多条产品线，但每条产品线都与电有关，这一产品组合具有较强的相关性；相反，实行多元化经营的企业，其产品组合的相关性小。

产品线宽度、长度示意图如图 4-3 所示。

产品线宽度

	A	B	C	D	E
产 品 线 长 度	Aa	Ba	Ca	Da	Ea
	Ab	Bb	Cb	Db	Eb
	Ac	Bc	Cd		Ec
	Ad		Ce		Ed
	Ae				
	Af				

图 4-3 产品线宽度、长度示意图

2．产品组合策略

（1）扩大产品组合

包括开拓产品组合的宽度和加强产品组合的深度。前者指在原产品组合中增加产品线，扩大经营范围。例如，某企业在家电类产品的基础上开始生产通信类产品——手机。后者指在原有产品线内增加新的产品项目。当企业预测现有产品线的销售额和盈利率在未来可能下降时，就应当考虑在现有产品组合中增加新的产品线，或加强其中有发展潜力的产品线。例如，某家电企业推出智能型的新款洗衣机。

（2）缩减产品组合

市场繁荣时期，较长较宽的产品组合会为企业带来更多的盈利机会。但是在市场不景气或原料、能源供应紧张时期，缩减产品线反而能使总利润上升，因为剔除那些获利小甚至亏损的产品线或产品项目，企业可集中力量发展获利多的产品线和产品项目。

（3）产品线延伸策略

产品线延伸策略指全部或部分地改变原有产品的市场定位，具体有向下延伸、向上延伸和双向延伸 3 种实现方式。

① 向下延伸。有些生产经营高档产品的企业渐次增加一些较低档的产品项目，称为向下延伸。这种策略通常适合于下列几种情况：利用高档名牌产品的声誉，吸引购买力水平较低的顾客慕名购买此产品线中的低档廉价产品；高档产品的销售增长速度下降；企业最初进入高档产品市场的目的是建立品牌信誉，树立高级的企业形象，然后再进入

中、低档产品市场，以扩大销售增长率和市场份额；补充企业的产品线空间，以防止新的竞争者涉足。

② 向上延伸。有些企业原来生产经营低档产品，渐次增加高档产品，称为向上延伸。这种策略通常适合于下列几种情况：高档产品市场具有较高的销售增长率和毛利率；企业的技术设备和营销能力已具备进入高档产品市场的条件；为了追求高、中、低档齐备的完整的产品线；以较高级的产品项目来提高整条产品线的地位。

③ 双向延伸。有些生产经营中档产品的企业，掌握了市场优势以后，逐渐向高档和低档两个方向延伸，称为双向延伸。

（4）产品线现代化决策

产品线现代化决策是强调把现代科学技术应用于生产经营过程，并不断改进产品线使之符合现代顾客需求的发展潮流。如果产品组合的广度、深度和长度都很适宜，但是，生产方式已经落后，或者产品跟不上现代顾客需求的潮流，就会影响企业生产和市场营销效率，就必须实施产品线现代化决策。

3．最佳产品组合分析

产品组合策略只能决定产品组合的基本形态，但由于科技发展、市场环境和竞争形势不断变化，企业必须不断根据形势变化，调整产品组合，在变动的形势中，寻求和保持产品最佳化，这就产生了最佳产品组合问题。所谓最佳产品组合，是根据市场环境和资源的变动，适时地增加应开发的产品和淘汰应退出的产品，从而使企业形成能取得最大利润的产品组合。分析产品组合是否最佳，常用三维分析图法，如图4-4所示。

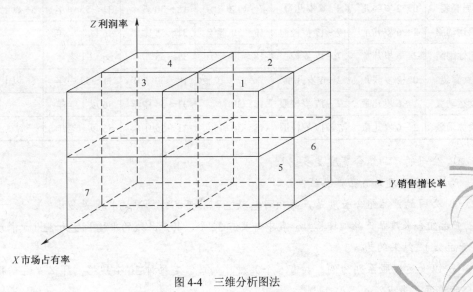

图4-4 三维分析图法

在三维空间坐标上，*X*、*Y*、*Z*分别表示市场占有率、销售增长率和利润率，箭头方向表示由低向高发展。如果把每一坐标分为低、高两段，就能得到8种不同的空间位置，分析企业经营的所有产品项目各自在坐标空间占有的位置，就能将产品分为8类，然后据以采取相应的策略，如表4-1所示。

表 4-1　　　　　　　　　　　　　三维分析方法

空 间 位 置	市场占有率	销售增长率	利 润 率	策　　略
1	高	高	高	发展
2	低	高	高	促销、提高占有率
3	高	低	高	维持、促销
4	低	低	高	稳定
5	高	高	低	提高盈利率
6	低	高	低	降低成本、提高占有率
7	高	低	低	维持占有率
8	低	低	低	淘汰

　　企业最理想的产品组合是 1 号位置，但由于任何一个产品在市场上都要经历生命周期的各个阶段，因此要求所有的产品都同时达到最佳状态是不现实的，即使各个产品同时达到最佳状态也不可能持久，因此，企业所追求的最佳产品组合只能是指在一定的市场环境和企业资源条件下，以及在可以被预测到的变动范围内始终能使企业获得最大利润的产品组合。它是一个动态的优化组合过程，通过不断地开发新产品、淘汰衰退产品来实现。

E&P 举例与实践

　　服装公司通过 3 个差异化参数将市场细分后，形成如下产品组合，通过计算进一步理解并掌握产品组合相关的概念。

男套装	0～2 岁婴儿	2～6 岁儿童	7～17 岁校服	18～30 青年	31～55 中年	56 以上老年
男运动服	2～6 岁儿童	7～17 岁校服	18～30 青年	31～55 中年	56 以上老年	
男休闲装	2～6 岁儿童	7～17 岁校服	18～30 青年	31～55 中年	56 以上老年	
女套装	0～2 岁婴儿	2～6 岁儿童	7～17 岁校服	18～30 青年	31～55 中年	56 以上老年
女运动服	2～6 岁儿童	7～17 岁校服	18～30 青年	31～55 中年	56 以上老年	
女休闲装	2～6 岁儿童	7～17 岁校服	18～30 青年	31～55 中年	56 以上老年	

　　① 公司的产品组合宽度是多少？

　　产品组合宽度是 6 条产品线。

　　② 公司的产品组合长度是产品项目总数吗？其产品线的平均长度是多少？

　　产品组合长度是产品项目总数，表中一共有 32 个，其产品线的平均长度为 32（总长度）÷6（产品线），结果约为 5.3。

　　③ 以女运动服系列为例，共有 5 个品种，如果假定每种 30 个规格，那么女运动服产品组合的深度是多少？

　　产品项目共 150 个规格，所以产品组合的深度是 150。

　　④ 公司产品组合的相关性如何？

　　产品组合的相关性较强，原因在于公司的服装服饰产品都通过同样的销售渠道营销，就消费用途来说，都是穿着衣物类产品。

4.3　产品品牌

1. 品牌的概念

品牌是指是用以识别某个销售者或某群销售者的产品或服务，并使之与竞争对手的产品或服务区别开来的商业名称及标志。通常由文字、标记、符号、图案和颜色等要素或这些要素的组合构成。美国市场营销协会对品牌的定义是：品牌是一个名称、名词、标记、符号或设计，或是它们的组合。品牌包括品牌名称和品牌标志。

品牌名称是指品牌中可以用文字表达的部分，也称品名，如"蒙牛"、"春兰"、"福特"等。品牌标志是品牌中以符号、图案或颜色等形式显示出来的部分，是一个可以被识别、辨认，但不能用语言称谓的部分，也称品标，通常为符号、设计别具一格的色彩或字母。例如，李宁的字母"L"、奥迪轿车的四环标志、美国米高梅电影公司的狮子形象等，如图4-5所示。

　　（a）李宁标志　　　　（b）奥迪轿车标志　　　（c）米高梅电影公司狮子形象

图 4-5　品牌标志举例

品牌与商标不同。品牌一经注册即成为商标，因此，商标是品牌的法律用语，商标是受法律保护的品牌。品牌的全部或部分作为商标经注册后，方受法律保护并享有商标专用权，仅注册不使用的商标不是品牌，一个企业的品牌和商标可以一致，也可以不同，品牌比商标有更宽泛的外延。

2. 品牌的命名

品牌名称是形成品牌概念的基础，是树立品牌的核心要素。一个好的品牌首先要有好的名称。品牌的命名，应该坚持以下原则。

① 易读、易记原则。这个原则要求在品牌的命名选择中，要符合简洁、独具特色、新颖、响亮、富有内涵等要求。例如，"娃哈哈"读起来朗朗上口，与脍炙人口的新疆民歌《娃哈哈》同名，所以很容易让消费者记住并感兴趣。

② 达到暗示产品特性的原则。品牌名称表达着这一品牌产品的属性、利益及价值。成功的品牌应该尽可能体现产品特性。例如，"永久"、"奔驰"、"宝马"等品牌就暗示了商品本身的特性。

③ 触发消费者品牌联想原则。让消费者看到、读到该名称时，就引起良好的、愉快的联想。例如，"可口可乐"饮料、"舒肤佳"香皂。

④ 适应跨文化环境的原则。名称应符合不同地区、不同国家的风土文化，便于国际化推广。

⑤ 受法律保护的原则。即名称必须是法律许可的，违背法律要求的名称不能注册，没有注册的名称，不受法律保护。所以在进行品牌命名时一定要考虑两点：一是要考虑被命名的品牌是不是侵权其他品牌，查询是否已有相同或相近的品牌被注册；二是要注意该品牌名称是否在允许注册的范围内。例如，"南极人"品牌由于缺乏保护，而被数十个厂家共用，一个厂家所投放的广告费为大家作了公共费用。大量厂家对同一个品牌开始了掠夺性地开发使用，使得消费者不明就里、难分彼此，面对同一个品牌，却是完全不同的价格、完全不同的品质，最后消费者把账都算到了"南极人"这个品牌上，逐渐对其失去了信任。由此可见，一个品牌是否合法即能否受到保护非常重要。

E&P 举例与实践

服装产品常用的品牌主要有以下几种类型。

企业式名称：借用公司名称作为服装产品的品牌名称。例如，顺美、阿迪达斯等服装都是采用公司的名称。

人物式名称：直接以人物名作为产品品牌名称。例如，夏奈尔、范思哲等服装品牌。

动物式名称：以动物名作为品牌名称。例如，海螺衬衫、雪豹皮衣等。

植物式名称：以植物名作为品牌名称。例如，杉杉西服、红豆西服等。

3．品牌标志的设计

品牌标志是商品的象征，是产品信息的外在表现。品牌标志设计有以下4点原则。

第一，独特醒目、便于识别。品牌的基本作用是便于消费者区别一个企业的产品与另一个企业的同类产品，因此，品牌标志就要有与众不同的独特性和可区分性。品牌标志应造型独特，有鲜明的特点，可反映企业和产品的特色，易于消费者识别。

第二，简洁明了、易于记忆。要让消费者对品牌留下印象，简洁明了的标志符合人们记忆规律和特点，而且简明的标志可超越国家民族语言文化的限制，便于大众理解和记忆。

第三，具有广泛的文化适应力及长久的生命力。品牌标志要经得住时间的考验，能在不同的文化环境下使用，这就要求品牌标志设计既有新意和新的表现形式，又要有长久的生命力，体现稳定性与应变性的统一。

第四，品牌的设计要适应商品流通的国际化。除了具备易记易认的特点外，还要注意西方发达国家的品牌设计流行趋势。无论各国艺术特色如何，品牌标志都体现了共同的趋势——从原始的标志性符号转向繁复的绘画图案，再趋向现代单纯简明的几何图案，从具体形象转为文字或抽象几何图案。

4．品牌策略

（1）统一品牌策略

所谓统一品牌策略，是指企业原有的品牌在某一市场取得成功，获得消费者认可后，企业在开发的所有新品进入新市场或老品进入新市场时均采用原品牌。例如，娃哈哈在成功推出儿童营养液后，又用相同的品牌推出饮料、服装等多种产品；韩国三星电子公司生产的电视机、影碟机都使用"三星"品牌；日本索尼公司的所有产品都使用"sony"这个品牌名称。

（2）多品多牌策略

所谓多品多牌策略，是指企业对所开发的新产品或新进入的市场产品进行单独命名和推广的策略。宝洁公司运用的就是典型的多品多牌策略，宝洁公司所有行业的所有产品均为单独命名。例如，宝洁公司洗发液品牌有"海飞丝"、"飘柔"、"潘婷"、"沙宣"等；洗衣粉品牌有"汰渍"、"碧浪"等。

（3）分类品牌策略

所谓分类品牌策略，是指企业经营的各项产品市场占有率虽然相对较稳定，但是产品品类差别较大或是跨行业时，原有品牌定位及属性不宜作延伸时，企业往往把经营的产品按类别、属性分为几个大的类别，然后冠之以几个不同的品牌。例如，日本松下公司，其音像制品的品牌是"panasonic"，家用电器的品牌是"national"，立体音响的品牌则是"technics"。

（4）贴牌策略

所谓贴牌策略，是指某企业生产的产品冠之以其他企业的产品品牌。贴牌策略本质上是一种资源整合，可实现优势互补。例如，体育用品业第一品牌耐克，所有产品均为贴牌产品，耐克公司只负责营销；全国家电连锁国美电器也贴牌"国美"小家电。

（5）本土化品牌策略

本土化品牌策略是指企业开拓新的区域市场或国际市场时，迫于当地环境压力，不得以改品牌以适应本地文化的行为。例如，国药第一品牌"同仁堂"在很多国家被抢注，所以"同仁堂"药业要想进军海外市场，必须得另起新名；可口可乐进入中国市场，为了适应中国文化，也起了一个非常中国化的名字"可口可乐"和原英文商标同时使用，业界认为"可口可乐"这一中文译名音形义俱佳，为可口可乐开拓中国市场立下了汗马功劳。

（6）无品牌策略

无品牌策略是指企业对自身生产的产品不使用任何品牌名。人们所熟知的杜邦公司就是一例。杜邦公司在能源、化工方面一直是高技术的拥有者，同时更是著名品牌如可口可乐公司、阿迪达斯体育商的原材料供应者。杜邦公司在这些原材料上均隐去企业名，更无商品名。

4.4　产品包装

1．包装的概念

包装（Package）是商品实体的重要组成部分，通常是指产品的容器或包装物及其设计装潢。产品包装一般分为以下3个层次。

（1）内包装

指产品的直接容器或包装物。如饮料瓶子、香烟纸盒等。

（2）中层包装

指保护内包装的包装物，因此又称为间接包装。例如，酒瓶外的包装纸盒、每条香烟的包装盒等。

（3）储存运输包装

指为了便于储存、运输以及识别在中层包装外的包装。例如，装运香烟的纸箱、整箱汽水的包装纸盒等。

2．包装的作用

（1）保护商品

这是产品包装首要的、基本的功能。它是指保护被包装的商品，防止风险和损坏，诸如渗漏、浪费、偷盗、损耗、散落、掺杂、收缩和变色等。

（2）便于运输和携带

产品包装既要能起到保护商品的作用，也要方便运输和携带，特别是液态、颗粒或粉末状产品对包装要求更加严格。不方便运输或携带的包装，正逐渐被现在的小包装所取代，这也使得消费者采购和携带更加方便。

（3）美化产品，促进销售

包装是形成产品差异从而提高产品竞争力的重要工具。好的包装可以美化产品，烘托产品的特性，兼具广告与推销的功能，是无声的推销员。

包装还能提供创新的机会，包装化的创新能够给消费者带来巨大的好处，也给生产者带来利润。一些企业首先把软饮料放在拉盖式的罐头内，或把液态喷雾剂放在按钮式罐头内，以此吸引许多新顾客。现在，制酒商已采用拉盖式和纸盒袋装等包装形式。

3．产品包装设计的原则

（1）适用原则

包装的主要目的是保护商品。因此，首先要根据产品的不同性质和特点，合理地选用包装材料和包装技术，确保产品不损坏、不变质、不变形等，尽量使用符合环保标准的包装材料；其次要合理设计包装，便于运输等；再次，包装应与商品的价值或质量相适应，应能显示商品的特点或独特风格，同时方便消费者购买、携带和使用。

（2）美观原则

销售包装具有美化商品的作用，因此在设计上要求外形新颖、大方、美观，具有较强的艺术性。但值得注意的是，包装装潢上的文字、图案、色彩等不能和目标市场的风俗习惯、宗教信仰发生抵触。

（3）经济原则

在符合营销策略的前提下，应尽量降低包装成本。

4．产品包装的策略

（1）统一包装策略

企业对其生产的各种不同产品，在包装上采用相同的图案、色彩或其他共同特征，使顾客很容易发现是同一家企业的产品，便于顾客识别出本企业产品。特别是对于有一定知名度的企业，采用类似包装策略对产品的宣传有一定作用，而且节省包装的设计费用，还可以消除和减少消费者对新产品的不信任感，为新产品迅速打开市场创造条件。

（2）配套包装策略

即企业为了促销，按各地消费者的消费习惯，将数种有关联的产品配套包装在一起成套供应。这种包装形式，一般以一种商品为主，然后配以相关联的产品。例如，将旅游用的牙刷、牙膏、刮脸刀等装配在一起；强生婴儿护肤品组成系列套装等。

（3）再使用包装策略

这种策略又称为双重包装策略。即原包装的商品用完之后，空的包装容器可移作其他用途。例如，各种形状的香水瓶可作装饰物、精美的食品盒也可被再利用等。

（4）附赠品包装策略

附赠品包装策略也称为万花筒包装策略，是现代包装的重要促销策略之一。这种策略即在包装物内附有赠券、物品或用包装本身可换礼品等，借以刺激消费者的购买或重复购买，从而扩大销售。例如，我国出口的"芭蕾珍珠膏"，每个包装盒就附赠珍珠别针一枚，顾客购至50盒即可串条美丽的珍珠项链，这使珍珠膏在国际市场十分畅销。

（5）改进包装策略

改进包装策略是指用改进商品包装的办法来达到扩大销售的目的。当某种商品由于包装不善影响销路、商品的装潢设计缺乏吸引力或已显陈旧时，往往通过改换新包装来扩大销路。由于包装技术、包装材料的不断更新，消费者的偏好不断变化，采用新的包装可以弥补原包装的不足，吸引消费者购买。

（6）等级包装策略

为适应消费者不同的购买力水平和不同的购买目的，同一产品可以采用不同档次的包装，或者是将不同品质的产品分为若干等级，对高档优质产品采用优质包装，一般产品采用一般包装。例如，上海冠生园生产的大白兔奶糖，既有盒装，又有袋装，还有散装，形式多样，以满足不同顾客的需要。

总体来说，包装设计必须遵循保护商品、便于识别、便于使用、便于促销、增加利润、节省成本和维护社会公共利益等原则，选用现代化的包装材料、容器和科学的包装技术，在包装设计上体现社会性市场营销观念，不但要考虑企业利益，还要考虑社会的公共利益。

4.5 新产品开发和创新构思

1.新产品的概念

产品只要在功能或形态上得到改进或与原有产品产生差异，并为顾客带来新的利益，即视为新产品。具体来说，新产品可分为6种基本类型。

① 全新产品，即运用新一代科学技术革命创造的整体更新产品。

② 新产品线，使企业首次进入一个新市场的产品。

③ 现有产品线的增补产品。

④ 现有产品的改进或更新，对现有产品性能进行改进或注入较多的新价值。

⑤ 再定位，进入新的目标市场或改变原有产品市场定位而推出的新产品。

⑥ 成本减少，以较低成本推出同样性能的新产品。

2.新产品的开发

新产品开发是指企业从产品本身、包装、品牌、售前售后服务等整体出发，从产生新产品构想到产品最终上市的整个经营管理活动。新产品开发一般有4种方式。

（1）独立（自主）研制

独立（自主）研制是针对企业产品现状和存在的问题，根据市场需要，开展有关新技术、新材料方面的研究，研制出独具特色的产品。它具有容易形成系列产品、优势产品的优点，适合于科研力量强的大型企业。

（2）技术引进

技术引进是指企业通过各种手段引进外部的先进技术开发新产品，或直接引进生产流水线生产新产品。它具有研制开发时间短，研制开发费用低，可以促进企业技术水平、生产效率和产品质量提高的优点。但在引进时要注意做好消化、吸收工作，把引进与创新结合起来。

（3）独立研制与技术引进相结合

独立研制与技术引进相结合是指企业在对引进技术消化、吸收的基础上，将引进技术与本企业的科研活动相结合，推动本企业的科研活动，在引进技术的基础上不断创新，开发新产品，努力赶超先进水平。

（4）联合开发

联合开发是指企业与高等院校、科研机构以及其他企业合作开发新产品。这种双方或多方的合作应当是创新的合作，而非单纯的生产上的合作或贸易上的合作。在知识经济时代，这种联合开发方式将成为产品开发中的最主要的方式。

3．新产品开发的过程

（1）调查研究

这一阶段的目的是根据企业的经营目标、产品开发策略和企业的资源条件确定新产品开发目标。包括技术调查与市场调查，技术调查是指调查有关产品的技术现状与发展趋势，预测未来可能出现的新技术，以便为制定新产品的技术方案提供依据；市场调查是要了解国内外市场对产品的需求情况，从而根据市场需求来开发产品。

（2）产品构思

构思就是灵活运用人类已有的知识和经验进行重新组合、叠加、复合、化合、联想、综合及抽象等，形成新的思想概念和产品等的创造性思维过程。构思创意是新产品孕育、诞生的开始，新产品开发起于构思创意，尽管并不是所有的构思创意都可变成产品，但寻求尽可能多的构思创意却可为开发新产品提供较多的机会，所以，现代企业都非常重视构思创意的开发。

（3）构思筛选

产品构思完成以后，要对其进行评估，研究其可行性，淘汰那些不可行或可行性较低的构思创意，挑选出可行性较高的构思创意，使企业的有限资源集中到构思创意上。构思筛选时一般要考虑两个因素：一是该构思创意是否符合企业的战略目标，表现为利润目标、销售额目标、销售增长率目标、形象目标等；二是企业开发这种构思创意的可能性，表现为企业的资金能力、技术能力、人力资源、销售能力等。

E&P 举例与实践

对构思创意的筛选可通过如下构思创意评价表来进行。

影响成功因素	重要性系数	评价等级					得分
		优（5）	良（4）	中（3）	及（2）	差（1）	
销售前景	0.25		√				1.00
盈利性	0.25		√				1.00
竞争能力	0.15			√			0.45
开发能力	0.15			√			0.45
资源保证	0.10		√				0.40
生产能力	0.10		√				0.40
合计	0.10						3.70

评价等级指数为 3.7/5=0.74。

一般情况下，评价等级指数大于 0.5 的构思创意才具备入选条件。

（4）概念成型

经过筛选后的产品构思创意还要进一步发展成为产品概念。一种产品构思创意考虑不同的目标消费者、产品的功能和益处以及使用环境等因素可以引出许多不同的产品概念。在确定了最佳产品概念、选定了产品和品牌的市场位置后，就应当对产品概念进行实验。所谓产品概念实验，就是用文字、图表描述或者用实物将产品概念展示于一群目标顾客面前，观察他们的反应。通过实验，更好地选择和完善产品概念。

（5）商业分析

一般来说，在构思筛选后，往往要求将该产品构思创意的目标市场和竞争状况，市场规模和占有份额，价格、成本、利润等利用计算机信息化工具，快速地、详尽地形成商业分析报告，以便企业高层进行决策。

（6）开发研制

只有产品概念通过了商业分析，才可以进入开发研制阶段。开发研制是研究与开发部门及工程技术部门把文字、图表及模型等描述的产品概念设计成确实的物质产品并进入试制的过程。

（7）市场试销

对某些新产品在正式投放市场之前要组织试销，即将产品及其包装、装潢、广告、销售的组织工作等置于小型的市场环境之中，以便进一步了解产品的销售状况，发现产品性能方面的缺陷，检验产品包装装潢等方面的效果和销售组织的完善程度。这样，企业可以针对试销中发现的问题，采取必要的措施，为产品正式投放市场打好基础。

（8）正式上市

新产品经过鉴定、试销就可以投放到市场中正式上市销售。

以上是新产品开发的一般程序，但并非所有的新产品开发都必须经过上述 8 个阶段，需要具体情况具体分析，如对订货开发新产品，就不需要经过产品构思、构思筛选、概念成型和商业分析等阶段，只需考虑用户提出的产品技术性能、价格、交货时间与方式能否满足即可。

第二部分 工 作 页

实践活动 12：制定产品寿命策略

（1）回答以下问题，有助于深刻理解五个层次产品整体概念，也有助于进一步认识企业的产品。

企业产品的核心产品是：

企业产品的形式产品是：

企业产品的附加产品是：

企业产品的潜在产品是：

企业产品的期望产品是：

（2）为企业第二细分市场上的产品绘制生命周期图。

（3）分析并归纳企业第二细分市场上的产品的生命周期特征与营销策略，填表 4-2。

表 4-2

产品生命周期		引 入 期	成 长 期	成 熟 期	衰 退 期
特征	销售量				
	单位成本				
	利润				
	顾客性质				
	竞争者数量				
营销目标					
营销策略	产品				
	价格				
	分销				
	广告				
	促销				

实践活动 13：设计企业产品组合方案

（1）对企业通过二次市场细分后形成的产品组合，计算与产品组合相关的下列参数。

① 企业产品组合宽度是多少？

② 企业产品组合长度是产品项目总数吗？其产品线的平均长度是多少？

③ 以某产品系列为例，计算产品组合的深度是多少？

④ 企业产品组合的相关性如何？

（2）对企业通过二次市场细分后形成的产品组合，分析设计企业产品组合策略。

（3）用三维分析图法进行企业产品最佳组合分析。

（4）根据题（3）产品最佳组合分析，进一步确定产品策略，填写表4-3。

表4-3

空 间 位 置	市场占有率	销售增长率	利 润 率	策 略

实践活动14：创意产品品牌和包装

（1）选择企业的5个细分市场或称为子市场进行品牌的命名和标志设计，并分别填写品牌形象分析表，如表4-4所示。

表4-4

品牌内容形象	品牌包装形象
等级	□高级　　□中级　　□低级
外形	□大　□小　□袖珍　□不精致　□恰如其分
注目程度	□醒目　□不显眼　□华丽
个性	□有个性　□无个性　□男性的　□女性的　□大人的　□儿童的
价格	□贵　　□便宜　　□可再调高　□可再便宜
陈列	□显眼　　□不引人注目　□太多　　□太少　□易于取用　□不易拿取
好的印象	
坏的印象	
意外的印象	
改善提案	

（2）调查企业的品牌生命力。（填表4-5）

品牌名称：

表4-5

调查内容 地区	销量				消费者 接受程度	知名度	与竞争品牌 对比情况	其他
	过去三年统计							
	未来三年估计							

（3）评估产品品牌。（填表4-6）

表4-6

评估项目 品牌项目	品牌生产 销售状态	品牌市场 需求度评价	品牌市场 占有率	品牌市场 地位评价	品牌价值 实现度
品牌1					
品牌2					
品牌3					
品牌4					
品牌5					

（4）为企业5个细分市场上的产品进行品牌策略选择。

（5）为企业的两个产品项目进行包装的设计。（填表 4-7）

表 4-7

包装方法		包装组合类型	适用货类	包装件限制重量	备　注
外包装	内包装				

（6）为企业两个产品项目进行包装策略策划。

实践活动 15：构思企业新产品

（1）在实践活动 13 中用三维分析图法进行企业产品最佳组合分析的基础上，选择一种产品项目为其开发新品。

① 拟开发的新品性质如何？

----

② 和原产品比较，"新"表现在哪些方面？

----

③ 填写新产品开发计划表。(填表 4-8)

表 4-8

项　　目			内　　容
销售及生产计划	产品基本情况	名称	
		性能	
		使用价值	
		其他	
	目标市场	地区	
		客户类型	
		销售途径	
		竞争产品或替代品简析	
		产品价格定位	
		其他	
	销售预测	预测方法	
		产品生命周期与寿命	
		主要竞争者的产销能力分析	
		未来 3 年销售预测	
		未来 3 年生产计划	

(2)对拟开发的新品给出 3 个创新构思。

① 这 3 种构思创新分别表现在哪些方面?各有何特征?

----

② 这 3 种构思创新是否符合企业的战略目标?（表现为利润目标、销售额目标、销售增长率目标、形象目标等。）

-----

③ 企业开发这 3 种构思创意的可行性如何?（表现为企业的资金能力、技术能力、人力资源、销售能力等。）

（3）构思的创新评价。

填写 3 种构思的"构思创意评价表"，对构思创意进行筛选。（填表 4-9）

表 4-9

影响成功因素	重要性系数	评价等级					得分
		优（5）	良（4）	中（3）	及（2）	差（1）	
销售前景	0.25						
盈利性	0.25						
竞争能力	0.15						
开发能力	0.15						
资源保证	0.10						
生产能力	0.10						
合计	0.10						

① 计算评价等级指数。

第一种创新构思的评价等级指数 =

第二种创新构思的评价等级指数 =

第三种创新构思的评价等级指数 =

② 从 3 种构思创意评价等级指数判断哪种构思创意能入选?

本任务实践活动心得：

任务五 制定价格方案

任务五是企业制定业务战略营销组合中最活跃的部分和因素，企业产品定价妥当与否，直接关系到产品是否被消费者接受。本任务解决的问题包括：企业要了解影响产品定价的因素和定价的基本方法，并选择适合所在企业的定价方法；了解新产品定价策略，根据所在企业的特点，确定产品定价的技巧；如何避免定价风险和误区。其关键知识点包括：① 影响产品定价的因素；② 产品定价的一般方法；③ 产品定价的基本策略；④ 产品促销定价技巧；⑤ 避免定价风险和误区的方法；⑥ 价格变动反应及价格调整。

第一部分 任务学习引导

5.1 影响产品定价的因素

影响产品定价的因素很多，有企业内部因素，也有企业外部因素；有主观的因素，也有客观的因素。概括起来，大体上可以有定价目标、产品成本、市场需求、竞争因素和其他因素5个方面。

1．定价目标

定价目标是指企业通过制定特定水平的价格，凭借价格所产生的销售效果去实现预期的目的。企业进行定价一般有维持生存、当期利润最大化、市场占有率最大化、产品质量最优化等几个目标。

（1）维持生存

维持生存是企业处于不利环境中实行的一种特殊的过渡性目标。当企业遇到产品供过于求、成本提高、竞争加剧、价格下跌的冲击时，在这种情况下，试图改变消费者需求，则需要把维持生存作为主要目标。为避免倒闭、渡过难关，企业往往以保本价格，甚至亏本价格销售产品。

（2）当期利润最大化

追求最大利润，几乎是所有企业的共同目标。但制定最高价格并不等于利润最大化。定价偏高，市场不能接受，产品滞销，反而难以实现利润目标。同时，高价会刺激竞争者的介入和仿冒品的增加，加剧企业竞争。一般做法是，在准确地估计需求和成本的基础上确定价格，然后选择能够产生最大当期利润、现金流动和投资回报的价格。

（3）市场占有率最大化

市场占有率是衡量企业业绩和市场地位的重要指标，而实现高的市场占有率之后，企业将享有较低的成本和比较高的长期利润。企业制定尽可能低的价格来追求市场占有率的领先地位。当具备下述条件之一时，企业就可以考虑通过低价来实现市场占有率的提高。

① 市场对价格高度敏感，低价能刺激需求的迅速增长。

② 生产与分销的单位成本会随着生产经验的积累而下降。

③ 低价能吓退现有的和潜在的竞争者。

（4）产品质量最优化

当市场上存在数量较多的关心产品质量胜于关心价格的顾客时，企业就可以考虑产品质量领先这样的定价目标。企业产品定价在考虑质量领先这样的目标时，经常会要求用高价格来回报研究开发高质量产品的成本。

2．产品成本

任何企业都不能随心所欲地制定价格。某种产品的最低价格取决于这种产品的成本费用。从长远看，任何产品的销售价格都必须高于成本费用，只有这样，企业才能以销售收入来抵偿生产成本和经营费用，否则就无法经营。因此，企业制定价格时必须估算成本。企业产品定价以成本为最低界限，产品价格只有高于成本费，才能获得一定盈利。但这并不排斥在一段时期在个别产品上，价格低于成本。

3．市场需求

与成本决定价格的下限相反，市场需求决定价格上限。考虑需求对定价的影响时，应把握以下几点。

（1）供求关系

商品价格与市场供应成正比，与需求成反比。在其他因素不变的情况下，商品的供给量随价格的上升而增加，随价格的下降而减少。而商品的需求量则随价格的上升而减少，随价格的下降而增加。

（2）需求弹性

指价格变动而引起需求量的相应变动的比率，反映需求变动对价格变动的敏感程度。不同产品具有不同的需求弹性，根据弹性的大小决定企业的价格决策，可考虑如下 3 种情况。

① 标准需求弹性。反映需求量与价格等比例变化，商品价格的上升或下降会引起需求量等比例地减少或增加。

② 需求弹性大。反映需求量的变化幅度大于价格的变化幅度，商品价格稍微上升或下降会引起需求量大幅度地下降或上升。对这类商品，企业可采用降价策略，薄利多销达到增加利润的目的，而涨价时则需慎重考虑，以免引起需求量锐减，影响企业收入。计算机、服装、装饰品、旅游等需求弹性较大。

③ 需求弹性小。反映需求量变化的幅度小于价格的变化幅度，商品价格的较大幅度地上升或下降仅会引起需求量较小幅度地下降或上升。对这类商品，低价对需求量的刺激不大，薄利也未必多销。大米、食盐、食油等生活必需品的需求弹性较小。

4．市场竞争状态

除了需求的影响外，企业产品价格确定，还取决于竞争者同种产品的价格水平。因此，企业应该将自己的产品与竞争产品比质、比价格。

产品的最高价格取决于该产品的市场需求，最低价格取决于该产品的成本费用。在这最高价格和最低价格的幅度内，企业能把这种产品的价格定得多高，则取决于竞争者同种产品的价格水平。

5．其他因素

企业的定价策略除受成本、需求以及竞争状况的影响外，还受到其他多种因素的影响。这些因素包括政府或行业组织的干预、消费者的心理和习惯、企业或产品的形象等。

（1）政府或行业组织干预

主要是只指国家通过政策法令等途径对价格进行干预。例如，国家规定某一商品的最低或最高限价、对某些产品实行价格补贴等。

（2）消费者的心理和习惯

聪明的商家常常善于利用消费者的心理和习惯获取顾客的青睐。

（3）企业或产品的形象因素

指企业在定价时，首先考虑价格水平是否为目标消费群所认可，是否有利于维护企业或以物美价廉或以优质高档而立足市场的企业形象。

Q&A 研讨题

麦当劳一日降回十年前

2009 年 2 月 6 日，麦当劳（中国）宣布推出有史以来力度最大的一次促销活动：四大套餐统一定价 16.5 元，除其中一款是新品外，其余三款价格直接降回十年前的价格水平。

● 最高降幅 32.6%

据麦当劳（中国）相关负责人透露，此次活动中，以牛肉、鸡肉、猪肉和鱼肉为原料的四大"汉堡+可乐+薯条"的套餐，均降至 16.5 元。其中，除麻辣猪堡包为 2009 年的新品外，其他三款套餐整体售价较调整前便宜三成左右，甚至比 1998 年时的价格还要便宜 0.3 元。其中，双层吉士汉堡套餐降幅最高，降价约 32.6%。

除此之外，此次活动中，麦当劳还免除了以往"超值早餐"享受 10 元价格优惠必须使用优惠券的要求，并进一步丰富了"6~7 元超值选"的单品项目。

据了解，此次降价是该公司自 1995 年进入中国以来幅度最大的一次降价。该活动自 2008 年 12 月在南京、广州、深圳得以成功"试推广"之后，才选择在全国 1050 家门店全线推广。

参与此次超级促销的产品比例已占到了总数的一半，和去年的超值午餐不同，这次的"天天超值套餐"是没有时间限制的，从上午十点钟一直卖到晚上；而且这次降价是在全国范围展开的，算下来比十年前的价格还要优惠。

回答下列问题：

（1）麦当劳为什么对以四大套餐为主的产品重新定价？它考虑的是什么因素？

（2）设想麦当劳的竞争对手会有什么反应？

5.2 产品定价的一般方法

定价方法，是企业在特定的定价目标指导下，依据对成本、需求及竞争等状况的研究，运用价格决策理论，对产品价格进行计算的具体方法。企业设定的价格应适当，产品成本确定了底价，消费者对产品价值的看法确定了最高价。另外，企业还必须考虑到竞争者的价格以及其他的外部和内部因素，以便在这两极之间找到合适的价格。产品定价的 3C 模式如图 5-1 所示。

图 5-1 产品定价的 3C 模式

企业制定价格时理应全面考虑到这些因素，但是，在实际工作中往往只侧重某一方面的因素。大体上，企业定价有 3 种导向，即成本导向、需求导向和竞争导向。

1. 成本导向定价法

成本导向定价是企业定价时常常首先考虑的方法。成本是企业生产经营过程中所发生的实际耗费，客观上要求通过商品的销售而得到补偿，并且要获得大于其支出的收入，超出的部分表现为企业利润。以产品单位成本为基本依据，再加上预期利润来确定价格的成本导向定价法，是企业最常用、最基本的定价方法。成本导向定价法又衍生出了总成本加成定价法、目标定价法等多种具体的定价方法。

（1）成本加成定价法

所谓成本加成定价法，是指按照单位成本加上一定百分比的加成来制定产品销售价格。加成的含义就是一定比率的利润。即以单位总成本加企业的预期利润定价，售价与成本之间的差额就是"加成"。其计算公式为

$$单位产品价格=单位产品成本 \times (1+成本加成率)$$

此种方法的优点是简便易行，在正常情况下，可以使企业获得预期利润。成本加成

定价法一般在租赁业、建筑业、服务业、科研项目投资以及批发零售企业中得到广泛的应用。即使不用这种方法定价，许多企业也多把用此法制定的价格作为参考价格。其缺点是定价时只考虑产品成本，忽略了市场需求及竞争等因素，缺乏灵活性，难以适应变化的市场竞争。

（2）目标定价法

所谓目标定价法，是指根据估计的总销售收入（销售额）和估计的产量（销售量）来制定价格。目标定价法要使用损益平衡图这一概念。这种定价法有一个重要的缺陷，即企业以估计的销售量求出应制定的价格，殊不知价格恰恰是影响销售量的重要因素。

2. 需求导向定价法

需求导向定价法是以市场需求强度及消费者感受为主要依据的定价方法，包括认知价值定价法、反向定价法和需求差异定价法3种。

（1）认知价值定价法

根据购买者对产品的认知价值来制定价格的一种方法。消费者对商品价值的认知价值，是他们根据自己对产品的功能、效用、质量、档次等多方面的印象，综合购物经验、对市场行情和同类产品的了解而对价格作出的评判，即人们购买商品时常说的"值"或"不值"，其实质是商品的效用价格比，其关键是消费者对价值的理解和认可。

某种由我国厂家生产的MP4，在国际市场上只能按每台30美元的价格销售，而由日本索尼公司收购后，贴上"SONY"的品牌标志，就可以按每台60美元的价格销售。也就是说，在消费者的心目中，"SONY"这个品牌的价值感觉更高些，即消费者的"心理价格"高，因而虽然产品是同样的，但消费者却宁愿支付更高的价格购买有更高认知价值的产品。

（2）反向定价法

指企业依据消费者能够接受的最终销售价格，计算自己从事经营的成本和利润后，逆向推算出产品的批发价和零售价。这种定价方法不以实际成本为主要依据，而是以市场需求为定价出发点，力求使价格为消费者所接受。

出厂价格=市场可销零售价格×（1−批零差价）×（1−进销差价）

例题：消费者对某种商品的接受价格为5000元，零售商的经营毛利率为20%，批发商的批发毛利率为5%，则零售商可接受的价格为

5000×（1−20%）=4000元

批发商可接受的价格（出厂价）为

4000×（1−5%）=3800元

企业一般在以下两种情况下采用反向定价策略。

① 应付竞争。价格是竞争的有力工具，企业为了同市场上的同类产品竞争，在生产之前，先调查产品的市场价格及消费者的反应，然后制定消费者易于接受又有利于竞争的价格，并由此决定产品的设计和生产。

② 推出新产品。企业在推出新产品之前，通过市场调查，了解消费者的购买力，拟定

市场上可以接受的价格，以保证新产品上市时能旗开得胜，销路畅通。

反向定价法主要不是考虑产品成本，而是重点考虑需求状况。依据消费者能够接受的最终销售价格，逆向推算出中间商的批发价和生产企业的出厂价格。反向定价法的特点是：价格能反映市场需求情况，有利于加强与中间商的良好关系，保证中间商的正常利润，使产品迅速向市场渗透，并可根据市场供求情况及时调整，定价比较灵活。分销渠道中的批发商和零售商多采取这种定价方法。

（3）需求差异定价法

所谓需求差异定价法，是指以不同细分市场的需求差异确定商品的价格。根据需求特性的不同，需求差异定价法通常有以下几种形式。

① 以用户为基础的差别定价。

② 以地点为基础的差别定价。

③ 以时间为基础的差别定价。

④ 以产品为基础的差别定价。

⑤ 以流转环节为基础的差别定价。

⑥ 以交易条件为基础的差别定价。

3．竞争导向定价法

通常有两种竞争导向定价方法，即随行就市定价法和投标定价法。

（1）随行就市定价法

随行就市定价法是指企业按照行业的平均现行价格水平来定价。在以下情况下往往采取这种定价方法。① 难以估算成本。② 企业打算与同行和平共处。③ 如果另行定价，很难了解购买者对本企业的价格的反应。

（2）投标定价法

投标定价法即由投标竞争的方式确定商品价格的方法。其操作程序是在商品或劳务的交易中，由招标人发出招标公告，投标人竞争投标，密封递价，招标人择优选定价格。这种方法通常用于建筑包工、大型设备制造、政府大宗采购等。

5.3 产品定价的基本策略

1．新产品定价策略

一般来讲，新产品定价有以下几种策略可供选择。

（1）撇脂定价

所谓撇脂定价，是指在产品生命周期的最初阶段，把产品的价格定得很高，以赚取最大利润。"撇脂"本意是指从牛奶中撇取奶油，在此喻为赚取利润。这一策略利用消费者的求新心理，以高价将产品打进市场。其优点是提高产品身价，树立高质形象，刺激顾客购买，尽快收回成本，获取利润，并为以后实施降价策略留有充分余地。其缺点是高价令人望而生畏，抑制购买，高利容易诱发竞争，吸引竞争者加入。作为一种短期价格策略，它适用于具有独特技术、难以仿效、生产能力不易迅速扩大等特点的新产品。例如，我国一些中外合资企业采用高价策略在国内市场推出高新医药产品，获得了成功。

（2）渗透定价

所谓渗透定价，是指企业把其创新产品的价格定得相对较低，以吸引大量顾客，提高市场占有率。这一策略针对消费者的选价心理，以期获取长期利润。其优点是低价容易为消费者所接受，有利于迅速打开销路，提高市场占有率；薄利不易诱发竞争行为，便于企业长期占领市场。其缺点是本利回收期较长，价格调整空间较小，要求企业有较强的实力。作为一种长期价格策略，它适用于工艺技术较为简单，并能尽快大批量生产，市场需求量和需求潜量都较大的新产品。

撇脂定价和渗透定价的比较如表 5-1 所示。

表 5-1　　　　　　　　　　　　撇脂定价和渗透定价的比较

	撇 脂 定 价	渗 透 定 价
价格	高	低
需求弹性	小	大
单位成本	与销量关系不大	与销量关联度高
技术秘密	拥有专利	多个竞争者掌握

（3）满意定价策略

这是一种介于撇脂定价策略和渗透定价策略之间的定价策略，以获取社会平均利润为目标。所定的价格比撇脂价格低，比渗透价格高，是一种中间价格。制定不高不低的价格，既保证企业有稳定的收入，又对顾客有一定的吸引力，使企业和顾客双方对价格都满意。

此种定价策略的优点如下：产品能较快地为市场所接受，且不会引起竞争对手的对抗；可以适当延长产品的生命周期；有利于企业树立信誉，稳步调价，并使顾客满意。

2．产品组合定价策略

当企业同时经营多种产品时，定价需着眼于整个产品组合的利润实现最大化，而不是单个产品。加之各个产品之间存在需求和成本上的联系，有时还存在替代、竞争关系，因此，实际定价的难度相当大。具体的做法有以下几种。

（1）产品大类定价

当企业生产的系列产品存在需求和成本的内在关联性时，为了充分发挥这种内在关联性的积极效应，需要采用产品大类定价策略。在定价时，首先，确定某种产品的最低价格，它在产品中充当领袖价格，以吸引消费者购买产品大类中的其他产品；其次，确定产品大类中某种产品的最高价格，它在产品中充当品牌质量和收回投资的角色；最后，产品大类中的其他产品也分别依据其在产品大类中的角色不同而制定不同的价格。营销者的任务就是确立认知质量差别，来使价格差别合理化。

（2）选择品定价

许多企业在提供主要产品的同时，还会附带一些可供选择的产品或特征。但对选择品定价却是一件棘手的事。

（3）补充品定价

有些产品需要附属或补充产品，如剃须刀片和胶卷。制造商经常为主要产品（剃须刀和照相机）制定较低的价格，而为附属产品制定较高的加成。例如，柯达照相机的价格很低，原因是它从销售胶卷上盈利。而那些不生产胶卷的照相机生产商为了获取同样的总利润，不得不对照相机制定高价。但补充产品的定价过高，也会出现危机。

图 5-2 所示为补充品定价示意图（以墨盒为例）。

打印机 850 元　　　　　　　　　墨盒 249 元

图 5-2　补充前定价示意图

（4）分部定价

服务性企业经常收取一笔固定费用，再加上可变的使用费用。例如，游乐园一般先收门票费，如果游玩的地方超过规定，就再交费。服务性企业一般收取较低的固定成本，以推动人们购买服务，利润可以从使用费中获取。

（5）副产品定价

在生产加工肉类、石油产品和其他化工产品的过程中，经常有副产品。如果副产品价值很低，处理费用昂贵，就会影响到主产品的定价。制造商确定的价格必须能够弥补副产品的处理费用。如果副产品对某一顾客群有价值，就应按其价值定价。副产品如果能带来收入，将有助于企业在迫于竞争压力时制定较低的价格。

Q&A 研讨题

珠宝定价

位于美国加州的一家珠宝店专门经营由印第安人手工制成的珠宝首饰。几个月前，珠宝店进了一批由珍珠质宝石和白银制成的手镯、耳环和项链。与该宝石商店以往销售的绿松石宝石不同，它的颜色更鲜艳，价格也更低。很多消费者还不了解它。对他们来说，珍珠质宝石是一种新的品种。副经理希拉十分欣赏这些造型独特、款式新颖的珠宝，她认为这个新品种将会引起顾客的兴趣，形成购买热潮。她以合理的价格购进了这批首饰，为了让顾客感觉物超所值，她在考虑进货成本和平均利润的基础上，为这些商品确定了销售价格。

一个月过去了，商品的销售情况令人失望。希拉决定尝试运用她本人熟知的几种营销策略。比如，希拉把这些珠宝装入玻璃展示箱，摆放在店铺入口醒目的地方。但是，陈列位置的变化并没有使销售情况好转。

在一周一次的见面会上，希拉向销售人员详细介绍了这批珠宝的特性，下发了书面材料，以便他们能更详尽、更准确地将信息传递给顾客。希拉要求销售员花更多的精力来推销这个产品系列。

不幸的是，这个方法也失败了。希拉对助手说："看来顾客是不接受珍珠质宝石。"希拉准备另外选购商品了。在去外地采购前，希拉决定减少商品库存，她向下属发出把商品半价出售的指令后就匆忙起程了。然而，降价也没有奏效。

一周后,希拉从外地回来。店主贝克尔对她说:"将那批珠宝的价格在原价基础上提高两倍再进行销售。"希拉很疑惑:"现价都卖不掉,提高两倍会卖得出去吗?"

回答下列问题:

① 希拉对这批珠宝采取了哪些营销策略?销售失败的关键原因是什么?

---

② 贝克尔为什么提高售价?

---

③ 结合案例,说明影响定价的主要因素、基本的定价方法。

5.4 产品促销定价技巧

消费者接受某一商品的价格,并不仅仅考虑这个价格是否同价值相适应,还要受到许多心理的、社会的、文化的因素的影响。因此,定价不仅是一门科学,更是一门艺术。定价方法和基本策略侧重于产品的基础价格,而定价技巧则是运用定价艺术和技巧,根据市场行情制定出灵活机动的价格。

1. 折扣定价策略

企业为了鼓励顾客及早付清货款、大量购买、淡季购买,还可以酌情降低其基本价格。这种价格调整叫价格折扣。价格折扣的主要类型有以下几种。

（1）现金折扣

这是企业给那些当场付清货款的顾客的一种减价。例如,顾客在 30 天内必须付清货款,如果 10 天内付清货款,则给以 2%的折扣。

（2）数量折扣

数量折扣是生产企业为鼓励顾客集中购买或大量购买所采取的一种策略。它按照购买数量或金额，分别给予不同的折扣比率。购买数量愈多，折扣愈大。数量折扣又分累计数量折扣和非累计数量折扣两种形式。

（3）功能折扣

这种价格折扣又叫贸易折扣。功能折扣又称交易折扣，是指生产企业针对经销其产品的中间商在产品分销过程中所处的环节不同，其所承担的功能、责任和风险也不同，据此给予不同的价格折扣。功能折扣是制造商给某些批发商或零售商的一种额外折扣，促使他们执行某种市场功能（如推销、储存、服务）。

（4）季节折扣

这种价格折扣是企业给那些购买过季商品的顾客的一种减价，以鼓励顾客提前购买或在淡季购买，使企业的生产和销售在一年四季保持相对稳定。

（5）折让和补贴

折让是指购买者在按价格目录将货款全部付给销售者以后，销售者再按一定比例将货款的一部分返还给购买者。补贴是企业为特殊目的，对特殊顾客以特定形式所给予的价格补贴或其他补贴。折让和补贴是另一种类型的价目表价格的减价。

2．心理定价策略

这是一种运用营销心理学原理，根据各种类型顾客购买商品时的心理动机制定价格，引导和刺激购买的价格策略。

（1）声望定价

企业利用顾客仰慕名牌商品或名店的声望所产生的某种心理，制定高于其他同类产品的价格。顾客购买名牌产品不仅仅是为了消费，还要显示他们的身份和地位。

图5-3所示为声望定价示意图。

（2）尾数定价

利用消费者数字认知的某种心理，尽可能在价格数字上不进位，而保留零头，即利用消费者对数字认识的某种心理，制定尾数价格，使消费者产生价格较廉和卖主经过认真的成本核算才定价的感觉，从而使消费者对企业产品及其定价产生信任。

图5-4所示为尾数定价示意图。

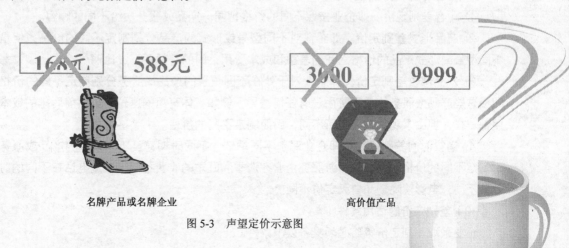

图5-3　声望定价示意图

低价值商品		
9.97	美国人喜欢奇
9.94	日本人喜欢偶
9.98	中国人喜欢 8、6

图 5-4　尾数定价示意图

（3）招徕定价

指零售商利用部分顾客求廉的心理，特意将几种商品的价格定得较低以吸引顾客到商店来，借机带动其他商品的销售，以扩大销售业绩。采用此策略的关键是"特价品"必须是大多数顾客熟悉且日常生活必需、购买频率较高的商品，"特价品"的数量也要适宜，既不可太多，也不可太少。

图 5-5 所示为招徕定价示意图。

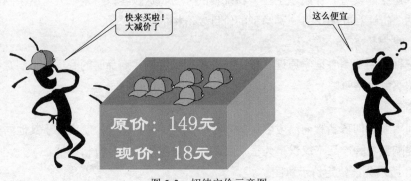

图 5-5　招徕定价示意图

3．差别定价策略

所谓差别定价策略，也叫价格歧视，是指企业按照两种或两种以上不反映成本费用的比例差异的价格销售某种产品或服务。

（1）差别定价的主要形式

① 顾客差别定价。即企业按照不同的价格把同一产品或服务卖给不同的顾客。

② 产品形式差别定价。即企业对不同型号或形式的产品分别制定不同的价格，但是，不同型号或形式产品的价格之间的差额和成本费用之间的差额并不成比例。

③ 产品部位差别定价。即企业对于处在不同位置的产品或服务分别制定不同的价格，即使这些产品或服务的成本费用没有任何差异。例如，体育馆的座位，虽然前后排的成本费用都一样，但由于观赏效果有所不同，因而制定不同的价格。

④ 销售时间差别定价。即企业对于不同季节、不同时期甚至不同重点的产品或服务分别制定不同的价格。例如，旅游服务企业在淡季和旺季的收费不同，长途电话在不同的时间收费不同，电影院晚场和白天定价不同。

（2）差别定价的适用条件

企业采取差别定价策略必须具备以下条件。

① 市场必须是可以细分的，而且各个细分市场部分表现出不同的需求程度。

② 以较低价格购买某种产品的顾客没有可能以较高价格把这种产品倒卖给别人。

③ 竞争者没有可能在企业以较高价格销售产品的市场上以低价竞销。

④ 细分市场和控制市场的费用不得超过因实行价格歧视而得到的额外收入，也就是说，不能得不偿失。

⑤ 价格歧视不会引起顾客反感而放弃购买，影响销售。

⑥ 采取的价格歧视形式不能违法。

4．地理定价策略

企业的产品不仅要销售给本地的顾客，还要销售给外地的顾客。产品运达地点不同，需要支付的费用不同。费用由谁承担，如何承担，即对于不同地区的顾客是制定相同的价格，还是制定不同的价格，这是企业需要面对的问题。

（1）产地交货定价策略

采取产地交货定价策略，意味着企业（卖方）在自家门口索取相同的价格。顾客按照厂价购买产品，企业负责将产品运至产地的某种运输工具上并装货，交货后，由顾客承担全部费用和风险，即每个顾客各自负担从产地到销地的费用。这种定价策略比较单一，适应性较强。但对企业也有不利之处，削弱了其在远方市场的竞争能力。远方顾客为了减少费用，将会就近选择卖方。

（2）统一交货定价策略

统一交货定价策略与前者正好相反，企业的产品价格对所有的顾客，不论距离远近都是相同的。也就是说，不论顾客在何处，企业都以相同的厂价，加上平均运费定价，没有地区差价。采取统一交货定价策略，企业要把各地顾客的平均运费计入厂价，实际上是由近处顾客为远方顾客承担了部分运费。这种定价策略，计算简便，但只有运输费用占总成本比重较小时，才宜使用。

（3）分区定价策略

分区定价策略是统一交货定价策略的变形，它介于前两者之间。采用这种定价策略可避免产地交货定价所引起的运费负担悬殊，也避免了统一交货定价的远近一律拉平。具体做法是：企业将各地的顾客划分为若干个价格区，对不同价格区的顾客制定不同的价格，同一价格区的顾客实行同一价格。企业采用分区定价策略也存在一定的问题，如同一价格区内，顾客离企业也有远近之分，较近的就不合算；再如，位于两个相邻价格区界的顾客，尽管彼此相距不远，但价格差别较大。

（4）减免运费定价策略

企业在向其他地区市场渗透时，为弥补产地交货定价策略的不足，全部或部分负担运输费用。这样做的目的是促进成交，增加销售量。期望通过增加销售，降低平均成本，以补偿此部分的费用。

（5）基点定价策略

基点定价策略是企业选定某些城市作为定价基点，然后按基点到顾客所在地的距离收取运费。有些企业为了提高灵活性，选定多个定价基点，按照顾客最近的基点计算运费。基点定价策略使价格结构缺乏弹性，避免了价格竞争，顾客可任意向任何基点购买，有利于企业扩大市场。

Q&A 研讨题

飞天牌电容器的定价

飞天无线电元件厂，是生产飞天牌有机介质电容器的专业厂家，现已拥有 3 条从日本引进的生产线，实现了自动化和半自动化生产。由于产品质量稳定提高，有 3 个产品获电子部优质产品称号，3 个产品获市优质产品称号，飞天牌商标被命名为市名牌商标。

飞天厂的经营方法，是以市场需求为出发点和归宿，善于综合运用市场经营因素组合，其中尤其重视对价格策略的运用。根据不同情况，具体运用方式如下。

根据产品生命周期理论，针对生命周期各阶段的特点，采用不同的定价策略，使自己的产品尽快地缩短市场引入阶段；尽可能保持和延长产品增长阶段；尽量使产品以较慢的速度被淘汰，从而获得较好的经济效益。

1. 市场引入阶段的定价

1985 年飞天厂推出新产品——高压金属化涤纶电容，这是为彩电国产化配套的元件。飞天厂开发创新动手早、上马快，很快试验成功，在北京电视机厂上机试用，并签订了认定协议书。在全国彩电国产化配套会上，飞天厂最先拿出样品并通过质量认定，成为全国第一家具备生产这一新型号电容的厂家。由于彩电国产化的急需，而国家给整机厂的外汇额度又降低（如每台 14 英寸彩电用汇由 50 美元下降到 30 美元），因此，这一电容一经推出，立即受到各用户的重视，纷纷订货。对这种电容的定价，飞天厂是参照进口日本电容的价格，略微偏低，如 1250V/0.068MF 的定价为 1.64 元/只。不但可以节约外汇，而且性能完全可以同日本元件媲美，因而各厂家都乐于接受。这种根据买主的价值观念而不是卖方成本定价的方法，为该厂争取了大量的订单，企业利润率达 20%，高于同行业 15%。

对于用户不了解的产品，该厂采用在产品成本的基础上加上平均利润率 15% 定价。在产品初上市时，由于面临着人们对该产品的损耗低、温度系数小、质量稳定等特性不了解的问题，企业在进行宣传的同时，价格上比前一产品低 10% 左右，使用户乐于接受。

2. 市场成长阶段的定价

飞天厂在努力提高产品质量的基础上，研究竞争对手的定价策略，针对用户的不同需求采用了不同的定价策略。例如，有些用户（电视机生产厂）为了保护名牌产品的质量，注重元件的质量、交货期、规格齐全、特定的外形尺码，有的用户甚至提出"只要质量确保，价格高一些也要"。该厂在这些方面全面满足用户要求，从而以较高的价格打进新的市场。

为了打进国外市场，在对国外市场情况进行周密调研的基础上，飞天厂准备了 3 套定价方案：第一是理想定价目标，是企业本身满意的目标，是与外商力争的方向；第二是折中方案，比第一方案的报价低 10%；第三是最低价格，是企业盈亏临界点的保本价格。能够达成什么样的协议，要根据谈判情况和企业的目标来决定。例如，为了出口创汇，即使是保本价格，由于有创汇补贴和减免关税等优惠政策，企业还是相对盈利的。

3. 市场成熟阶段的定价

在市场成熟阶段，产品的销售已经达到饱和程度，增长率呈下降趋势。由于各同行厂家纷纷引进生产，并先后形成生产能力，竞争十分激烈。此阶段飞天厂采用的定价策略如下。

① 浮动定价。重点地区、名牌厂家是企业必保的目标市场，销售价格必须服从"保持市场"这一目标，需采用浮动价格策略，即按一定比例下浮的办法。有的企业，最低可下浮30%左右。

② 折扣鼓励。对于订货量大的，如订货超过10万只电容可考虑5%~10%的折扣；订货越多，折扣越大。累进折扣应用于年订货量达一定数量的用户。例如，年订货超过100万只的，在价格上优惠折扣10%~30%，为的是保有一定的市场占有率。飞天厂在市场成熟期采用以上价格策略，是建立在降低成本的基础上。

4. 市场衰退阶段的定价

此阶段产品的销量由缓慢下降变为急剧下降，如纸介电容由年销量1000多万只下降至不到500万只，CB14聚苯烯精密电容年销量才几万只。该厂对于退出市场的产品如CB14电容，则采用处理存货，将现有设备、材料及产品折价全部转产。对于继续保留的产品，如20世纪60年代的老产品纸介电容器，飞天厂采取保持原来的细分市场、销售渠道，维持原来价格，只是根据市场需求的下降而降低生产能力，缩短经营战线。这时的价格之所以能稳定，同许多元件厂削减这种手工产品有关。但市场还有部分需求，甚至还会有价格看涨的机会。CJ112全国只剩飞天厂一家生产；CJ10虽销量大幅下降，但由于手工生产，特有用户专门来订货，价格上调10%，用户也接受。这些需要企业根据实际情况，把握机会，既满足用户需求，也使企业尽可能地保持一定的利润。

5. "随行就市"的定价

飞天厂在市场竞争中还根据竞争者的售价，采用随行就市定价策略。以金属化涤纶电容CL232为例，飞天厂最先引进日本生产线，推出这种产品，售价较高，定价为1.60元/只。随着同行厂家纷纷引进国外生产线，先后上市同样产品，售价较低，飞天厂也将售价降低为每只1.40元直至1.10元左右。由于飞天厂是名牌厂家，这种产品成为各同行厂家的竞争目标。为此，飞天厂密切注视竞争对手的动态，采取相应的对策。

但随行就市要有一个限度，当有些厂家已将上述电容降至每只0.9元甚至0.85元时，如果再降价，势必两败俱伤。飞天厂采用"你廉我转"的策略，将产品价格保持在一定水平上，以保持重点用户市场，而推出新产品去占领市场和进入新一轮的竞争。

回答下列问题：
① 对照本书中介绍的内容找出该厂使用了哪些价格策略。

② 飞天厂的定价策略是否得当，还可以作哪些调整？

5.5 产品定价的误区和风险

1. 避免走进定价误区的原则

合理的促销活动可以达到突出公司特点、扩大影响面、参与市场竞争的目的。但目前铺天盖地的"惊爆价"、"特卖价"、"超值价"令顾客目不暇接，无所适从。盲目的降价更是破坏了知名品牌的形象，降低了顾客对知名品牌的忠诚度，致使部分稳定顾客流失。成本是企业经营的底线，却不是满足顾客需求的依据；顾客需求的底线是其购买力。因此，低于成本的定价未必就能满足顾客需求；高于成本的定价未必就不能满足顾客需求。把定价的立足点转移到顾客、竞争对手那里，因人、因地、因时地采取针对性的定价方法和定价策略，才能更有效地满足顾客需求并得到企业利润——双赢。要使价格策略达到预期的目的，走出价格误区，应遵循以下原则。

① 不要和其他商家促销相同的商品，以免造成促销商品断货和顾客分散。

② 选择促销商品以市场需求为主，价格既有力度，又能够保证合理的毛利率。

③ 对于促销商品，要结合自身条件制定具有相对竞争力的价格。

④ 不要3次定价低于首次定价，以免造成顾客信任度的降低。

⑤ 促销产品价格明显低于竞争者，可能会造成适得其反的效果。

⑥ 促销商品价格过低时，要有一定的补充说明，以免消费者对商品本身产生怀疑。

2. 回避定价风险的策略

在当今竞争激烈的时代，商家的营销策略错误，很多时候须付出较大代价。定价策略的失当会让顾客不知所措，会失去他们对企业品牌的忠诚，最终导致企业利润的下降。这是企业不得不考虑的定价决策商业风险。

2007年，美国学者Sean D. Jasso和Peter L. Louie在《Graziadio Business Report》杂志发表文章"Have you reviewed your pricing strategies lately"，列举了6条回避定价风险的策略，以帮助企业解决定价难题。

① 清楚自己的商业模式。弄清什么让企业盈利，并且认真考虑价格的变化会给企业的财务指标带来什么影响，能为企业的客户或潜在客户减轻什么负担。

② 建立战略目标。企业的产品或服务定价最终要实现什么？通过渗透性定价，企业的市场份额是否能够最大化？或者通过撇脂性定价，企业的利润是否能最大化？

③ 确立产品或服务的价值。严格区分谁是企业的客户，谁是企业竞争对手的客户。企

业目前在市场上情况如何？客户或潜在客户愿意为企业的产品或服务支付怎样的价格？他们愿意多付一点吗？

④ 定位企业的价格策略，并把它与营销组合中其他几个要素一起考虑。

⑤ 在确定企业的价格之前，先测试给产品定价，传递产品的价值。接下来统计新定价后的销售量、毛利和净边际利润，并调整定价策略使利润最大化、成本最小化。不仅销量要达标，还要重新评估针对客户的价值主张，检查产品的供应，征求客户意见，并依此调整定价策略。

⑥ 将定价策略作为企业文化的一部分。定期从客户那里收集反馈信息，并周期性地评估定价策略。制定标准的定价政策，使员工能主动地思考战略性定价问题。

5.6 价格变动反应及价格调整

企业处在一个不断变化的环境之中，为了生存和发展，有时候需主动降价或提价，有时候又需对竞争者的变价作出适当的反应。

1. 企业降价与提价

（1）企业降价

企业降价的主要原因有以下几种。

① 生产能力增加，或成本获得有效降低。例如，企业增加了新的生产线，生产能力大大提高，但市场却未相应扩大，此时，为挤占竞争对手的市场份额，企业往往会主动调低商品价格。近年来我国一些家电大企业在生产能力扩大后随即挑起价格战就是出于这一原因。

② 企业现有市场占有率下降。这通常发生在新进入的或已有的竞争对手采取了更具进攻性的营销策略，以挤占本企业的市场份额时。企业为防止市场份额继续丧失，不得不采取削价竞争。这是一种被动降价，但运用得当，也会对竞争对手构成巨大的反压。例如，1996年的彩电行业，长虹降价幅度高达30%，TCL曾试图以保持原有价格，提高产品质量，扩大与竞争者的差异来应对，但因产品的价格弹性较大，未能奏效。为保持市场占有率，TCL也被迫采取了降价策略。

③ 经济不景气，消费者实际收入和预期收入均下降，导致购买意愿下降。这在一些选择性商品上更为突出，消费者对一些可买可不买的商品会推迟购买，或选择价格较低的商品作为替代，迫使企业不得不降低商品价格，维系市场。

（2）企业提价

虽然提价会引起消费者、经销商和企业推销人员的不满，但是一个成功的提价可以使企业的利润大大增加。促使企业提价的原因主要有以下两种。

① 由于通货膨胀、物价上涨，企业的成本费用提高，迫使企业不得不提价以确保获取目标利润。

② 企业产品供不应求，不能满足所有顾客的需要。在这种情况下，企业可以适度提价。

2. 顾客对企业变价的反应

一般地说，购买者对于价值高低不同的产品的反应有所不同。对于那些价值高、经常购买的产品的价格变动较敏感；而对于那些价值低、不经常购买的小商品，即使单位价值较高，购买者也不大注意。此外，购买者虽然关心产品价格变动，但是通常更关心取得、使用和维修的总费用。因此，如果企业能使顾客相信某种产品取得、使用和维修的总费用较低，那么，他就可以把这种产品的价格定得比竞争者高，取得较多的利润。

3．竞争者对企业变价的反应

价格变动的企业除了考虑顾客的反应之外，还不得不考虑到竞争者对价格变动的反应。当牵涉的企业数量较少、产品是均质的、购买者对产品和销售者熟知的时候，竞争者就最有可能作出反应。

企业怎样预计竞争者的可能反应呢？如果企业面对的是一个大的竞争者，并且如果该竞争者趋向于用一种固定的方式对价格变动作出反应，那么就容易预计竞争者的反应了。但是，如果该竞争者将每一次价格变动都作为是新的挑战，并根据当时的利益作出反应，那么企业将不得不弄清楚当时竞争者的自我利益是什么。

问题是很复杂的，因为和顾客一样，竞争者也会从许多方面来解释某个企业的减价行为。他会认为该企业正在努力的获取更大的市场份额；或者该企业经营状况不佳，因此正努力地促进销售量的增加；或者该企业想使整个行业降价，从而增加总的需求。

当存在几个竞争者时，企业必须预测每个竞争者的可能反应。如果所有竞争者的行为很相像，就可以当作一个典型的竞争者来分析。相反，如果竞争者的行为不相像，或许仅仅是因为规模、市场份额或策略的不同，则需要分别加以分析。但是，如果有一些竞争者要相应的调整价格，那么就有充分理由预计其他竞争者也会相应地调整价格。

4．企业对竞争者变价的反应

（1）不同市场环境下的企业反应

在同质产品市场上，如果竞争者降价，企业必须随之降价，否则顾客就会购买竞争者的产品，而不购买企业的产品；如果某一个企业提价，且提价会使整个行业有利，其他企业也会随之提价，但是如果某一个企业不随之提价，那么最先发动提价的企业和其他企业也不得不取消提价。

在异质产品市场上，企业对竞争者变价的反应有更多的选择余地。因为在这种市场上，顾客选择卖主时不仅考虑产品价格因素，而且考虑产品质量、服务、性能、外观、可靠性等多方面的因素。因而在这种产品市场上，顾客对于较小的价格差异并不在意。

面对竞争者的变价，企业必须认真调查研究以下问题。

① 为什么竞争者变价。

② 竞争者打算暂时变价还是永久变价。

③ 如果对竞争者变价置之不理，将对企业市场占有率和利润有何影响。

④ 其他企业是否会作出反应。

⑤ 竞争者和其他企业对于本企业的每一个可能的反应又会有什么反应。

（2）市场领导者的反应

① 维持价格不变。

② 降价。

③ 提价。

（3）企业应变需考虑的因素

受到竞争对手进攻的企业必须考虑以下几方面因素。

① 产品在其生命周期中所处的阶段及其在企业投资组合中的重要程度。

② 竞争者的意图和资源。

③ 市场对价格和价值的敏感性。

④ 成本费用随着销量和产量的变化而变化的情况。

Q&A 研讨题

奥克斯空调的平价革命

奥克斯空调的生产厂家是宁波奥克斯空调公司，它是宁波三星集团的下属子公司。宁波三星集团是目前世界上最大的电能表生产企业，其主打产品——三星牌电能表的产销量已经连续7年位居国内第一，市场占有率达到30%。1993年，三星集团与美国奥克斯集团合资，进入空调市场，最初生产国内很少见的高档机。由于这一定位没有得到响应，奥克斯空调没有获得大的发展。从1996年起，奥克斯改变原有定位，开始走优质平价的路子，事实证明这一决定是正确的，奥克斯空调销路大增。此后，奥克斯坚定了自己的发展方向：采取低成本战略，为消费者提供优质平价的空调。像大多数创业企业一样，奥克斯并没有急于宣传自己的战略，而是稳扎稳打，一方面加大内部整合力度，压低生产成本；另一方面，继续"只做不说"的市场开拓运动，稳步提高自己的市场份额。从2000年开始，奥克斯逐步在市场上发力，大力宣传自己的"优质平价"战略。

伴随奥克斯发动的一系列市场活动，奥克斯的业绩几乎一年上一个台阶。据奥克斯提供的数据，2000年奥克斯空调总销售量为58万套；2001年为90.23万套，位居业内第六；2002年为157万套，位居行业第四；2003年空调总出货量突破250万台，进入中国空调业的前三甲。与此同时，跨国性专业市场调查公司GFK的数据显示，2002年旺季零售监测到的活跃品牌为105个，而2003年减少到97个。市场分析机构也预测，今后几年空调行业的洗牌将进一步加剧，很多以前熟悉的品牌将在市场上消失。种种现象让很多人联想起20世纪90年代同样依靠价格战冲击市场，并在几年内几乎成为微波炉行业垄断品牌的格兰仕。

奥克斯作为中国空调市场传统强势品牌的挑战者成为推动空调市场重新洗牌的主要力量，通过差异化的定位、进攻性的价格策略，再配以一系列的事件营销保证了自己的持续成长。

● **差异化的市场定位**

奥克斯从1996年开始改变原定路线，走了一条差异化道路。它始终明确将其空调定位于"优质平价"的"民牌"空调。相比于市场传统强势品牌的"高价优质"定位，奥克斯空调更容易为大众喜欢，也用得起，并且有物有所值，甚至物超所值的感觉。

● **进攻性的价格策略**

从2000年起，奥克斯拉起空调降价的大旗，此时奥克斯还是一个默默无名的区域品牌，但正是奥克斯的价格杀手称号，让奥克斯名声鹊起，震动江湖。奥克斯自2000年以来的主要降价活动主要包括：

2000 年 3 月在成都打出"1.5 匹空调跌破 2500 元生死价"的条幅，最大降幅达到 25%，第一次喊出"要做优质平价的'民牌'空调"；

2001 年 4 月，40 余款主流机型全面降价，最大降幅达到 30％以上；

2002 年 4 月，16 款主流机型全面降价，包括 1 匹和 1.5 匹变频空调，最大降幅达到 26％；

2003 年 4 月，所有机型一律降价，据称平均降幅达 30％，单款机型最大降幅达 2000 元。

奥克斯空调的价格战，每次基本选择在 4 月份，早了消费者没反应，竞争者容易跟进，晚了也起不到作用。奥克斯的降价，每次都是大规模、高幅度的降价，出其不意地袭击竞争对手，坚定消费者购买的决心。另外，奥克斯为配合价格战，广告攻势强，采取"大中央小地方"的模式，例如，2002 年 4～6 月在央视投入了 3000 多万元，进行大规模集中轰炸，有力地配合了降价促销活动。

● **系列化的事件营销活动**

奥克斯成功的另一个关键策略是巧用事件营销的影响，不断吸引消费者的眼球。通过事件营销活动，奥克斯不断向空调业原有规则发起冲击，在消费者面前出尽风头，也让全国的消费者获得了新的体验。

（1）狂打"足球牌"

2001 年年底，奥克斯聘请米卢为品牌代言人，随后开展了米卢"巡回路演"和售空调赠签名足球活动。2002 年 5～6 月，奥克斯投入 6000 万元在央视高频度播出"米卢篇"广告，并在后来推出"200 万巨奖任你赢"世界杯欢乐竞猜活动。

2003 年 2 月 12 日，奥克斯投资 2000 万元赞助倍受中国球迷关注的"中巴之战"。同一天，世界顶级球星罗纳尔多的亚洲经纪人与奥克斯空调全国市场总监李晓龙达成一致意向，罗纳尔多将以 150 万美元的身价出任奥克斯空调新一任品牌形象代言人。

（2）《空调成本白皮书》

2002 年 4 月 20 日，奥克斯空调向外界首家披露《空调成本白皮书》，以行业背叛者的身份揭示了"一台空调究竟该卖什么价"的行业秘密，显然，矛头指向消费者关注的空调业实际利润的问题。在《空调成本白皮书》上，奥克斯一一列举了 1.5 匹冷暖型空调 1880 元零售价格的几大组成部分：生产成本 1378 元，销售费用 370 元，商家利润 80 元，厂家利润 52 元，奥克斯还具体剖析了成本的组成部分。

（3）"一分钱空调"

2002 年，奥克斯空调在 11 月 22 日至 12 月 1 日的 10 天时间内，在广东省内的 700 多家电器店同时推出"一分钱空调"的促销活动。顾客只要花 4338 元购买奥克斯 60 型小 3 匹柜机，再加一分钱，即可以获得另一台价值 1600 元的 1 匹壁挂式分体空调，同时承诺一分钱空调同样享受厂家提供的优质售后服务。在广东市场，类似 60 型小 3 匹的品牌机的价格为 4800～6500 元，25 型 1 匹空调的价格为 1668～2700 元，奥克斯公布的空调套餐价格比市场均价低 3500 元。

（4）"冷静"大行动

"关注美伊战争，呼吁世界冷静"，是奥克斯推出的"冷静"大行动，目的是提升企业关心公益事业的形象。此次活动从 2003 年 3 月 27 日起至 2003 年 4 月 21 日止，武汉地区奥克斯空调再掀降价风暴，降幅都在 17％以上。本次活动奥克斯推出了代号为"冷静 1 号"、"冷静2号"、"冷静3号"的多款机型。奥克斯表示在此次活动中，消费者每购买一款奥克斯空调，奥克斯公司将以消费者的名义捐献一定数额的现金给红十字协会，用于伊拉克战后重建工作，以此表达奥克斯人对世界和平的支持。

（5）《空调技术白皮书》

2003年4月23日，奥克斯再次扮演了反叛者的角色，公布了《空调技术白皮书》，宣称"空调技术炒作'高科技'概念只是'皇帝的新装'，是空调行业的最后一块'神秘面纱'，奥克斯要将其一揭到底，让空调行业早日正本清源，回归到空调'冷、静、强、省'的核心价值上来"等。奥克斯空调的总经理吴方亮宣称奥克斯想宣传的核心内容是，空调不是高科技产品。吴还断言至少在5年内，空调行业不会出现革命性的技术突破。奥克斯最后总结称，目前空调市场上包括"富氧技术"、"红外线传感技术"、"温度传感技术"等在内的几大所谓"高科技"实质"只是一种牟取暴利的幌子，都是将附加功能进行包装放大，从而达到误导消费者让自己获取暴利的目的"。

回答以下问题：

① 奥克斯空调采用的是什么定价策略？它的这种定价策略在什么条件下才能取胜？

② 如何看待奥克斯的《空调成本白皮书》？

③ 面对奥克斯空调的价格策略,格力、美的、科龙等主要品牌该如何应对?

第二部分　工　作　页

实践活动 16:制定产品价格

(1)根据企业情况,分析企业产品定价主要考虑的因素有哪些?在表 5-2 中对应的项目上划"√"。

表 5-2

影响企业产品定价因素	消费者市场	组织购买者市场
定价目标		
产品成本		
市场需求		
竞争因素		
其他因素		

(2)为什么选定这些因素作为定价的主要考虑因素?请给出理由。

（3）追求最大利润，几乎是所有企业的共同目标。这是否意味着企业只要制定最高价格就等于取得了利润最大化？为什么？

（4）一般来说，确定产品价格下限的因素是什么？确定产品价格上限的因素又是什么？

（5）根据企业的情况，请决定企业产品定价的一般方法，在表 5-3 中对应的项目上划"√"。

表5-3

产品定价的一般方法	成本导向定价			需求导向定价			竞争导向法	
	成本加成定价	目标定价	其他成本导向定价	认知价值定价	反向定价	需求差异定价	随行就市法	投标定价法
消费者市场								
组织购买者市场								

（6）为什么选择以上选定的定价导向方法？详细说明理由。

（7）请以成本加成定价方法为依据，估算企业成本，计算出企业产品的价格。

（8）请列出反向定价法的计算公式。反向定价法一般在什么情况下使用？

（9）基于顾客需求的需求定价法被越来越多的企业使用，这是否意味着企业进行定价决策时，除了顾客需求外，可以不用考虑其他因素？请予以说明。

（10）假设某机器制造商在企业中投资 200 万元，该机器的单位成本为 100 元，预计销量为 8000 个，要制定能获得 20% 利润的价格，请利用目标收益定价法计算目标收益价格。

（11）某厂准备生产一种市场上紧俏商品，销售渠道是经批发站转零售商销售。已知该产品市场零售价为24元，其中零售商的成本加成是20%，批发站的成本加成也是20%。由工厂到批发站的每件运费为0.2元，这笔费用，经厂方与批发站协商，由批发站承担，问该厂产品的出厂价定为多少时批发站才能接受？

实践活动 17：练习定价技巧

（1）企业产品刚上市，你打算是以高价位上市还是以相对低价位上市？请用新产品定价策略予以分析。

（2）对于以下两个案例，分别说明它们采用的是什么方式的产品定价策略。

① 雷诺公司在第二次世界大战结束后，为了抓住人们欢度战后第一个圣诞节的时机，从阿根廷引进了美国人从未见过的圆珠笔的生产技术，并在短期内投放市场。当时，研制和生产圆珠笔的成本为每支 0.5 美元，而卖给零售商的价格高达每支 10 美元，零售商又以每支 20 美元卖给顾客。尽管价格如此高昂，但圆珠笔由于奇特、新颖和高贵而风靡美国，在市场上十分畅销。当其他厂家见利眼红都来生产圆珠笔的时候，圆珠笔的成本已降到每支 0.10 美元，零售价也仅卖到 0.7 美元一支，此时，雷诺公司已经大赚一笔了。

----

② 美国太麦克斯韦公司原是一家生产军用信管计时器的小公司，第二次世界大战后军火生意越来越难做，该公司于 1950 年开始涉足手表制造业。但是，当时的手表市场上强手如林，竞争十分激烈，像太麦克斯韦公司这样一个知名度不高的小公司要在竞争激烈的手表市场上站住脚，开辟和扩大自己的市场，的确不是一件容易的事。该公司的策略是，不断以低价向市场推出自己的新产品。20 世纪 50 年代，它们男式手表售价仅为 7 美元，比当时一般低档手表的价格要低得多；1963 年，该公司首次生产电子手表，以 30 美元推向市场，仅为当时同类产品价格的一半；20 世纪 70 年代初，世界主要手表制造商推出 1000 美元以上的豪华型石英手表，1972 年初，日本、瑞士和其他手表厂的石英表以 400 美元或更高价格推出，而该公司 1972 年 4 月上市的石英表，售价才 125 美元。

正确的定价策略使该公司从 20 世纪 50 年代一个知名度很低的企业，转变成 20 世纪 60 年代站稳脚跟、70 年代成为世界闻名的公司。年销售额达 2 亿美元，美国市场上每出售 2 块手表，就有 1 块是该公司生产的。

（3）说明几种新产品定价策略的优缺点。

（4）说明几种新产品定价策略的适用条件。

（5）折扣定价的策略有哪几种？你最熟悉的企业准备用哪种或哪几种折扣策略？

（6）你最熟悉的企业准备如何根据消费者的心理，对产品的价格进行技巧性的定价。

（7）为了测试对心理定价技巧的了解，请回答以下问题。

① 一个炎热的夏天，美国的一家日用杂货品商店购进了一批单人凉席，定价每令 1 美元。本来，这样炎热的天气，凉席会很快销售一空的，但结果购买并不踊跃。商店只得降价销售，但由于进价过高，每令凉席只能降价 2 美分，奇怪的是，顾客马上纷至沓来，凉席再也不愁销不出去了。这位老板在有了这个惊喜的发现后，马上照葫芦画瓢，大量进货，居然每试不爽。

请问，以上定价是一种怎样的定价技巧？

② 美国的波士顿市中心有一家"法林联合百货公司"，在其商场上的地下室门口挂着"法林地下自动降价商店"的招牌。走进之后，你会发现货架上的每一件商品除了标明售价以外，还标着该件商品第一次上架的时间，旁边的告示栏里说明，该件商品按上架陈列时间自动降价，陈列时间越长，价格越低。比如某种商品陈列了 13 天还没有售出，就自动降价 20%，又过 6 天，降价 50%，再过 6 天，降价 75%。如果该件产品标价为 500 美元，到第 13 天只能卖 400 美元，到第 19 天只能卖 250 美元，到第 25 天时只能卖 125 美元。第 25 天后，再过 6 天仍无人购买，就把该件商品从货架上取下来送到慈善机构去了。

请问：（a）价格与销售之间是一个什么样的关系？

（b）如何使降价取得最好的促销效果？

实践活动 18：避免走进定价误区和回避定价风险

（1）避免走进定价误区的原则有哪些？对照这些原则，评价你最熟悉企业的定价策略与技巧。

（2）美国学者 Sean D. Jasso 和 Peter L. Louie 的回避定价风险策略有哪些？对照这些策略，评价你最熟悉企业的定价策略与技巧。

本任务实践活动心得：

任务六 制定渠道方案

面对日益残酷的市场竞争，企业应当在全面分析市场竞争形势、用户需求结构以及自身产品分类的基础上，找到能够支持企业整体战略的最优渠道组合，这就是本任务所要解决的重点问题所在。本任务包含以下内容：企业了解的分销渠道的方式，企业确定并建立分销渠道的策略，企业对分销渠道、尤其对中间商如何设计和管理，从而使企业在竞争中立于长久的地位。其关键知识点包括：① 市场营销分销渠道；② 批发商、零售商；③ 分销渠道的设计；④ 分销渠道的管理。

第一部分 任务学习引导

6.1 市场营销分销渠道

1．市场分销渠道的含义

市场分销渠道（Distribution Channel）指分配渠道或商品流通渠道，即产品从生产领域转向消费领域所涉及的所有有关企业和个人，也就是所经过的路线和通道。例如，供应商、生产者、商人中间商、代理中间商、辅助商以及最终消费者或用户等。

所谓销售渠道，是由一系列相互依赖的组织机构组成的商业机构。其中有 3 点需要说明：第一，企业的产品有效地进入市场的前提是，连接生产者与消费者的通道或途径的销售渠道；第二，市场分销渠道是一系列的商业结构的组织机构，包括制造商、中间商、银行、运输商、仓储商和广告商等，它们之间相互影响和相互作用；第三，产品实现从生产者向消费者的有效转移的前提是实物的移动，所有权的转移和资金的流动也同时进行。

要使实物流、所有权流和资金流能有效地进行，其中的关键是整个市场营销分销渠道之间的信息需要保持有效的、及时的沟通。例如，制造商和经销商要向消费者传递有关企业和产品的信息，组成销售渠道的各商业机构与组织之间必须要进行有效的信息沟通。

2．分销渠道的作用

在现代市场经济条件下，商品交换的一方即制造商设计并生产出适销对路、能够满足消费者需要的产品，而且为这个产品制定了合理的价格；商品交换的另一方即消费者对这一产品有着潜在或现实的需要，而且有着足够的购买力"持币待购"。

若生产者与消费者买卖双方是面对面的、及时的、现货现款的一手交钱一手交货，那么买卖双方无需借助任何中间环节，无需通过任何中介机构，就可以成功地实现商品交换。但是在现实生活中，这种交换毕竟是少数。尤其在当今全球化经济条件下，千变万化的市场、地理地域的差异性、风俗宗教的不同，再加上时间和空间的局限等各种各样的原因，总会存在着信息沟通不畅，买卖双方很难顺利实现直接交易。因此，必须借助分销渠道来实现交易。

分销渠道执行的工作是把商品从生产者手中转移到消费者手中，主要包括时间、地点和所有权，渠道成员执行了一系列的重要功能。

第一，为计划和促进渠道间的各个成员交换收集有关信息，在各个分销成员产生的必不可少的调研功能；第二，在发展和传播有关供应物的富有说服力的信息时，分销渠道的各个成员同时发挥了促销的功能；第三，分销成员要寻找潜在客户，并与其进行沟通，此时的渠道成员突出了联系的功能；第四，为了满足消费者的需求，要按买者的要求调整供应物，渠道成员去进行匹配活动，如制造、分类、分等和包装等；第五，为实现所有权或者持有权的转移，渠道成员的谈判功能在此发挥了重要的作用，去尽力达成有关商品的价格和其他条件的最终协议；第六，产品的物流和存储的功能；第七，渠道成员负担渠道工作所需的费用，去进行收集和分散资金，体现了其融资的功能；第八，在渠道间产生的所有的可预知或不可预知的风险都要由渠道成员去承担。前5项功能是为了帮助达成交易，后3项功能是帮助已达成的交易付诸实现。

可以用一个价值链（Value Chain）来表达营销渠道的作用。迈克尔·波特的价值链理论认为：企业的各项生产经营活动都能够创造价值，这些相关联的活动就构成了创造价值的一个动态过程，这就是价值链。它可以形成企业最优化以及协调的竞争优势，如果企业所创造的价值超过其成本，就有盈利；若超过竞争者，就拥有更多的竞争优势。也就是说在这个动态价值链的过程中，企业能够创造竞争优势。这个价值链是层层递增的，尤其在营销渠道中，通过一系列的促销活动，通过中间商可以为企业创造更多的价值，争得更多的消费者，赢得潜在的更大的市场份额。

6.2 批发商、零售商

1. 概念

中间商（Intermediary）指介于生产者和消费者（用户）之间，专门从事商品流通活动的经济组织或个人，或者说中介机构。

2. 分类

按商品流通过程中是否取得商品的所有权划分为经销商、代理商和经纪人，如表6-1所示。

表6-1   经销商、代理商和经纪人分类

分　类	所　有　权	利　润　来　源	销售风险与利益
经销商	商品买卖过程中取得商品所有权	来源于商品的进销差价	经销商自己承担
代理商	接受生产企业委托，但不具有商品所有权	来源于被代理企业的佣金	一般由被代理企业承担
经纪人（掮客）	无商品所有权，不持有和取得现货	为买卖双方牵线搭桥，协助谈判，促成交易，由委托方付给佣金，向雇佣方收取费用	不承担产品销售的风险，不持有存货，也不参与融资

按流通转让过程中所处的地位和所起的作用划分为批发和零售商，如表6-2所示。

表6-2　　　　　　　　　　　　　　　　批发商和零售商分类

分　类	职　能	服务对象	流通过程中的地位	交易数量和频率	营业网点的设置
批发商	主要从事批发业务的企业	是转卖者和生产者	流通过程中的起点或中间环节，批发交易结束后商品流通并未结束	供转卖和加工生产的买卖活动，交易数量大、频率低，属资金密集型行业	网点少，市场覆盖面宽，面对企业，设在租金低廉的地段
零售商	直接销售商品的、从事零售业务的企业或个人	最终消费者（集体或个人）	流通过程的终点（商品售出离开流通领域而进入消费领域）	零星交易，频率很高，属于劳动密集型行业	面对广大消费者，点多面广，开设在繁华地区和居民区

3．批发商

随着当今科技和经济的迅猛发展，以网络营销为代表的营销观念给传统的流通结构、流通方式带来了巨大的冲击，特别对传统的批发业提出了极大的挑战，尤其在一些经济发达的国家和地区，甚至有不少人认为批发业将成为夕阳行业。但目前的营销阶段，批发商仍然扮演着必不可少的重要角色。因为批发商拥有销售与销售促进、采购与货物分类、运输和仓储服务、提供信息等职能，不管是实力雄厚的生产企业，还是比较弱小的生产企业，为了获得更高的效益，都要积极有效地运用专业批发商。下面是一些批发商的类型。

（1）商人批发商

自己进货，取得所有权后再批量发售的商业企业，即独立批发商。

（2）经纪人和代理商

接受生产者委托，从事商品交易业务，但不具有商品所有权的中间商，他们在买卖双方之间起媒介作用，为促成交易提供方便，并从中赚取佣金。

（3）代理商

① 制造商代理商。

受生产者委托在一定区域内负责代销生产者商品的中间商，与生产商是委托代销关系，角色相当于企业的推销员。

② 销售代理商。

受托付代销生产企业的全部产品，有一定的售价决定权，是一种完全独立的中间商。生产者同时只能委托一家销售代理商，本身不能再从事销售活动。销售代理商是企业的全权独家代销商，对生产者承担更多的义务。

③ 采购代理商。

与顾客有长期关系，代客户采购价廉质优的货物，并且为客户收货、验货、储运，最后将货物运交买主。

④ 佣金商。

对产品实体具有控制力并参与产品销售协商的代理商。大多从事农产品代销业务，负责储存和陈列，并设有仓库和铺面，所得货款扣除佣金和费用后再付给生产者。

（4）制造商与零售商的分销部或办事处

分销部或办事处的买卖双方不通过独立的批发商，而是自行经营批发业务。例如，销售分店和办事处，由企业自己设立，与商业批发商相似，是生产商的对外业务代办机构。例如，金丝猴集团在全国各地都设有办事处。采购办事处，类似经纪人或代销商，是零售商在中心城市及产品集散地设立的机构。

4．零售商

零售商的最大优点是，贴近消费者，方便消费者，灵活地向消费者供应在数量、质量、价格、花色、品种、规格等方面适销对路的产品，适应不同消费者的多边的需求。它能够直接为最终消费者服务。它不仅能够为消费者进行各种职能服务，如购、销、调、存、加工与再加工、拆零、分包、传递信息、提供销售服务等，而且也是联系整个生产企业、批发商与消费者之间的桥梁。一般分为商店零售商、非商店零售商及其他零售组织。

（1）商店零售商

按照我国内部贸易行业主管部门的规定，我国零售业分为9大类。

① 百货店。采取柜台销售与开架自选销售相结合的方式，其产品组合的特征是商品结构种类齐全，少批量，多品种，以经营男、女、儿童服装、服饰，衣料，家庭用品为主。一般采取定价销售。有导购、餐饮、娱乐场所等服务项目和设施，服务功能齐全。地址一般在城市繁华区、交通要道。商圈范围大，主要以城市流动人口为销售对象，目标顾客多为中高档消费者和追求时尚的年轻人。规模大，设施豪华，殿堂典雅。

② 超级市场。对顾客来说，这里一般是采取自选销售方式，以销售生鲜商品、食品和日常必需品为主的零售业态。既可以是自选销售方式，也可以是连锁经营方式。顾客出入口分设，结算在出口处的收银机处统一进行。产品组合以购买频率高的商品为主，诸如肉类、禽蛋、水果、水产品、冷冻食品、副食调料、粮油及其制品、奶及奶制品、熟食品、日用必需品等。一般选址在居民区、交通要道、商业区，以居民为主要销售对象。

③ 大型综合超市。采取自选销售方式或者连锁经营方式，以销售大众化实用品为主，并将超级市场和折扣商店的经营优势合为一体的，满足顾客一次性购全需求的零售业态。商品构成齐全，而且重视本企业的品牌开发，设有与商店营业面积相适应的停车场。一般选址在城乡结合部、住宅区、交通要道。销售对象主要为购买频率较高的居民。

④ 便利店。又可称为方便店。它满足顾客以便利性为主要目的的需求。以开架为主，结算在进口（或出口）处的收银机处统一进行，也可采用连锁经营。营业时间长在16小时以上，甚至24小时，终年无休息。经营实行信息系统化，开展单品管理。选址在居民住宅区、主干线公路边以及车站、医院、娱乐场所、机关、团体企事业所在地。80%的顾客均为有目的的购买，商圈范围小，一般设定在居民徒步购物5~7分钟就能到达的范围内，但是价格比一般的零售业态的价格要略高。

⑤ 专卖店。专门经营或者授权经营制造商品牌和中间商品牌的零售业态。采取开架面售，可开展连锁经营。产品的组合一般以企业品牌为主，销售量少，质优，高毛利，呈现的是定价销售。顾客群为中青年。选址在繁华商业区、商店街或百货店、购物中心。商店的陈列、照明、包装和广告讲究。

⑥ 专业店。经营某一大类商品为主，并且具备有丰富专业知识的销售人员和提供适当售后服务的零售业态。销售方式和专卖店一样。商品结构体现了专业性、深度性，品种丰富，

可供选择余地大，以某类商品为主，经营的商品具有自己的特色，一般为高利润商品。专业店选址多样化，可以设在繁华商业区、商店街或者百货店、购物中心内。商圈范围不定，主要是为了满足消费者对某类商品的选择性需求。

⑦　购物中心。是企业有计划地开发、拥有、管理运营的各类零售业态、服务设施的集合体。由发起者有计划地开设，实行商业性公司管理，中心内设商店管理委员会，开展广告宣传等共同活动，实行统一管理。根据选址和商圈不同，购物中心可分为近邻型、社区型、区域型、超区域型。内部结构由百货店或超级市场作为核心店，以及各类专业店、专卖店等，零售业态和餐饮、娱乐设施构成。同样也以定价销售为策略。其服务功能齐全，集零售、餐饮、娱乐为一体，而且可以根据销售面积，设置相应规模的停车场。地址一般在中心商业区或者城乡结合部的交通要道。顾客群体是流动的。它的装饰特点是设施豪华、殿堂典雅、宽敞明亮，实行卖场租赁制。

⑧　仓储商店。它是在大型综合超市经营的商品基础上，筛选大众化实用品销售，并实行储销一体，以提供有限服务和低价商品为主要特征的，采取自选方式的零售模式，可以实行连锁经营。作为商品策略，其经营同其他零售业态能进行价格比较的、知名度和普及率较高的商标商品或价格一般众所周知的商品。商品构成以新开发上市的商品为主力商品，自有品牌占相当部分。相对来讲，每天都以较低价格销售全部商品。商店设施比较简单，但停车场是必不可少的设施。地址一般会在公路边、交通要道和利用限制设施。顾客群体是广大的工薪阶层，商圈人口大约为 5~7 万。

⑨　家居中心。显而易见，主要是销售与改善、建设家居环境有关的装饰装修等用品、日用杂品、技术及服务为主的，采取自选方式的零售业态。具有超级市场的开价自选销售的优势，可采取连锁经营方式。里面的产品组合有房屋修缮和室内装修、装饰品、园艺品、宠物食品、室内外用品、洗涤剂、纸类等杂品，以及食品类。定价策略采取了廉价商店的低价格优势。有停车场，提供一站式购物和一条龙服务，选址在城乡结合部、公路边、交通要道或消费者自有房产比率较高的地区。

（2）非商店零售店

包括直复营销、直接营销、自动售货、购物服务公司。

①　直复营销。是一种无店铺零售的最主要的形式。如今的网络营销大部分都体现了这种业态形式。买卖双方无需见面，无需议价，靠着现代化的通信工具，用邮递、目录、电传、电信等方式去进行商品介绍、推广、购买、付款和退货等手续。西方专家认为，随着闭路电视兑奖装置和其他新技术的发展，直复营销具有压倒其他零售业的趋势。最明显的特点是以非个人方式向消费者推销产品，没有推销员介入。

②　直接销售。特点是推销员直接介入，挨家挨户推销，通过办公室推销和举办家庭销售会，以个人方式面向消费者，成本费用高。促销策略中的人员推广就是这种模式。

③　自动售货。向顾客提供 24 小时售货，具有自我服务和无需搬运产品的便利条件，由于成本较高，价格上比一般水平高 15%～20%。可口可乐公司就是采用了这种销售渠道，曾一度风靡世界。银行也广泛使用自动出纳机，可以为银行顾客提供 24 小时开支票、存提款和资金转账等服务。其设置地点一般在工厂、办公室、大型零售商店、加油站、繁华街道边等地。

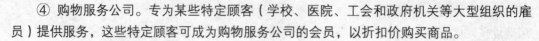

④ 购物服务公司。专为某些特定顾客（学校、医院、工会和政府机关等大型组织的雇员）提供服务，这些特定顾客可成为购物服务公司的会员，以折扣价购买商品。

（3）其他零售组织

① 连锁商店。又称连号商店，一般是指在同一个投资系统控制下并在不同程度的统一管理之下，由许多零售商店或分店组成的联合商店系统。其管理制度实行统一化和标准化，组织中的各家商店在定价、宣传推广以及售货方法等方面都有统一规定。有些连锁商店甚至建筑装饰的基本色调也都统一，以便树立统一形象。由于连锁商店有比较一致的专业特色和优良的经营传统，所以能保持较高的服务质量和商业信誉。

② 自愿联合商店和零售合作组织。独立零售商在自愿原则下组织起来，目的是和连锁商店进行竞争。它有两种形式：一是自愿联合商店，一般是由一家信誉较高的批发商发起，把若干家零售商组织在自己的周围，以批发商与这些零售商（许多小型零售商）订立合约的方式成立的零售组织；另一种形式是零售合作组织，它由若干家零售商自己组织起来，成立一个从事批发业务的仓储公司，为成员商店大批量进货并提供仓储服务，组织内的成员仍保持自己的经营管理制度，这是一种松散型的联合。

③ 特许经营组织。它是一种与连锁商店类似的零售组织，是近30年兴起的与连锁商店竞争最激烈的一种零售商店。特许经营组织由一个特许人（一家生产商、批发商或服务组织）为一方，若干家特许代理人（若干家批发商或零售商）为另一方，以契约形式固定下来，独立经营，自负盈亏。它基本上有3种形式：生产商筹组的零售商特许经营；生产商筹组的批发商特许经营；服务行业筹组的零售商特许经营。

特许经营组织的主要优点是，大型生产或服务性企业不用自己开设许多零售商店就可以大量推销自己的产品或劳务；而特许经营组织的特许经营人可以用小本钱做大生意。因此，这种组织形式在美国、西欧、日本和东南亚各地广泛流行。

④ 协同营业百货商店。有些国家的生产企业自己不经营零售业务，而在适当的地点建造高层建筑或宽敞市场，专供小零售商租用，各个零售商协同营业，起到了百货公司的作用。但各小零售商在组织上并没有关系，他们实际上是在一个大建筑物中的各自独立的小零售商业群，他们集中在一起各自出售自己经营范围内的商品或劳务，虽然在组织上并不是一个联合商店，但实际上起着大型综合性商场的作用，因而也深受消费者欢迎。

⑤ 消费合作社。这是由广大消费者合股投资举办的自助零售商业组织，它直接为社员的生活和生产服务，既供应社员所需的商品，也帮助社员推销商品。其目的是免受商人"剥削"，保护社员利益。虽然经营零售业务，但从性质上看，它并不以盈利为主要目的。

5．零售商业发展趋势

零售生命周期正在缩短。零售生命周期，是指一种零售商店类型产生、发展、成熟到衰退的周期性变化所用的时间。据一些学者研究，百货商店从开始出现到成熟期经历了80年时间，超级市场为5年，方便店为20年，超级专营商店为10年，新的零售形式的生命周期也在明显缩短。

非商店零售异军突起，发展前景不可估量。渠道管理的专业程度越来越高。零售经营手段日益现代化。许多零售商都采用电脑技术提高预测水平、控制仓储成本，用电子技术向供应商订货，在商店之间传递信息，建立电子监测系统、资金电子转账系统、店内闭路电视和改进商品处理系统。

6.3 渠道构建

1. 渠道模式

（1）消费品分销渠道

消费品分销渠道有以下 4 种基本模式。

① 零级渠道或直接渠道。制造商→消费者。产品不经过任何中介机构，由制造商直接供应给消费者。这是最短的销售渠道，也是最直接和最简单的销售方式。例如，鲜活产品宜直销。直销的模式在当今社会中，我们接触不少，例如，有上门推销、邮寄销售、电话销售、通过订货会或者展销会与消费者直接签约供货等。

② 一级渠道。制造商→零售商→消费者。由制造商直接向大型零售商店供货，零售商再把商品转卖给消费者。例如，对于耐用消费品和高级选购品的分销常采用此种方式。

③ 二级渠道，有以下两种模式。

（a）制造商→批发商→零售商→消费者。这是一种传统的也是常用的模式。目前，大多数中小型企业生产的产品比较零星、分散，此时批发商便大显身手，将产品集中起来供货给零售商，这样既方便顾客，又方便制造商。一般来说，许多中小型生产企业和零售商都认为这是一种比较理想的分销渠道。例如，对于消费量较大的杂货、药品、玩具等可采用此种模式。

（b）制造商→代理商→零售商→消费者。它和上面一种模式的区别在于代理商取代了批发商。企业通过代理商或经纪人把他们的产品转卖给零售商，最终到达消费者。一般来说，大批量的产品的分销，适合采用这种模式。

④ 三级渠道。制造商→中转商→批发商→零售商→消费者。这是最长、最复杂，而且销售环节最多的一种分销渠道。一般来说，当制造商在不熟悉的市场上分销其产品时（如国际贸易等）可采取此种方式。另外，技术性强又需要广泛推销的消费品分销，宜采用这种模式。

（2）工业品分销渠道

工业品分销渠道有以下 3 种基本模式。

① 零级渠道。制造商→生产资料用户。一般生产大型机器设备的企业，大都直接将产品销售给生产资料用户。它是工业品分销的主要选择。

② 一级渠道。有以下两种模式。

（a）制造商→工业品分销商→生产资料用户。生产普通机器设备以及附属设备的企业可以考虑使用这种模式。例如，建材、机电、石化等行业可以通过工业品分销商将产品出售给用户。

（b）制造商→代理商→生产资料用户。代理商代替工业品分销商，有利于销售有特殊技术性能的工业品和新产品。一般来说，一些生产企业要开发不太熟悉的新市场，或者设置销售机构的费用太高、缺乏销售经验时，可以采用这种渠道。

③ 制造商→代理商→工业品分销商→生产资料用户。这种模式是工业品分销渠道中最长、最复杂的一种，中间环节比较多，流通的时间长。一般这种模式不宜由代理商直接卖给

用户，而需要通过工业品分销商这一环节，特别是某些工业品虽然技术性强，但是单位销售量太小或者市场不够均衡，有的地区用户多，有的地区用户少，就有必要利用工业品分销商分散存货，通过分销商向用户供货就更方便了。

2．渠道类型

随着社会经济的发展以及生产力水平的提高，产生了不同类型的分销渠道。目前，市场中的营销渠道是多种多样的。

（1）长渠道和短渠道

所谓分销渠道的长度，是指企业分销渠道中使用中间商的数目。大于一个中间商的渠道为长渠道，小于或等于一个中间商的渠道为短渠道。其中最短的渠道是直销，中间商数目为 0。

零阶渠道，通常称直接分销渠道，是指生产商直接把商品卖给消费者或用户，不经过任何中间商转手的分销渠道。这种流通模式称为直销型。它在生产资料商品销售中应用比较广泛。

一阶渠道含有一个销售中介机构，是指生产商把商品出售给一个中间商，再由该中间商把商品转售给消费者或用户的流通模式。它在生产资料商品流通中，一般是指生产商把商品出售给一个批发商或委托给一个代理商，再由批发商或代理商转售给用户的流通模式；在日用消费品流通中，一般是指生产商把商品出售给零售商，再由零售商售给消费者的流通模式。在商品流通实践中，一阶渠道的使用是很广泛的，大至汽车、家具、家用电器，小至服装、鞋帽、药品、食品、蔬菜等，品种繁多，应用广泛。

二阶渠道含有两个销售中介机构，是指在商品流通过程中有两个或两种中间商业机构的渠道模式。这种渠道模式在日用消费品流通中使用更为广泛。

三阶渠道含有 3 个销售中介机构，是指在商品流通过程中有 3 个或 3 种中间商业机构的渠道模式。肉类食品及包装类产品的生产商通常采用这种渠道分销其产品。这种渠道的特点是，在生产商与批发商之间又增加了代理商这一中间机构。在我国国内商业中，近年来，贸易货栈、贸易信托公司、某些贸易中心等广泛开展的代营业务部分，就具有代理商的业务性质。在对外贸易中使用代理商和实行代理制，则更为普遍。

（2）直接渠道和间接渠道

生产商将其产品直接销售给最终消费者或用户，叫做直接渠道，即直销，其他方式（在流通过程中使用了中间商）则称之为间接渠道。

管理者可以通过以下两大类去实现直销。

① 直接营销：主要通过大众媒介，如报刊、杂志、广播、电视、电话营销、互联网、邮件和产品目录等，向顾客销售产品。这种就是现在通常所认识到的网络营销的几种体现形式。

② 销售队伍：是指通过销售人员销售产品。企业可能会建立自己的销售队伍，也可利用其他企业的服务，或雇佣独立的合同制销售团队。通常情况下，企业会利用直销的方式，让销售队伍面向顾客。直销是指有实际的产品，人员不发展上线、下线，没有中间环节的销售模式。也就是说，制造商中间不经过任何中间商，直接将商品直接销售给消费者的渠道策略。

我国 2005 年 12 月 1 日起实施的《直销管理条例》中所称的直销，是指直销企业招募直销员，由直销员在固定营业场所之外直接向最终消费者推销产品的经销方式。直销产品的范围由国务院商务主管部门会同国务院工商行政部门根据直销业的发展状况和消费者的需求确定、公布。

企业直接分销的方式一般分为以下几种。

（a）订购分销：是指生产企业与用户先签订购销合同或协议，在规定时间内按合同条款供应商品，交付款项。一般是由销售方（制造商）派员推销，一些走俏产品或紧俏原材料、备件可以等用户上门求货。

（b）自设商店销售：制造商通常将商店设立在生产区外用户较集中的地方，或商业区的制造商也可设立于厂门前。

（c）联营分销：工商企业之间、制造商之间联合起来进行销售。

（d）访问推销：指推销人员直接上门推销企业产品。这种渠道形式推销员能与消费者直接接触，不仅有利于鼓励和说服顾客购买企业的产品，而且有利于推销企业的形象。所以在产品本身质量有保证的基础上，对推销员的素质和对本产品的了解程度要求很高。

（3）宽渠道和窄渠道

渠道的宽窄取决于渠道的每个环节中使用同类型中间商数目的多少。一般企业使用的同类中间商多，产品在市场上的分销面广，称为宽渠道；反之，为窄渠道。例如，消费品（毛巾、牙刷、香皂盒等）由多家批发商经销，又转卖给更多的零售商，能够接触大量的消费者，大批量地销售产品。窄渠道一般适用于专业性强的产品，或贵重耐用的消费品，由一家中间商统包，几家经销，它使生产企业容易控制，但市场分销面受到限制。

6.4 销售渠道的基本模式及发展趋势

1. 销售渠道的基本模式

分销渠道的模式并非是一成不变的，随着市场的变化，为适应激烈的市场竞争及提高分销效率，分销渠道也会随之发生变化。但一般来说，都是基于以下3种渠道系统进行变化的。

（1）垂直分销系统

制造商、批发商和零售商等形成一个统一体，服从于一个领导者。由谁领导，取决于其能力和实力的大小，可以是制造商或批发商或零售商等。主要有以下3种形式。

① 公司式垂直分销系统。指制造商、批发商、零售商归属同一所有者并受其统一管理和控制的系统。

② 管理式垂直分销系统。这种情形一般是由一家规模大、实力强的企业出面将制造商和处于不同层次的中间商组织起来并实行统一管理的系统。例如，海尔、长虹、小天鹅、小鸭等著名的家电公司经常与大型百货和电器商店进行合作，而诸如柯达和宝洁这样的公司都能取得与经销商的合作。

③ 合同式垂直分销系统（契约型垂直分销系统），是以合同形式将各自独立的制造商和不同层次的中间商联合起来构成的一种分销系统。它又分为3种形式：批发商承办的自愿连锁组织（批发商组织独立的零售商成立自愿连锁组织，帮助他们和大型连锁组织抗衡）；零售商合作组织（零售商组织一个新的企业实体来开展批发业务和可能的生产活动）；特许经营组织（包括特许批发商和特许零售商等）。

（2）水平分销系统

水平分销系统是一种在分销过程中履行同一渠道职能的两个或两个以上企业联合起来共同开发和利用市场机会的系统。我们通常看到一些零售店合并或者零售店增加店铺来组成水平分销系统，通过价值链的价值递增形式，以便在采购、市场调研、人事等多方面来获取规模效益。

（3）多渠道分销系统

这是企业一般最常用的一种分销渠道系统，指企业建立两条或两条以上的分销渠道向一个或更多的顾客细分市场分销其产品的系统。如可口可乐公司，一方面通过超市、小卖部等中间商分销可乐，另一方面也利用自动售货机进行直销。采取这种分销系统，对企业有很大益处：降低渠道成本；增加销售特征，更适合顾客的要求；扩大市场覆盖面。

Q&A 研讨题

日本松下电器公司不仅制造家用电器，而且在大量生产、大量销售的时代，以合并、共同出资等形式将众多的批发商和零售商收入自己的名下，使其成为系列批发商和系列零售商，最多时批发商达到 224 家，零售商达到 27000 家。

问题：松下电器使用的是哪种销售渠道系统？

----

2. 销售渠道的发展趋势

现实销售中，传统营销中的经典模式是：厂家→总经销商→二级批发商→三级批发商→零售店→消费者。在许多产品可实现高利润、价格体系不透明、市场缺少规则的情况下，销售网络中普遍存在的灰色地带使许多经销商超常发挥，使众多的厂家总会有养虎为患的感觉。多层次的销售网络不仅瓜分了渠道利润，而且许多经销商不规范的操作手段也造成严重的网络冲突，如竞相杀价、跨区销售等，通常情况下的销售网络漂移可控性差也是厂家的心头之患。因此，我国很多企业的销售网络呈现了一种势在必行的改革趋势，对销售渠道各层的控制和吸引等策略是必不可少的。

渠道由金字塔式向扁平化方向转变。由于传统渠道的缺点：厂家难以有效地控制销售渠道，多层结构有碍于效率的提高，而且臃肿的渠道不利于形成产品的价格竞争优势，而多层次的流通使得信息不能准确、及时反馈，不仅会错失良机，而且还会造成人员和时间上的资源浪费，很多时候厂家的销售政策不能得到有效的执行落实，所以把渠道扁平化，不失为一种良方。所谓渠道扁平化，即销售渠道变短，销售网点增多。短渠道可增加企业对渠道的控制力，网点多可增加产品销售量。

渠道运作由总经销商为中心，变为终端市场建设为中心。销售工作的当务之急一是如何把产品铺到消费者面前，让消费者实实在在地看到；二是如何把产品铺到消费者的心中，让消费者诚心乐意地购买。当今时代，企业解决这两个问题的方式已经大不相同，传统的市场运作方式逐渐成为销售工作的桎梏。目前，成功的企业是以终端市场建设为中心来运作市场。例如，制造商一方面通过对代理商、经销商、零售商等各环节的服务和监控，使得自身的产品能够及时、准确而迅速地通过各渠道环节到达零售终端，提高产品市场展露度，使消费者买得到；另一方面，在终端市场进行各种各样的促销活动，提高产品的出样率，激发消费者的购买欲，使消费者乐意买。

渠道建设由交易型关系向伙伴型关系转变。传统的渠道关系是每个成员都是一个独立的经营实体，"你"和"我"分得很清楚，以追求个体利益最大化为目标，甚至以牺牲渠道和厂家的整体利益为代价，就是我们所说的"油水"关系。如今的这种关系，把传统的渠道关系变为"伙伴"关系，也就是"鱼水"关系。让制造商与经销商一体化经营，实现制造商对渠道的集团控制，使分散的经销商形成一个整合体系，渠道成员为实现自己或大家的目标共同努力，追求双赢或多赢。

制造商与经销商合作的形式主要有以下5种。

① 联合促销。制造商与经销商共同进行促销，例如，合作广告，经销商发布广告，制造商给予一定金额的补贴；销售工具，制造商为经销商提供样品等。

② 提供专门产品。制造商为经销商提供专门产品既可以增强销售网络的凝聚力，也可以减少消费者购买时对价格的比较。例如，对大的零售商专门生产某一款产品，以供该零售商买断此款产品的经营等。

③ 信息共享。与经销商共享市场调查、竞争形势、消费者动向等方面的信息。

④ 培训。为经销商提供销售、产品、管理和营销等方面的培训活动，以提高经销商的销售和管理水平。例如，定期分配技术人员到各经销商处进行讲座等。

⑤ 装修。为经销商进行特殊的符合本企业风格的装修，此种与联合促销有异曲同工之处。例如，惠普在上海等地推销自己电脑的同时，对网吧进行免费的装修，形成五星级网吧。

在实践中，有3种方式来组合制造商和经销商的关系：① 合同式体系。在制造商与经销商之间、在经销商与经销商之间，以一定的合约为约束，在一定的利益基础上，把渠道中各个独立的实体联合起来，形成一个合同式的营销体系。前面所有的特许经营就是一个典型的合同式体系，通过特许权，将生产到经销的各个环节连接起来，形成一个完整的直达终端的经营体系。② 管理式体系。一些制造商依靠自己的市场声誉、产品创新能力，以及其他力量，成为整体流通渠道的主导成员，从而将销售渠道中的不同成员联合成一个体系。③ 所有权体系。制造商以入股的方式来控制销售渠道，例如，格力空调西南销售公司就是由格力集团与其经销商共同入股组成。实际操作中，这3种体系相比之下，所有权式体系整合水平高，制造商与经销商的关系最为巩固，在这一体系中，由于渠道的活动能力受制于制造商的战略策略目标，其结果是渠道的营销能力大大提高，最终便于制造商的管理和其利润最大化。

耐克的分销渠道模式

耐克在 6 种不同类型的商店中销售其生产的运动鞋和运动衣：体育用品专卖店，例如，高尔夫职业选手用品商店；大众体育用品商店，供应不同样式的耐克；百货商店，集中销售最新样式的耐克产品；大型综合商场，仅销售折扣款式；耐克产品零售店，设在大城市中的耐克城，供应耐克的全部产品，重点在销售最新款式；工厂的门市零售店，销售的大部分是二手货和存货。

问题：耐克采用的分销渠道是什么？

6.5 渠道设计

分销渠道的设计不是简单的决策，而是一个系统的、科学的战略规划和战术设计。在这个知识点中，营销分销渠道设计的因素是进行渠道设计和管理的前提。

1. 营销分销渠道设计的因素

企业在设计分销渠道的过程中，需要考虑分销渠道设计的原则、分销渠道的目标、最大化地发挥网络成员的作用、分销渠道的风险及分销渠道的制约因素等。

简单地说，设计分销渠道，即决定企业采取短渠道还是长渠道；选择直接分销还是间接分销，究竟通过几个中间商最为合适；究竟是宽渠道还是窄渠道；根据自己的能力，是只选择一种模式的分销渠道，还是若干种分销渠道。下面参照表 6-3 进行这些考虑因素的分项说明。

（1）产品因素

产品因素包括价值、技术性、体积重量、属性、通用性、寿命周期等。

① 价值。一般来说，产品价值高的，考虑其经济性和安全性等因素，通常会选择短渠道；反之则是长渠道。例如，普通的日用消费品和工业用品当中的标准件等销售，一半是经过一个或者一个以上的中间商，比如转到批发商，再经由零售商，最后转至消费者手中。一些价格较高的耐用消费品和工业品中的专业设备则不宜经过较多的中间转卖，例如，高级服装的制造商，愿意将产品直接交给大的百货公司或高级服装店出售。

表6-3 分销渠道设计应该考虑的因素

因　素		渠道长度		渠道宽度		因　素		渠道长度		渠道宽度	
		长	短	宽	窄			长	短	宽	窄
产品	价值	低	高	低	高	企业	企业实力	弱	强	强	弱
	技术性	弱	强	弱	强		管理能力	弱	强	强	弱
	体积重量	小	大	小	大		控制愿望	小	强	小	强
	属性	稳定	不稳	不稳	稳定	中间商	开拓能力	强	弱	弱	强
	通用性	高	低	高	低		积极性	高	低	高	低
	寿命周期	后期	前期	后期	前期		经销条件	低	高	低	高
市场	市场分布	分散	集中	分散	集中	环境	经济形势	好	差	好	差
	购买习惯	便利	选购	便利	选购		国家政策法规	依法设计分销渠道			
	市场规模	大	小	大	小						

② 技术性。此因素基于销售服务上，技术性不很强的耐用消费品，一般可以通过中间商出售，而且制造商应及时对中间商进行必要的培训和指导；对于技术性很强的工业品，制造商宜采取直接渠道销售，以加强销售服务工作。

③ 体积重量。产品的体积大小和轻重，直接影响运输和存储等销售费用。一般来说，较轻、小的产品可选择较长、较宽的分销渠道；产品体积和重量大，如重型机器、水泥以及其他建筑材料等，由于运输和存储较为困难，费用较高，所选的销售渠道应尽可能短和窄。

④ 属性。属性稳定的产品无论是消费品还是工业产品，可以考虑用长、宽渠道；而对易腐烂、易毁损或易过时的产品，尽可能采取短、窄的渠道，例如，新鲜食品、时装、各种陶器、玻璃、精致的工业品等属于属性不稳定的产品。

⑤ 通用性。这个因素包括了产品是否为定制品或标准品。一般来说，定制品的通用性差，一般由制造方和消费方双方直接商讨规格、质量、式样等条件，此类产品不宜由中间商销售；标准品的通用性强，分销渠道非常灵活，可长可短，若用户分散，则宜采取中间商销售。

⑥ 寿命周期。第一，考虑新产品，为了把新产品投入市场，扩大销路，制造商不惜花重金，重视并组织自己的推销队伍，直接面向消费者，推介新产品和收集用户意见。第二，如果与中间商能够良好合作，也可采用间接销售形式。第三，当产品在市场上已经形成高知名度和美誉度时，在开拓市场的基础上，可以逐步考虑利用间接渠道分销产品。我国许多企业在创立品牌初期是通过直销的渠道，当品牌创立后，可以采取多种方式间接进行销售。第四，在产品的衰退期里，通常采用缩减分销渠道的策略以减少损失。

（2）市场因素

市场因素包括市场分布、消费者的购买习惯和市场规模。

① 市场分布。消费者组成了市场。如果消费者的集中程度高，制造商考虑采取短、窄的渠道；若消费者分散，则采取较宽、长的渠道。

② 消费者的购买习惯。第一，基于消费者心理，有的消费者喜欢直接到企业买产品，有的消费者喜欢到商店里买产品，所以一般来说，制造商不仅仅直接销售，也应该进行间接销售。例如，可口可乐公司既通过自动售货机进行短渠道销售，也对各个商店、零售商等进

行渠道代销。第二，消费者购买数量大、单位分销成本低的产品，尽可能将批量产品直接出售给顾客。第三，顾客的购买频率高，每次购买的数量小，但单位价值低，则可以考虑中间商，采用长与宽渠道；反之，则采用短、窄渠道。第四，对于一些消费者购买前需要充分比较研究、购买过程中需要投入过多精力与时间的产品，选择短、窄渠道较合适。

③ 市场规模。一般来说，市场范围大，规模相对来说就大，则销售渠道越长、越宽，例如，享誉全球的国际品牌；若产品的市场范围小或只在当地销售，那么最好选择直接销售。另外，从另一方面来讲，市场容量的大小也能够体现一个市场的规模，对于市场容量大、购买量小、购买频率高的产品，制造商一般考虑较宽、较长的渠道，以扩大销售面，不仅保持原有市场，而且能够刺激潜在消费者；而对于市场容量大、单次购买量大、购买频率低的产品，则可以采取窄、短、甚至是直接渠道，以减少流通环节和流通费用，加快资金周转速度。

（3）企业因素

企业因素包括企业实力、企业管理水平和企业控制渠道的能力。

① 企业实力。制造商实力包含的内容很多，如商誉、资金、销售能力、储存能力、服务能力等。制造商本身商誉好、资金雄厚，则可相对采取较自由的分销渠道，可建立自己的销售网点，采用产销结合的方式，也可以选择间接分销渠道，依赖中间商进行销售和提供服务；销售能力、储存能力、销售经验等条件好的制造商，采取的渠道策略越短越好，例如直销；制造商的服务能力强，而不少中间商也希望制造商能尽可能多地提供广告、展览、修理、培训等服务项目，为销售产品创造条件，可以考虑间接分销渠道，若这些能力弱，或者制造商无意提供这些服务，制造商被迫进行自行销售。

② 管理水平。制造商的渠道管理水平也会影响其渠道策略。一般来讲，若制造商在销售管理、储存安排、零售运作等方面缺乏经验，人员素质不适合自己从事广告、推销、运输和储存等方面工作，最好选择较长渠道与窄渠道；反之，则选择短、宽渠道。

③ 控制能力。制造商若能与中间商进行良好的合作，或对中间商能进行有效的控制，可选择长、宽渠道；反之，则采取短、窄渠道，例如直销。

（4）中间商因素

中间商因素包括开拓能力、经销积极性和经销条件。

① 开拓能力。中间商的开拓能力不仅仅开拓自己的市场，而且能够很好地帮助制造商开拓潜在市场。若中间商能够帮助制造商把产品及时、准确、高效地送到消费者手中，则可以采取较长与较宽的分销渠道；反之，则采取较短、较窄的渠道。

② 经销积极性。中间商愿意经销制造商的产品，同时不对制造商提出过多、过分的要求时，制造商就愿意利用中间商，此时制造商可以考虑选择较长、较宽的渠道策略。

③ 经销条件。若利用中间商付出的代价超过制造商所能承受的范围，例如，利用中间商的成本太高，或是中间商压低采购价格，或是中间商要求的上架费过高，就应该考虑较短、较窄的渠道策略。

（5）环境因素

最重要的环境因素包括经济形势和政策法规。

① 总体经济形势。整个社会经济形势好，市场需求激增，无论对于商家还是消费者都

是很有利的，那么尤其对于制造商来说，分销渠道模式的选择余地就大；反之，市场需求下降，制造商就必须尽量减少不必要的流通环节，利用较短的渠道。例如，2008年发生的次贷危机已经延展成全球经济危机，消费形势不容乐观，很多中间商纷纷倒闭，迫使制造商缩减分销渠道。

② 国家的政策法规。国家的有关政策和法律因素对分销渠道也有重要影响。我国的《反不正当竞争法》《反垄断法》《税法》等，都会影响到渠道策略。我国对烟酒、鞭炮、汽油、食盐等产品的销售有专门的一些法规，这些产品的分销渠道策略，就要依法设计。例如，企业做外贸，一定要遵守当地政府的法律、法规、政策等。

2．渠道设计方法

渠道目标指企业预期达到的顾客服务水平以及中间商应执行的职能。而渠道设计的中心问题，是确定到达目标市场的最佳途径，每个生产者都必须在顾客、产品、中间商、竞争者、企业效果、环境等因素的限制下去制定其渠道目标。因此，渠道目标的设计必须立足于长远。一个渠道方案由3个方面的要素决定：确定渠道的模式，中间机构的数目，以及每个渠道成员的权利和责任。

（1）确定渠道类型及模式

制造商在进行分销渠道方案的设计时，首先要决定采取什么类型的渠道，是直销还是间接分销。这个需要考虑销售业绩和经济效果等方面来决定。然而这两个方面却总是不相一致的。通常来讲，以这些方面为标准考察和比较渠道，最重要的还是以制造商本身的营销战略为主而进行综合考虑。

如果制造商决定通过中间商分销其产品，则需要考虑以下问题。

① 采用中间商的话，是批发商还是零售商？

② 采用什么样的批发商或零售商？

③ 用代理商吗？

④ 具体选择哪些中间商？

⑤ 采用本行业传统类型的中间渠道吗？还是可以自辟新渠道，选择新型中间商？

⑥ 若选择中间商的话，还需要考虑以下几点。

（a）中间商的市场覆盖面是否与生产企业的目标市场一致。

（b）中间商是否有经销某种产品必要的专门经验、市场知识、营销技术和专业设施。

（c）与中间商预期合作程度（有些中间商与生产企业合作得比其他中间商好，能积极主动地为企业推销产品，并相信这也符合他们自己的利益）。

（d）中间商的目标和要求。有些中间商希望制造商能为产品做大量的广告或开展其他促销活动，扩大市场的潜在需求，也能使中间商更易于销售；有些中间商希望供购双方建立长期稳定的业务关系，制造商能为自己提供随时补充货源的服务，并在产品紧俏时也保证供货；也有些中间商不希望与某一家制造商维持过于密切的关系而受制于制造商。

（2）确定渠道中间商的数目

渠道结构有以下3种形式。

① 密集型分销渠道。指每个渠道层次使用尽可能多的中间商。使用这种中间商数目类

型有利于扩大市场的覆盖面，提高产品的销售量和市场占有率，但企业对中间商的控制比较困难，所需的销售费用也比较大。此种形式对于日常生活用品的销售比较合适。

其缺点是：市场、价格竞争激烈，易导致市场混乱；制造商需向中间商提供一定的支持，导致制造商的渠道费用增加；中间商的数目较多，制造商对其控制和管理有一定的难度。

② 独家分销渠道。指在某一地区仅选择一家中间商来销售企业的产品。独家经销的中间商不允许经营其他竞争性产品。采用这种中间商数目类型，通常双方要签订独家经销合同，规定独家经销的中间商不能经营竞争者的产品，以便企业能控制经销商的业务，调动其经营的积极性。一些耐用品和大型工业品的生产制造商可以考虑此种形式，例如，汽车、电梯、高档音响、名牌服装等产品的制造商。

独家分销有其一定的优势：有利于控制市场结构，提高中间商的积极性；密切与中间商的合作关系，在推销方面得到大量的协助；提高生产企业的经营效率，节约费用，降低销售成本；提高中间商对顾客的服务质量；排斥竞争产品进入统一市场，提高制造商的国际竞争能力。其缺点是：对中间商的依赖性强，市场覆盖面窄；极有限的渠道宽度，使制造商放弃了一部分潜在顾客，制造商的市场适应性弱，销量难以扩大。

③ 选择性分销渠道。指在每个渠道层次中选择若干个中间商来销售制造商的产品。这种中间商数目类型在取得足够的市场覆盖面的同时，又能使企业能有较低的成本和对中间商及市场有较大的控制。如一些可供消费者选购的产品，服装、鞋帽、家具、家用电器、手表等。

这种分销渠道的优点是：节约开支，提高营销效率；制造商通过优选中间商，可以维护自身和其产品的声誉，加强对市场的控制；若做国际贸易，当制造商缺乏国际市场经营的经验时，在进入市场的初期，可选用几个中间商进行试探性的销售，以此积累经验，等待其他条件和机会成熟后，再进行市场销售策略的调整，从而减少销售风险。其缺点是：制造商难以在营销环境宽松的条件下实现多种经营目标；渠道对非选购品缺乏足够的适应性；企业要为被选用的中间商提供较多的服务，并承担一定的风险。

（3）渠道成员的权利和责任

为了确保分销渠道的畅通，制造商必须就价格政策、销售条件、市场区域划分、各方执行的服务项目等方面明确双方的权利和责任。通常以合同的形式来约定。

① 价格政策。产品的具体价格、折扣条件等，例如，数量折扣、促销折扣、季节折扣等。

② 销售条件。指付款条件和生产者保证。例如，对提前付款的经销商给予现金折扣，对产品质量的保证，甚至对产品市场价格下降时的承诺保证等。

③ 市场区域划分。经销商的区域划分销售权利。区域销售权利是中间商比较关心的一个问题所在，尤其是独家分销的中间商。制造商把此划分清楚，不仅有利于中间商拓展自己的业务，也有利于企业对中间商的业绩进行考核。

④ 各方面应执行的服务项目。指双方制定相互服务与责任的条款。一般情况下，相互的职责和服务内容包括供货方式、促销的相互配合、产品的运输和储存、信息的相互沟通等。

一般情况下，为了保证广大代理商、经销商在自身所辖区内有一个良好的市场价格体系环境，在市场整体运作中形成良性机制，从而真正维护各代理商、经销商的利益，就必须遵守以下几点：第一，各代理商、经销商给用户的最低市场零售价格折扣均不得低于8折；第二，各代理商面向经销商的最低供货价格不低于市场价格的6折；第三，一级代理商给普通代理商的最低供货价格不低于市场价格的5折；第四，代理商、经销商可举办促销活动，在活动期间或参与采购单位招投标时，可制定符合当地情况的特殊竞争价格（如促销等），但需事先经生产企业的认定；第五，代理商不得向有一级代理商的地区跨区域供货。

6.6 渠道管理

1. 评估分销渠道绩效

分销渠道方案形成后，必须对中间商进行选择和评估，并根据条件的变化对渠道进行调整。通常渠道评估的标准有以下3条。

（1）经济性

主要是比较每个方案可能达到的销售额以及费用水平。制造商对双方情况进行权衡，从中选择最佳分销方式。

（2）可控性

一般来说，中间商可控性小些，企业直销的可控性大；分销渠道长，可控性难度大。制造商必须进行全面比较、权衡，选择最佳方案。

（3）适应性

若生产企业同所选择的中间商的合约时间长，而在此期间，若其他的销售方法更有效，制造商也不能随便解除合同，这样制造商就失去了选择分销渠道的灵活性。因此，通常情况下，制造商不签订时间过长的合同，除非在经济或控制方面具有非常优越的条件。

2. 对销售渠道的管理

对渠道管理的主要问题在于如何挑选中间商，如何激励、评估并控制他们，以及如何管理在独立业务中不可避免的冲突。

（1）挑选中间商

在挑选中间商时，管理者需要评估特定的中间商是否有能力推进供应商的业务目标，是否能够进入正确的目标市场，是否能够发现供应商的差异化优势，是否能被激励、控制和信赖。

中间商的优劣性决定了制造商的选择。中间商经营时间的长短、成长记录、清偿能力、合作态度、职业道德等，都是制造商对中间商的评估项目。例如对于销售代理商，制造商除了评估以上的项目外，还需评估其他产品大类的数量与性质、推销人员的素质与数量。

（2）激励中间商

激励中间商是减少生产企业与中间商的矛盾，使其出色地完成销售任务。制造商对中间商应以利益共享、风险分担的原则，密切双方的合作关系，共同搞好营销。同时建议制定一些考核和奖励的办法，对经营效果好的中间商，给予奖励或优惠待遇。开展促销活动，提供资金资助，协助中间商搞好经营管理，提高市场营销效果，提供信息，与中间商结成长期的伙伴关系等。

① 促销渠道激励品。主要是短期经济刺激，用以推进制造商的产品或服务。其中最明显的是制造商给中间商服务的利润。通常贸易折扣由数量折扣、促销折扣、现金折扣来补充，用以进一步激励中间商努力。也可以采用消极的制裁来引导制造商认为适合的行为。这些制

裁包括威胁终止供应或减少利润。

② 伙伴关系激励品。目的是建立制造商与其他渠道成员间的长期利益共同体。第一，合作。此种方法同时采用积极和消极的政策，一方面提供给中间商一些激励，如高利润、特别交易、额外奖金、广告津贴、销售测试等，另一方面采用制裁措施，威胁减少中间商的利润、推迟交货、销售测试等；第二，合伙。公司努力与其分销商建立长久的关系。比较成熟的企业，一般都与他们的经销商建立一种合伙关系，达成一种协议。制造商明确自己应该为经销商做些什么，也让经销商明确他们的责任，这样，根据其市场占有率和市场潜力，以及经销商应该提供的市场信息，制造商应按协议执行情况对经销商支付报酬。

表 6-4 所示是对激励中间商的一些方法。

表 6-4　　　　　　　　　　　　　激励中间商的方法

相互交流方面的激励	工作、计划、关系方面的激励	扶助方面的激励
① 向中间商提供最新产品；	① 对中间商的困难表示理解；	① 提供销售人员、加强销售队伍；
② 定期的私人接触；	② 经常交换意见；	② 提供广告和促销方面的支持；
③ 定期的信息交流；	③ 一起进行计划工作；	③ 培训推销人员；
④ 经营磋商	④ 承担长期责任	④ 提供市场调研信息；
		⑤ 融资支持

（3）调整渠道成员

在分销渠道管理中，根据每个中间商的具体表现、市场变化和企业营销目标的改变，对分销渠道进行调整。

① 增减分销渠道中的中间商。经考核，对推销不积极或者经营管理不善的、难以与之合作的以及给制造商带来困难的中间商，在必要时停止与此类型的中间商合作。

② 增减某一种分销渠道。当某种分销渠道出售本企业的某种产品，其销售额一直不够理想时，制造商可以考虑在全部目标市场或某个区域内撤销这种渠道类型，而另外增设其他的渠道类型。制造商为满足消费者的需求变化而开发新产品，若利用原有渠道难以迅速打开销路和提高竞争能力，则可增加新的分销渠道，实现企业营销目标。

③ 调整整个分销渠道。由于市场情况变化太大，制造商对原有渠道进行部分调整已难以实现制造商的要求和适应市场情况变化，必须对企业的分销渠道进行全面的调整。

（4）控制中间商

控制有赖于确定共同的业绩目标。这里包含销量配额和服务水平，如存货、为中间商送货的时间、支持、促销和培训计划等。然后根据这些目标定期地比较业绩情况，并指出偏差，采取行动。

通常情况下，为了有效地实施控制，制造商必须建立渠道权利，提高影响其他渠道成员行为的能力。通常情况下，激励和调整中间商就是控制中间商的方式。

（5）管理渠道冲突

渠道冲突可分为 3 种，最常见的是同一渠道内部不同层次间的纵向渠道冲突。横向渠道冲突产生于渠道内同一层次的不同企业间。多渠道冲突一般产生于供应商在一个市场中创造了两个或多个独立渠道。

渠道产生的来源主要有 5 种。第一，不可避免的利益冲突，例如，制造商希望中间商关注其品牌，但中间商可能关心产品的组合和其他可能提供更高利润或更有增长潜力的制造商。第二，资源的配置中引起冲突，例如，毛利润在制造商和零售商之间的分配会引起冲突。第三，强制权利的使用会引起冲突，若一方打算威胁另一方，那么积怨与不信任会带来持续的问题。第四，较差的业绩会带来困难，由于没有履行承诺或义务会引起不满。第五，来自于制造商内部管理层的冲突，例如，内部管理者之间意见不一致等。

出现冲突时，可以通过许多途径来重新建立有效的关系。第一种途径是为共同工作的渠道成员建立一套超长目标以满足所有成员的利益。这么做是期望通过实现上述最终目标的协议来减少因对自身利润的狭隘关注导致的损失。第二种途径是使用渠道外交，委派个人作为外交官、中介者或仲裁者，让冲突的各方坐到一起，解决纠纷。第三种途径是在渠道成员内部交换人员以建立对各方观点的理解。

E&P 举例与实践

长虹的分销渠道创新

长虹早期的渠道策略采取的是选择式分销模式，主要依靠大批发商来批销长虹产品，因此长虹被誉为"傍大款策略"。当彩电由成长期进入成熟期，价格成为抢夺市场的主要手段时，长虹未能及时调整渠道策略，也未能利用先进的渠道控制手段协调好分销商之间的关系，导致分销商之间竞相杀价，使长虹的价格体系在零售市场混乱不堪，零售商严重亏损，于是串货、跳槽、拒售事件频频发生。1998 年，济南 7 家商场联合抵制长虹彩电，长虹被迫从一些商场撤退，长虹的销售出现困难。

为了克服渠道瓶颈，长虹开始构建自己的终端网络，在全国 600 个市县建设销售网点、专卖店。这种新的直营模式和旧的经销模式出现了市场上的冲突。事实上，靠长虹自己组织零售来完全控制市场是不现实的，要占领全国市场还得借助广阔的现有批零渠道，只有处理好和现有批零渠道的关系，协调好与批零商之间的关系，充分调动批零商的积极性，才是长虹渠道建设的根本出路。想用直营的办法来托起长虹庞大的分销体系是困难的。而长虹的渠道策略在建设和管理上的失误，使长虹产品流通严重不畅，长虹产品出现严重积压就在所难免。

长虹危机告诉我们，企业必须保持渠道的相对稳定，并充分发挥经销商的积极性，同时，要注意监控渠道发展过程中的各种矛盾，并采取必要措施解决好渠道中出现的这些矛盾，而不是简单的加剧矛盾。企业推出的新的渠道必须处理好与原渠道的关系，不引起渠道冲突才是安全的。若总使渠道处于不安全的动荡状态，企业营销必将受到重大的影响，企业效益也必然下滑。

思考：试分析长虹分销渠道矛盾和冲突的原因，设计一个方案化解这些矛盾冲突。此方案要求结构合理，重点突出，并具有可操作性。可进行小组讨论。

_____

_____

_____

_____

第二部分 工 作 页

实践活动 19：设计企业销售渠道结构

（1）分销渠道对企业的重大意义是什么？

_____

_____

_____

_____

_____

（2）分组讨论以下问题，有助于对营销渠道的深刻理解，并由此可检验问题（1）的答案的确切性。

① 制造商能够采用的渠道策略有哪些？为什么？

_____

_____

_____

_____

_____

_____

_____

② 所有的制造商采用的渠道策略都一样么？为什么？

③ 制造商应该根据自身的哪些情况进行渠道设计？具体有哪些情况？

④ 分销渠道有哪些模式？

⑤ 分销渠道的长、短和宽、窄由什么决定?

⑥ 选择分销渠道时，应该考虑哪些因素?

实践活动 20：制定经销或者零售策略

1. 关于中间商
（1）如果选择间接分销渠道，那么中间商有哪些形式?

（2）由上题直接延伸回答，各种类型的中间商又包含哪些具体形式？请具体回答，可进行小组讨论，综合进行答案的具体总结。

（3）请根据所学过的知识和经验，填写表6-5：分析经销商、代理商、经纪商的优缺点及其不同点。不同点可以从商品所有权、利润来源、销售风险、业务特点等方面进行考虑。

表6-5

因素 \ 类型	经 销 商	代 理 商	经 纪 商
优点			
缺点			
不同点			

（4）能否写出分销渠道的基本模式？

_____

_____

_____

_____

_____

_____

_____

（5）结合本地某产品的营销情况，假设这种产品采取你所选择的营销渠道，请预测本地区这种产品的未来市场有多大？并预测此种渠道将会如何发展。

_____

_____

_____

_____

_____

（6）哪些产品可以采取特许经营的模式？如果采取特许经营，需要注意哪些情况？

2. 关于直销和传销

（1）直销与传销的区别是什么？

（2）如果进行网络营销，请问可采取的营销渠道是什么？为什么？请详细说明。

（3）传销与一般的销售相比有什么明显的特点？

（4）为什么传销在我国会失败？请小组讨论。

实践活动 21：设计和管理渠道

1．对渠道的设计

（1）设计分销渠道时需要考虑的因素是什么?

（2）设计分销渠道的方法是什么?

2．分销渠道的管理

（1）如果你是一家制造商的负责人，你选择中间商的评估标准具体内容是什么? 可设定不同性质和不同产品的制造商进行回答。

经济性：

可控性：

适应性：

（2）讨论如何对渠道成员进行有效的控制？

（3）如何对渠道成员进行合理调整？

（4）如何激励渠道成员？如果你是一家制造商负责人，如何去做？

合作？

合伙?

（5）如何做才能保住在某一行业市场的领先地位？（仅仅限定在营销渠道方面回答）

本任务实践活动心得：

任务七　制定促销方案

促销是企业营销活动的重要组成部分，对企业的生存和发展起着决定作用。促销策略是市场营销组合的基本策略之一。本任务解决的问题包括：为公司选择最适合的促销方式；为公司的产品或服务设计促销方案；了解推销人员的工作步骤；熟悉推销人员的管理工作。其关键知识点包括：① 促销与促销组合；② 影响促销组合决策的因素；③ 人员推销策略；④ 广告策略；⑤ 营业推广的策划；⑥ 公共关系活动的形式。

第一部分　任务学习引导

7.1　促销与促销组合

1．促销

促销（Promotion）是促进销售的简称。它是指营销人员将有关企业产品的信息通过各种方式传递给目标顾客，以促进其了解、信赖该产品，并达到刺激需求、促进购买、扩大销售目的的一系列活动。促销的实质是企业与购买者之间的信息沟通。促销的目的是促成和推动销售量的扩大。

2．促销组合

促销组合（Promotion Mix）是指企业在某一特定时期，根据促销目标的要求，采用几种促销方法来与个人、群体和机构沟通，这些结合在一起共同促进某一产品销售的方法，就构成了该项产品的促销组合。

人员推销、广告、公共关系和营业推广是一个企业促销组合的 4 大要素，如图 7-1 所示。

各种促销方式的优点和缺点如表 7-1 所示。

图 7-1　企业促销组合因素图

表 7-1　　　　　　　　各种促销方式的优缺点比较

促销方式	优　点	缺　点
人员推销	机动灵活，针对性强，双向沟通便于当面解决问题	管理组织困难，费用支出大，接触面窄
广告	传播面广，形象生动，节省人力	说服力较小，针对性较差，单向信息传递，沟通性较差
营业推广	吸引力大，即时效果明显，可促成现场交易	组织过程复杂，如形式使用不当，易引起客户反感
公共关系	影响面广，效果持久，可提高企业的知名度和美誉度	需花费较大精力和财力，短期效果不明显

7.2 影响促销组合决策的因素

1．促销目标

促销目标是影响促销组合决策的首要因素。促销目标是以长远占领市场为主，还是以短期快速获取现金为主；是以生产者市场为主，还是以消费者市场为主等，这些选择都会影响促销策略的选择。每种促销工具都有各自独有的特性和成本，营销人员必须根据具体的促销目标选择合适的促销工具组合。

2．市场特点

除了考虑促销目标外，市场特点也是影响促销组合决策的重要因素。市场特点受每一地区的文化、风俗习惯、经济政治环境等的影响，促销工具在不同类型的市场上所起作用是不同的，所以应该综合考虑市场和促销工具的特点，选择合适的促销工具，使它们相匹配，以达到最佳促销效果。

3．产品性质

由于产品性质的不同，消费者及用户具有不同的购买行为和购买习惯，因而企业所采取的促销组合也会有所差异，如图7-2所示。

4．产品生命周期

产品生命周期的不同阶段，促销目标不同，促销组合也不同。产品生命周期与促销目标、促销组合的关系如表7-2所示。

表7-2　　　　　　　　　产品生命周期与促销目标、促销组合的关系

产品生命周期	促 销 目 标	主要促销方式
投入期	认识了解产品	广告、适当的人员推销
成长期	增进兴趣与偏好	广告、公共关系
成熟期	创造与保持竞争优势	广告、公共关系、营业推广
衰退期	促成信任、提醒购买	营业推广为主，辅以广告等

5．购买阶段

消费者购买阶段一般依次是知晓阶段、了解阶段、信任阶段和购买阶段。消费者购买所处的阶段不同，各类促销手段的比重就应该不同，按照常规，各阶段的促销轻重次序和费用分配如下。

① 知晓阶段促销组合次序：广告、营业推广、人员推销。

② 了解阶段促销组合次序：广告、人员推销。

③ 信任阶段促销组合次序：人员推销、广告。

④ 购买阶段促销组合次序：人员推销、营业推广。

6．"推动"策略与"拉引"策略

促销组合较大程度上受企业选择"推动"或"拉引"策略的影响。推动策略是企业通过促销努力，将产品由生产商推销给批发商，批发商转而向零售商、零售商转而向消费者推销产品的一种链式系统，推动策略要求使用销售队伍和贸易促销，通过销售渠道推出产品。而

拉引策略是企业通过树立良好的企业形象、品牌形象与产品形象，使消费者产生需求，并向零售商购买，零售商转而向批发商、批发商又转而向生产商订货的这样一种方向性的链式系统。拉引策略则要求在广告和消费者促销方面投入较多，以建立消费者的需求欲望。推拉策略如图 7-3 所示。

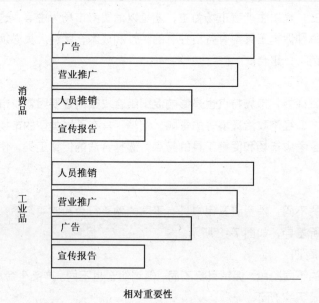

图 7-2　促销工具在消费品、工业品中的相对重要性示意图

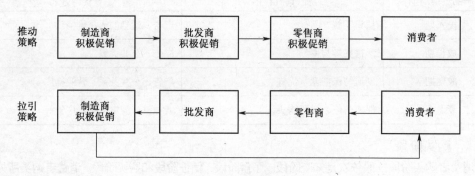

图 7-3　推拉策略

7．其他因素

影响促销组合的因素是复杂的，除上述因素外，本企业的营销风格、销售人员素质、整体发展战略、社会和竞争环境等不同程度地影响着促销组合的决策。营销人员应审时度势，全面考虑才能制定出有效的促销组合决策。

Q&A 研讨题

① 你知道常见的促销工具有哪些吗（见表 7-3）？

表 7-3　　　　　　　　　　　　　常见的促销工具一览表

广 告	营 业 推 广	公 共 关 系	人 员 推 销
电视广告；	销售竞赛、抽奖；	记者招待会；	销售介绍；
广播广告；	奖金和礼品；	演讲；	销售会议；
报纸广告；	样品试尝试用；	研讨会；	电话营销；
杂志刊物广告；	交易会、展览会；	年度报告；	奖励；
电影广告；	商品特架陈列；	慈善捐赠；	样品试用；
邮寄广告；	表演性展示会；	赞助；	推销员榜样；
包装广告；	招待会；	社区关系；	展览会
路牌广告；	价格优惠、赠券；	企业期刊；	
企业、产品名录；	附赠品积分；	新闻；	
招牌、店招；	回扣；	固定联系制度；	
售点 POP；	延期付款；	形象识别媒体；	
售点现场陈列；	低息贷款；	公关广告	
视听材料；	以旧换新；		
标志图形；	搭配销售		
宣传手册、说明、海报和宣传单页；			
宣传条幅；彩虹门、空飘等			

② 不同特性的企业、产品、市场，应该选择怎样的基本促销策略（见表 7-4）？

表 7-4　　　　　　　　　　　　　　推拉策略的选择

因素 ＼ 类型		推 动 策 略	拉 引 策 略
产品特性	产品分类	生产资料、特殊品、选购品	便利品
	单位价值	高	低
	商品知识	丰富	一般
	产品生命周期	成熟期	介绍成长期
	品牌	知名度低	知名度高
市场特性	市场范围	特定市场、集中	全国市场、大而分散
	购买动机	理性	感性
	购买频度	低	高
企业特性	企业规模	小	大
	资金实力	小	大

7.3　人员推销策略

人员推销是最古老的销售手段，但直到现在，人员推销也无法完全被其他手段所代替。尤其是销售大型设备、专业设备以及大宗交易的产品，人员推销仍是最主要的促销方式。不过，随着时代的发展，人员推销的内涵在不断变化。

1．人员推销的含义

人员推销就是指企业委派自己的销售人员直接向用户销售某种产品和提供某种服务的一种直接销售方法。在人员推销活动中，推销人员、推销对象和推销品是3个基本要素。通过推销人员与推销对象之间的接触洽谈，将推销品推销给推销对象，从而达成交易，实现既销售产品又满足顾客需求的目的。

2．人员推销的特点

同非人员推销相比，人员推销的最大特点是直接性。无论是采取推销人员面对面地与顾客交谈的形式，还是采取推销人员通过电话访问顾客的形式，推销人员都在通过自己的声音、形象、动作或拥有的样品、宣传图片来向顾客展示、操作、说明，进行直接交流。具体来讲，人员推销具有以下特点。

① 灵活机动，适应性强。推销人员本身就是信息传递的媒介，他可以根据不同用户的具体情况，采取不同的推销方式，能及时调整推销策略，可以在顾客方便的时间、地点，以顾客最能接受的方式向顾客传递产品信息、推销产品。

② 区别对待，针对性强。人员推销在作业之前往往要事先对顾客进行调查研究，选择潜在顾客，直接对潜在顾客进行促销活动，针对性强，成效也比较显著。

③ 双向沟通，反馈性好。人员推销属于信息的双向沟通，意见可以迅速地在双方之间交换。一方面，可使推销人员对顾客的意见进行解释和说服；另一方面，也可以及时地将意见反映给有关部门，使其作适当的产品调整。

④ 及时促成购买，缩短购买时间。在人员推销中，传递信息与达成销售是融为一体的。推销人员在传递信息的同时，根据顾客的情况适时地提出销售建议，从而达成交易。

⑤ 搜集信息，兼做服务。推销人员在推销产品时还可以进行市场调研，搜集市场信息，同时还可以兼做一些商业性业务和售后服务工作，如签约、收钱、进货、安装和维修等。

⑥ 推销费用较大，对人员素质要求较高。由于人员推销是以推销人员作为传递信息的载体，因此，单位信息的传播成本大；同时要求推销人员有较高的素质，才能胜任推销工作。

3．人员推销的步骤

在不同的推销情境中，大多数推销人员是按照图7-4所示的六步推销法去完成推销任务的。

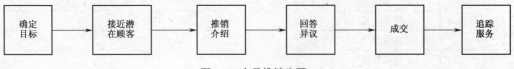

图7-4　人员推销步骤

（1）确定目标

人员推销首先要找出潜在的顾客。潜在顾客一般必须具备5个条件：有需要；有购买力；有购买决策权；有接近的可能性；有使用能力。确定潜在顾客的方法很多，可以通过推销员个人观察、访问、查阅资料等方法直接寻找；也可以通过广告开拓，或利用朋友介绍，或通过社会团体与推销人员间的协作等方法间接寻找。

（2）接近潜在顾客

推销人员在确定目标之后，要认真准备有关产品、顾客知识和竞争者的知识，同时还要选择最佳的接近方式和访问时间，迅速接近顾客。接近顾客必须要考虑以下3点：一是要给对方一个好印象，推销员要注重礼仪，既要不卑不亢，同时又不诋毁竞争对手；二是验证在预备阶段所得的全部情况；三是为后面的谈话做好准备。

（3）推销介绍

这一阶段是推销过程的核心，是推销人员运用各种方法说服顾客购买的过程。推销说服的策略一般有两种。

第一，提示说服。通过直接或间接、积极或消极的提示，将顾客的购买欲望与产品特性联系起来，由此促使顾客作出购买决策。

第二，演示说服。通过产品、文字、图片、音响、影视、证明等样品或资料去劝导顾客购买产品。一般重点指出产品的特点和利益，以及它们如何优于竞争者的产品，有时甚至也可指出本产品的某些不足或可能出现的问题，以及该如何避免或防范。

（4）回答异议

潜在顾客在任何时候都可能提出异议或问题，这就给推销人员提供一个机会，去消除那些可能影响销售的反对意见，并进一步指出产品的其他特点，或提示企业可提供的特别服务。潜在顾客所提的问题可分为两类：第一类，所提异议必须在成交前加以解决；第二类，需要进一步沟通。

（5）成交

一旦对顾客所提出的问题解决后，推销人员就要准备达到最主要的目标——成交，就要使顾客同意购买自己推销的产品。在这个阶段，推销人员还可以提供一些优惠条件，促成交易。

（6）追踪服务

追踪服务是推销人员为已购产品的顾客提供各种售后服务。追踪服务是人员推销的最后环节，也是推销工作的始点。追踪服务能加深顾客对企业和产品的信赖，促使重复购买。同时，通过追踪服务可获得各种反馈信息，为企业决策提供依据，也为推销人员积累了经验，从而为开展新的推销提供广泛而有效的途径。

4．人员推销的策略

（1）试探性策略（刺激→反应策略）

当推销人员不了解顾客需求时，运用事先精心设计的主题，与顾客进行渗透性交谈，通过试探，了解顾客需求后，再进行推销的策略。

（2）针对性策略（配方→成交策略）

当推销人员掌握了顾客的需求后，有针对性地宣传、展示和介绍产品，以引起顾客的兴趣和好感，从而达成交易的策略。

（3）诱导性策略（诱发→满足策略）

推销人员在推销时，能因势利导，有意识地诱发、唤起顾客对某种产品的需要，促使顾客产生想满足这种需要的欲望，然后不失时机地宣传、介绍和推荐所推销的产品，从而实现成效的策略。

E&P 举例与实践

当代著名推销术的应用实践

（1）F&B 推销术（F = Feature 特性&B=Benefit 利益）

① 找出本企业产品独有，而别的企业没有的特性。

② 研究此特性能给顾客带来什么利益。

顾客买东西为的是利益，所以必须将产品特性转化为利益，如此便能打动顾客的心，使顾客采取购买行动。

利益的种类：经济、方便、安全、美观、利润、成就感。

例如，使用天王牌隐形眼镜药水比使用其他品牌每个月节省 15 元以上，对顾客来说比较经济。

（2）"+－×÷" 推销术

+：加了什么东西，所以比较贵。

－：便宜一点，但会失去很多。

×：多付出一点，但会回收很多，后者是前者的几倍。例如，每天喝一点，健康多一点。

÷：贵几元，但分割成每单位只贵一点点。

说明："+－×÷" 推销术主要用于克服顾客嫌贵的心理。

（3）ABCD 推销术

A：Authority（权威）。

B：Better（质优）。

C：Convenience（方便）。

D：Difference（新奇）。

说明：ABCD 推销术主要用在向客户展示的时候。

① A：Authority（权威）。

例如，海尔集团是目前中国最大、服务最好的家电生产企业，1960 年成立，历史悠久，产品各类齐全，分为 6 大系列：冰箱系列、洗衣机系列、空调系列、彩电系列、抽油烟机系列、微波炉系列。

② B：Better（质优）。

例如，某企业的产品质量优良，在深圳、东莞、广州一带的市场占有率达 50% 以上，而且使用者不断增加。

③ C：Convenience（方便）。

例如，国美商厦的政策是：送货上门，安装调试到位，售后结算；不断补充动销商品和新商品，并撤换不动销商品。

④ D：Difference（新奇）。

例如，天王服装公司不断改进工艺，设计新款式，生产新颖别致的时尚服装，从而吸引更多的顾客来购买。

（4）例证法推销术

已经列举曾买过产品（交易）的顾客（客户）作为证据，使新顾客（客户）有信心，因而跟着购买（交易）。

例如，开拓新客户，向新顾客推销时，向某建材商店新客户说："某建材商店，您应该知道，已经跟本公司交易多年，对本公司建筑材料的质量和经销利润很满意，您可以向该建材商店林老板打听。"

5. 客户关系管理

（1）建立良好客户关系的必要性

① 建立良好的客户关系，是赢得顾客重复购买的主要手段。

很多产品是消耗性的，客户必须不断购买才能满足其日常生活需求；即使不是消耗性的产品，不仅中间商要不断重复购买，最终购买者也有重复的可能。维持并不断巩固与已购买客户的关系，常常能获得第二次、第三次甚至多次销售机会。尽管老客户在第二、三次购买时要受多种因素的影响，良好关系并不必然导致客户仍然选择原来的供应商。但是，与客户建立稳定的、深层次的关系，有助于降低客户更换供应商的可能性，从而使企业在竞争者中处于比较有利的地位。

② 建立良好的客户关系，也是吸引客户的有效途径。

任何购买者都生存于各种特定的相关群体之中，在老客户所处的相关群体中，可能存在着一些潜在购买者。通过有良好关系的老客户，可以发现许多潜在客户，并在老客户的帮助下，迅速与潜在客户发生业务联系。事实上，许多业务员正是通过老客户这一渠道获得新客户的。

③ 建立良好的客户关系，可以获得交叉销售的机会。

所谓交叉销售是业务员向同一客户销售不同的产品。例如，计算机公司的业务员五月份向客户销售了计算机，十月份可能说服客户买了一套人事档案管理软件系统，十二月份客户可能打电话给业务员，问能否提供一套库存管理软件。企业在发展过程中，会不断推出全新产品或换代新产品。这些新产品的推销对象可能没有多大的改变。与客户建立良好的关系，可以使新产品的试销期大大缩短，避免不必要的经济损失；可以使企业始终拥有一群固定的客户，不因产品的改变而失去客户。

④ 建立与潜在客户的良好关系，有助于说服客户最终采取购买行动。

建立良好的客户关系，并不仅指与已经购买产品的老客户发展信任与合作，也应该包括与某些尚未购买的潜在客户保持联系，为其提供服务和信息。当然，业务员不可能，也不应该与所有未购买的潜在客户保持联系，为其提供服务和信息。有些产品价值较高，技术性能十分复杂，客户购买此类产品所需投资较大，购买风险较大，作出购买决策所需时间较长。在这种情况下，业务员必须持续不断地接触、影响、说服潜在客户。

（2）客户关系管理的内容

客户管理是指对与销售人员有业务往来的客户进行系统的辅导与激励，从而创造新的业绩。同样，80/20 法则可以用在客户上。80%的业绩是来自于 20%的客户，20%的业绩来自于 80%的客户。而这其中又可分为 80%的业绩来自于老客户的重复购买和推介，20%的业绩来自于自己新开发的客户。要想加强销售人员的服务与促销，销售人员必须对"产品使用者"（包括中间商和最终消费者）加以有效管理，仅仅是提升客户的满意度还不够，还要做到提升他们的忠诚度，这样才能增加销售机会，提高经营绩效。

① 客户管理的内容。

- 客户资料档案：随时掌握客户的销售资料，并将客户资料加以建档，分别管理。
- 销售成长率：控制销售业务的成长状况、市场占有率。
- 销售额的统计：分析月、年度销售额并评估销售的内容。
- 售额比率：本企业产品的销售额占该客户的销售总额的比率。
- 经费比率：分析"销售经费增加"与"销售额增加"额度的比率高低。
- 货款回收状况：留意货款回收的快慢与延迟现象。
- 了解企业的方针：使客户了解企业的行政方针，通过正当操作来增加销售额。
- 销售项目：客户的销售项目是否全为本企业商品，是否在为重点产品促销。
- 商品的陈列状况：本品牌商品在经销店内的陈列状况（地点、空间、高度等）对促进销售有重要影响。
- 商品的库存情况：造成商品缺货或留置库存时，应分析原因，确定是客户对本企业的商品不关心还是销售人员调度不足。
- 促销活动的参与：客户是否积极参与本企业所举办的促销活动，频率是多少，销售数量是否增加。
- 访问计划：销售人员对各类客户的访问是否正确，并正确执行。
- 支持程度：销售人员应检讨与客户的人际关系、意见沟通及对本企业的支持程度，并尽可能经常与客户交换意见，强化彼此关系。
- 信息的传达：销售人员是否及时、正确地传达促销活动或其他活动的信息，并追踪客户是否遵循或积极参与。

② 客户关系管理方法。

（a）建立客户档案资料。"建档管理"是将客户的各项资料加以科学化记录、保存，并分析、整理、应用，借以巩固双方的关系，从而提升销售业绩的管理方法。其中，"客户资料卡"是一种很重要的工具。

Q&A 关于第一层面——概念层面的研讨题

你知道客户资料卡的用途和基本内容吗？

建立"客户资料卡"的用途有：区别客户类型，便于寄发广告信函；了解每家客户的销售状况，并了解每家客户的交易习惯；当销售人员临时有事走不开时，接替者可以很容易地继续为该客户服务；可以彻底了解客户的情况与交易结果，进而取得其合作；可以为今后与该客户交往的本企业员工提供有价值的资料；便于制定具体的销售政策。

（1）客户资料卡的内容

① 基础资料：客户的最基本的资料，主要包括名称、地址、电话、所有者、经营管理者、法人代表及他们个人的性格、爱好、家庭、学历、年龄、创业时间、与本公司的起始交

易时间、企业组织形式、业种、资产等。

②　客户特征：主要包括服务区域、销售能力、发展潜力、经营观念、经营方向、经营政策、企业规模、经营特点等。

③　业务状况：主要包括销售实绩、经营管理者和销售人员的素质，与其他竞争对手的关系、与本企业的合作态度等。

④　交易现状：主要包括客户的销售活动现状、存在的问题、保持的优势、未来的对策、企业形象、声誉、信用状况、交易条件以及出现的信用问题等方面。

（2）利用客户资料卡管理客户的原则

在利用客户资料卡进行客户管理时，应注意把握以下原则。

①　动态管理：客户资料卡建立后不能置之不顾，否则就会降低其价值。因为客户的情况总是会不断发生一些变化的，所以对客户的资料也应随之进行调整。通过调整剔除陈旧的或已经变化的资料，及时补充新的资料，在档案上对客户的变化进行追踪，使客户管理保持动态性。

②　突出重点：应从众多的客户资料中找出重点客户。重点客户不仅要包括现有客户，而且要包括未来客户和潜在客户。这样可以为选择新客户、开拓新市场提供资料，为市场的发展创造良机。

③　灵活运用：客户资料收集管理的目的是在销售过程中加以运用，所以，不能将建立好的客户资料卡束之高阁，要进行更详细的分析，提高客户管理的效率。

（b）做好售后服务，提高客户满意度。将商品卖出并不等于销售工作已经完成，重视售后服务是赢得客户的法宝。一般要注意以下几点。

● 维护商品的信誉。维护商品信誉的工作一般有以下两点：第一，商品品质的保证。商品出售之后，销售人员必须经常提供一些售后服务；第二，服务承诺的履行。

● 做好客户的感情联络。由交易而发生的人际关系往往比较自然、融洽，客户不但是商品的受用者，也是销售机构的拥护者与销售人员的好朋友。与客户联络感情的方法通常有以下几种。

拜访：经常去拜访客户非常重要，主要目的是让客户感觉到销售人员和企业对他的关心，同时也表明企业对销售的商品负责。

书信、电话联络：书信、电话都是联络感情的工具，在日常生活、工作中被广泛使用。当有些新资料需要送给客户时，可以附上便笺用邮寄的方式寄给客户；当客户个人、家庭或工作上有喜、忧、婚、丧等变故时，可以致函示意。用打电话的方式与客户联络也是一种很友好的方式，偶尔几句简短的问候会使客户感到意外和喜悦。

赠送纪念品：这是一种很技巧的操作手法。这种方式至少可以起到两方面作用：一是满足人们贪小便宜的心理；二是可以作为再次访问及探知情报的手段或窗口。

● 搜集情报。销售人员应该把握各种提供售后服务的机会，尽量利用这些机会去发掘一些有价值的客户，或搜集一些有益于销售的情报。

● 妥善处理客户投诉。客户投诉是客户对商品或服务品质不满的一种具体表现。销售人员对外应妥善化解客户投诉，圆满解决；对内应利用客户投诉充分检讨与改善，将其化为提升销售素质的良机。

处理顾客异议的方法

大致可分为以下 6 点。

① 虚心接受批评：冷静地接受客户意见并且抓住客户意见的重点，同时更清楚地了解客户的要求到底是什么。

② 追究原因：仔细调查原因，掌握客户心理。

③ 采取适当的应急措施：为了不使同样的错误再度发生，应当断然地采取应变的措施。

④ 化解不满：诚恳地向客户道歉，并且找出客户满意的解决方法。

⑤ 改善缺点：以客户的不满为契机找出差距，甚至可以成立委员会来追查投诉的原因，以期达到改善的目的。

⑥ 后续动作的实施：为了恢复企业的信用与名誉，除了赔偿客户精神上以及物质上的损害之外，更要加强对客户的后续服务，使客户恢复原有的信心。

7.4 广告策略

1．广告的含义

广告是指企业或个人以付费的形式，通过一定的媒体，公开传播企业及其产品的各类信息，以达到促进销售、增加盈利目的的一种自我宣传方式。广告是促销组合的主体。

2．广告的特点

广告具有以下特点。

① 公开表达性。

② 非人员性。

③ 方式灵活性。

④ 信息传递的单向性。

3．广告的基本功能

广告的功能是指广告的基本作用与效能。在消费者的行为中，广告传播的是使消费者产生特定行为或一定条件下的预期行为的有说服力的产品信息。因此，广告可以成为一种有效的促销手段。广告的基本功能包括以下几个方面。

（1）显露功能

所谓显露，是指广告主通过广告将企业名称、历史以及商品的特征、效用、品牌、价格等信息传达给消费者。广告在消费者心目中留下的某种商品上市或即将上市的印象就是广告的显露功能。

（2）认知功能

广告是消费者初步认识商品的工具。消费者通过广告可以了解商品的质量、特点、用途和价格，并了解购买地点、方式和服务项目等信息。

（3）激发功能

广告是激发消费者购买的诱因。广告作为一种说服性的沟通活动，它能够激发消费者的潜在购买意识，改变偏见和消极态度，影响消费者的购买行为。

（4）引导功能

广告的引导功能有 3 层含义：广告能使新产品、新款式、新的消费意识迅速流行，形成消费时尚；广告可以使消费者在众多的商品中进行比较，有消费选择、考虑的余地；广告可以引导消费走上文明、健康的道路。

（5）艺术与教育功能

出色的广告本身就是一种美好的艺术作品，它不仅可以美化生活环境，而且还能给消费者以美的享受。健康的广告有利于培养文明、道德的消费观念和消费行为，丰富人们的精神生活。

4．广告决策

广告决策主要包括确定广告目标、确定广告预算、确定广告内容、选择广告媒体和评估广告效果 5 个方面的内容。

（1）确定广告目标

这是广告决策的第一步，这些目标必须依据目标市场、市场定位和营销组合等决策确定，广告目标的选择要建立在对当前市场营销情况透彻分析的基础上。所谓广告目标，是指企业广告活动在一定时期内所要完成的特定传播任务。具体来讲，企业的广告目标主要有以下几类。

① 告知信息。告知信息，就是通过广告活动向目标市场提供产品的有关信息，使受众知晓该信息。这种以向目标顾客提供信息为目标的广告被称为告知性广告。它主要用于为新产品打开销路或者开辟产品的新市场，其目的在于激发初级需求。

② 诱导购买。诱导购买，就是通过广告活动突出宣传本企业产品的特色和优点，以说服目标顾客购买本企业的产品。这种以说服和诱导为目标的广告被称为说服性广告。它主要用于产品的成长期，其目的在于刺激选择性需求，促使目标顾客形成对本企业的品牌偏好。

③ 提醒使用。提醒使用，就是通过广告活动不断提醒消费者想起某产品。这种以提醒为目标的广告被称为提示性广告。它主要用于产品的成熟期，其目的在于保持现有顾客对该产品的记忆，或者使他们确信自己所作的购买选择是正确的。

不同的企业，在不同的阶段，具体的广告目标也有所不同，如表 7-5 所示。

表 7-5　　　　　　　　　　　　　　　　广告目标列表

广 告 目 标	目 标 范 畴
提供信息	告知新产品的信息
	建议产品的新用途
	解释产品的工作原理，说明新产品如何使用
	描述所提供的服务
	告知市场产品价格的变化
	纠正错误的产品形象
	减少消费者的担心
	树立企业形象

续表

广 告 目 标	目 标 范 畴
诱导购买	建立品牌偏好
	鼓励消费者进行品牌的转换
	改变消费者对产品属性的认识
	诱导消费者立即购买
提醒使用	提醒消费者近期可能将有需要
	购买地点的提醒
	使消费者在淡季也能记住产品
	维护尽可能高的知名度

（2）确定广告预算

① 制定广告预算应考虑的因素。

制定广告预算应考虑以下几种因素的影响。

（a）产品生命周期阶段。在产品生命周期的不同阶段，所需的广告费用不同。一般来说，投入期需要较多的广告投入，以提高消费者对产品的认知程度；成长期的广告活动频率可以降低，广告费用支出渐次递减而有所侧重，以维持公众对产品的印象；成熟期则需投入大量广告费用，大力进行广告促销，以增加产品的竞争力，维持企业的市场地位；衰退期则应缩减广告费用。

（b）市场份额。一般而言，市场份额大的产品，广告投入应多；市场份额小的产品，广告投入可少一些。但是，如果希望提高品牌竞争力、扩大品牌的市场份额，则要比维持市场份额投入更多的广告预算。

（c）竞争情况。竞争越激烈，越需要大量的广告投入；反之，如果市场上的同类竞争产品较少，广告投入则可以相对少一些。

② 确定广告费用的方法。

（a）比率提取法。比率提取法就是企业依据产值、销售额或利润的适当比率提取广告费。例如，某企业全年的销售额是 100 万元，该企业按 2%的比率提取广告费，则该企业全年的广告费应为 2 万元。比率提取法简便易行，使企业的广告费用能有相应的保证。但这种提取法是根据已经获得的经济效果而不是根据实现未来经济效果的需要来确定广告费用的，这就同广告费用的功能和作用相矛盾。因此，比率提取法主要适用于那些产品组合面较宽、整体经济实力较强的大企业。

（b）贡献提取法。贡献提取法主要指企业的广告费用只能在超出企业目标利润的收入中提取。例如，某企业的产品销售量为 10 万件，全部产品利润为 500 万元，企业目标利润为300 万元，那么该企业的广告费用最多不超出 200 万元。这种提取方法也是比较保守的，考虑的只是企业的目前利益，而不是长远利益。

（c）目标达成法。主要是根据实现未来经济的需要来提取广告费用的方法，即根据某一广告活动的实际需要进行预算，然后根据预算"盘子"的大小来提取广告费用。这种做法能真正为广告活动的开展提供足够的资金，同时也有助于合理地进行广告预算。但使用这种方法的企业必须有较强的经济实力，实际上，一些企业往往将比率提取法和目标达成法结合起来使用。

（d）竞争比照法。企业根据其主要竞争对手的广告费用支出水平来确定自己相应的广告费用。一般来说，企业应尽可能保持同竞争对手差不多的广告费用水平。但企业除在特殊情况下，一般都不愿意因过多地增加广告费用来刺激其竞争对手，而只希望能使自己的广告费用同竞争对手保持平衡，这就是竞争比照法的依据。

（3）设计广告信息

广告信息的设计需要创造性和艺术性，这是广告取得成功的重要保证。信息设计主要包括确定信息内容、设计表达结构、设计表达形式和选择信息发送者。

① 确定信息内容。在广告活动中，企业必须清楚为了使广告受众产生预期的认识、情感和行为反应，应该对他们说些什么，也就是广告应该向受众传达什么样的信息内容。信息内容也称广告主题或广告诉求，一般来说，信息内容有理性诉求、情感诉求和道德诉求3种。

② 设计表达形式。设计信息的表达形式，就是选择最有效的信息符号来表达信息内容和信息结构。广告信息的表达形式往往受到媒体特性的制约。首先，不同媒体所能传播的信息符号有所不同，例如印刷媒体不能传递声音，广播媒体不能传播"文字"或"图像"。其次，广告媒体制约着信息表达的时间与空间，例如，广播、电视有时间限制，报纸、杂志有版面限制。

因此，在设计信息的表达形式时，必须采用与媒体相适应的信息符号，选择与一定时间和空间条件相适应的信息表达形式。同时，要注意表达形式的个性化和艺术化，增强广告的特色和审美价值，从而增强广告信息的吸引力和传播效果。

E&P 举例与实践

制作广告标题的实践方法

常见的广告标题类型有以下几种。

① 新闻式：指采用新闻标题和导语的写法、形式的广告标题，为了加强广告的新奇性和可信性，把广告信息作新闻处理。常用词汇有新、最新、发现、推出、首次、目前、现在、消息等。例如，新飞绿色通道服务活动新鲜出炉。

② 问答式：使用得最广泛。它是一种通过提问和回答的方式来吸引受众注意力的表现形式。它的常用词汇和句式是"难道……?"、"它是……?"、"谁不愿?"、"谁能?"、"怎么样?"、"为什么?"、"怎能?"等。例如，IBM e-business Starter 杂志广告："谁能帮您轻松建立动态网站，从此一劳永逸? —— 新一代动态网站设计师 e-business Starter Kit，在此听命!"

③ 承诺式：也称许诺式、利益式。其主要特点是在标题中就向受众承诺某种利益和好处。常用词汇大致有免费、定能、优惠、美丽、气派、方便、减价、附赠等。例如，KMB通天巴士杂志广告：KMB通天巴士载你到世界每个角落。

④ 故事式：也叫叙事式或情节式标题，类似于一则故事的题目，在标题中提示或暗示故事的发生和情节的展开，吸引读者。例如，每当我看见沙漠中的绿洲，就会想起长岭——阿里斯顿。

⑤ 对话式：采用对话的形式来表现广告信息，其最大特点是具有场景感、现实感和生活感。

⑥ 假设式：在广告标题中提出某种假设，同时据此提出某种结果。主要特点是为了运用假设引起受众的注意，并督促他们产生相关的思考和行为。例如，获得 1994 年第 21 届日本海外广告奖报纸广告奖金奖的松下电器国际牌"省思篇"系列："如果有一天，你聆听的只剩下这样的音符。如果有一天，水中的世界不再有鱼类生存。如果有一天，地球只剩下这样的植物。"以环保作为广告表现主题来表现国际牌随身听、国际牌画王电视机、国际牌水果榨汁机的产品优势。

⑦ 解题式：围绕企业或商品的品牌名称或产品名称而形成的标题形式，有 3 种表现：把企业或商品的品牌名称拆开来进行解释；将商品的品牌名称在上下句子中反复出现，使品牌名因位置的变化而产生新的含义和新的内容；用注解的方式来表现广告主题。例如，E-mail 名牌就是 @163.net。

⑧ 赞美式：也叫炫耀式、夸耀式，就是在标题中直接地赞美、夸耀甚至炫耀广告中企业、商品、服务的特征、功能、有效性。例如，健力士啤酒杂志广告：非常共鸣、清新喜悦、话题不绝、特醇健力士。

⑨ 否定式：在汉语语言环境中，否定词和否定句式的运用，可在一般的陈述的前提下进一步加强语气，使语言获得一种张力，体现出传播者的坚定和自信。例如，白兰氏鸡精杂志广告：虽然我们肤色有别，但绝对不含人造色素。

⑩ 实证式：用证言和数字的形式进行表现的广告标题。因为它具有实证性，用名人或消费者的证言、用科学而可靠的实证性数据，能获得受众的注意和信赖。例如，1、2、3、4，胃必治。

⑪ 修辞式：运用各种修辞方式而形成的广告标题的类型，几乎常用的修辞方式都可以运用。例如康柏台式机、服务器平面广告，如图 7-5 所示。广告标题：言必信，行必果——孔子。

图 7-5 康柏电脑平面广告

广告正文：

日月运行，亘古不变，

媲美康柏，信守如一的服务承诺。

一但您获得了康柏扩展服务，

我们将在第 1 个工作日内给您的需求予以回复。

并保证在第 5 个工作日内圆满为您解决问题。

③ 选择信息发送者。广告的说服力还受信息发送者的影响。广告受众对信息发送者越信任，广告的说服力就越强。信息发送者的可信性主要来源于专业知识、可靠性和性格魅力 3 个方面。例如，人们容易接受医生对药品的推荐，这是因为医生具有专业知识；人们容易

相信和接受名人对产品的推荐，这是因为名人具有某种特殊的人格魅力。

（4）选择广告媒体

① 广告媒体的特点。广告媒体是企业向目标顾客传递信息的载体，是广告宣传所使用的物质手段。广告媒体的种类很多，主要包括报纸、杂志、广播、电视、直接邮寄、户外广告等。可以说，在现代社会中，只要是能对人的观感产生影响的物体都可能成为广告媒体。

（a）报纸。报纸是一种与社会具有广泛联系的大众传播工具。选用报纸做广告的优点是读者广泛，信息传递迅速，便于说明，制作灵活和费用适中等。企业必须根据不同报纸的效果和财力进行选择。

（b）杂志。杂志的优点是权威性较高，能加强广告的说服力；专门化程度高，能提高广告的针对性；印刷精良，能增加广告色彩；可读性强，重复宣传效果好。缺点是缺乏灵活性，周期长，发行量有限和读者面窄。

（c）广播。广播是一种通过听觉产生效果的广告媒体。其优点是迅速、及时，传播范围广，安排灵活，制作简单，费用低廉；缺点是时间固定，表现手段单调。

（d）电视。电视是一种具有视、听、读综合效果的广告媒体。其优点是具有强烈的感官刺激，接近现实生活，能产生高度吸引力，传播范围广，老少皆宜，表现手法多样，形式丰富多彩。电视广告的主要缺点是选择性小，广告时间短，易受其他节目干扰，费用高。

（e）网络。随着 Internet 的发展，网络广告越来越得到广泛的运用。全球 500 强企业几乎都在环球网上注册了网址。目前，中国也逐渐重视网络广告的作用，越来越多的企业采用了上网做广告的形式。网络广告的主要优点是速度快，制作成本低，跨越时间、空间限制，动态及时，反馈的可测性高，与消费者的互动性强。缺点是如果网站点击率还不高，使得宣传范围受限；技术含量要求高。

② 选择广告媒体应考虑的因素。企业在选择广告媒体时，除了要考虑各种媒体的特点以外，还应考虑以下几个基本因素。

（a）企业对广告信息传播的范围、频率和效果的要求。

（b）目标受众接触传播媒体的习惯。

（c）广告产品的特点。

（d）广告信息内容的特点。

（e）媒体的成本和企业支付能力。

（5）评估广告效果

评估广告效果的目的在于了解消费者对广告理解和接受的程度，以及广告对产品推销所起的作用。

① 广告传播效果评价。衡量广告传播效果主要是利用以下指标。

（a）接收率。接收率指接收某种媒体广告信息的人数占该媒体总人数的比率。

$$接收率 = \frac{接收广告信息的人数}{接触该媒体的总人数} \times 100\%$$

接收率往往只是指接收信息的广度，为了全面评价广告传播效果，还应使用深度指标。

（b）认知率。认知率是指接收到广告信息的人数中，真正理解广告内容的人所占的比率，这一指标真正反映广告传播效果的深度。

$$认知率 = \frac{理解广告内容的人数}{注意到此广告的人数} \times 100\%$$

② 广告促销效果评价。广告的促销效果比传播效果更难测量，因为除了广告因素外，销售还受到许多其他因素的影响，如产品特色、价格等。这些因素越少，或者越是能被控制，广告对于销售的影响也就越容易测量。所以，采用邮寄广告方式时广告销售效果最容易测量，而品牌广告或企业形象广告的销售效果最难测量。人们一般利用以下办法来衡量广告的促销效果。

（a）广告增销率。广告增销率是一定时期内广告费的增长幅度与相应期销售额的增长幅度之比较。其公式为

$$广告增销率 = \frac{销售增长率}{广告费增长率} \times 100\%$$

（b）广告费占销率。广告费占销率指一定时期内企业广告费的支出占该企业同期销售额的比例。这也是一种通过广告费和销售额的比较来反映广告促销效果的方法。

$$广告占销率 = \frac{广告费支出}{同期销售额} \times 100\%$$

以上评价方法都有一个共同的前提，即测试期内其他影响因素无明显变化，否则会影响测试的精确性。若一些常规因素的影响不可避免（如销售淡季、旺季变化），可根据变化规律设置某些调整系数，当然也可以将具有周期性变化规律的时期作为一个测试期（如一年）来进行测试和比较。

③ 广告形象效果评价。广告形象效果评价是对广告所引起的企业或产品知名度和美誉度的变化情况所进行的检测和评价。广告效果并不仅仅反映在对产品销售的促进方面，因为尽管有些消费者接触了广告后并不马上会产生对产品的购买欲望，但毕竟会给他们留下一定的印象，这种印象可能导致将来产生购买欲望。

企业形象一般用知名度和美誉度两项指标来衡量，通过广告前后对固定对象的调查，可了解企业形象的变化。

7.5 营业推广策略

1. 营业推广的含义

营业推广又称销售促进，是指为刺激顾客需求、鼓励购买行为而采取的各种促销形式，包括代价券、奖券、竞赛、附带廉价品等。

2. 营业推广的特点

营业推广与人员推销、广告及公共关系相比，有以下几个显著特点。

第一，针对性强，促销效果明显。营业推广是一种以激励消费者购买和经销商经营的积极性为主要目标的辅助性、短暂性的促销措施。营业推广的对象直接针对顾客、经销商或推销人员。营业推广一般都是通过提供某些优惠条件调动有关人员的积极性，刺激和引诱顾客

购买，因而营业推广见效快，对一些消费者具有较强的吸引力。

第二，非规则性和非经常性。人员推销和广告都是连续的、常规的促销形式，营业推广是一种非人员的促销形式，但其活动方式与广告、公共关系不同，大多数营业推广方式是非规则和非经常性的，它只是辅助或协调人员推销和广告宣传的补充性措施。

第三，短期效果。营业推广往往是企业为了推销积压产品或尽快地批量推销产品，以获得短期经济效益而采用的措施。但这种促销方式的效果往往也是短期的，如果运用不当，容易使顾客产生逆反心理或使顾客对产品产生怀疑。这种做法有时会降低产品的身份和地位，从而有损产品或企业的形象。因此，选择营业推广形式时应慎重。

第四，形式多样，应用普及。

3．营业推广的方式

（1）对消费者的营业推广方式

这是生产商以最终消费者为对象而施行的营业推广方式，经常使用在新产品开拓市场时或现有产品需要掀起销售高潮时。其常用的方式有以下几种。

① 赠送样品。即免费让消费者试用产品，通过亲身试用，使消费者领略到产品的好处和实际利益，从而迅速接受新产品，成为新产品的购买者。

② 购买奖酬。购买一定数量商品即可获得奖金和奖品。

③ 组合销售。将新产品与原有产品配套出售或将有连带关系的产品包装在一起出售，但价格略低于单件分别出售的价格。

④ 试用品尝。现场请消费者试饮饮料、品尝食品等。

⑤ 折价优待。由广告或商品包装发送的折价优待券，凭券到指定商店购买该商品，即可获得一定的价格优惠。

⑥ 以旧换新。将以前购买的同品牌的老产品或别的品牌的同类产品折价，再加上一定数量的现金即可换购该品牌的新产品。

⑦ 廉价包装。包装注明统一折价率，购买时按折价率付款；或包装上注明该包装是加大容量的包装；或购买时另赠送小容量包装的商品。

⑧ 抽奖。购买一定数量商品即可获得奖励券，凭奖励券数目的多少可换领不同价值的商品。

此外，还有现场展销、购物赠品、分期付款、特价优惠等方式。随着市场经济的不断发展，国际上通行的一些营业推广方式也会逐渐被国内企业推广应用。

（2）对中间商的营业推广方式

① 免费提供陈列样品。经销商在向顾客推销商品时，需要有样品在柜台或橱窗陈列。如果生产商不予免费提供，则经销商就会减少甚至不陈列样品，这样就会减少许多成交机会。

② 推广资助。一般推广资助采取的方式有：按订货量或销售额的多少发放推广津贴，专门供其进行推广所用；与经销商联合推广，如联合做广告或联合展销等，费用双方按比例分摊或全部由生产商承担；为经销商提供推广指导，如提供广告样板、专橱（专柜），提供推广所用的材料、展品等。

③ 销售竞赛。由生产商在许多经销本企业产品的经销商中发起销售本企业产品的竞赛，对优胜者给予奖金或奖励。

④ 协助经营。由生产商对经销本企业产品的经销商以提供人员培训、派员指导、举办经营研讨会、提供经营手册、发放经营简报等形式，帮助和促进经销商经营效率的提高。

⑤ 发放刊物和邮寄宣传品。由生产商定期出版并向经销商免费发放有关企业生产情况及产品经营销售情况的刊物，供其了解情况，学习经营经验，提高经营效率。同时，经常向经销商邮寄广告宣传品、产品目录、样品手册等，也是较多采用的方式。

（3）对推销人员的营业推广方式

① 推销竞赛。在推销人员中举行推销竞赛活动，对优胜者给予奖励、奖金或授予某种荣誉称号，以激发士气和提高积极性。

② 推销津贴。对推销人员按完成推销量的多少发放数量不等的津贴或奖金，以激励推销人员的工作热情。

营业推广活动的类别如表7-6所示。

表7-6　　　　　　　　　　　　营业推广活动的类别

活 动 对 象	手　段	活 动 方 式
针对消费者	新产品	样品
		赠券
	旧产品	打折
		赠品
		消费者竞赛
针对中间商	激励	打折
		竞赛
	协助	教育训练
		共同举办活动
针对业务员	激励	竞赛
	协助	教育训练
		推销工具

4. 营业推广的策划

开展营业推广活动，必须进行精心的策划，具体包括以下内容。

（1）确定推广目标

企业应当根据目标市场的特点和总体营销策略来确定推广目标。首先，要确定以谁为推广对象，是消费者、中间商，还是推销人员；其次，要确定期望通过营业推广促使推广对象作何反应；最后，根据推广目标确定采用何种营业推广方式。

（2）确定诱因大小

在营业推广活动中，要想获得一定的促销效果，必须提供一定的诱因（刺激物）来刺激顾客需求。但当诱因增大到一定程度以后，其刺激效率将会递减。由于诱因大小是与推广费用成正比的，因此，必须研究推广费用与销售反应之间的关系，以获得最佳的推广效率为原则，来确定合理的诱因水平。

（3）确定推广途径

即确定通过什么样的具体途径来传递营业推广信息或分发刺激物。例如，实行折旧优惠就可以通过在产品包装内分发优惠券，或者邮寄优惠券，或者通过广告传递折价优惠的信息等多种途径来实现。不同的途径，其推广效果、推广范围和推广成本也不一样。例如，包装只能吸引接触过产品的顾客，邮寄可以向特定的顾客推广，广告有利于大范围快速传递。

（4）确定推广时间

一是要选择推广时机。营业推广时机选择得好，能起到事半功倍的效果。例如，对于节假日需求量大的商品，应选择节假日即将到来的适当时机进行推广活动。

二是要确定推广的持续时间。持续时间过短，会使一部分潜在顾客来不及购买；持续时间过长，会给消费者造成变相降价的印象，其吸引力会逐步递减，失去刺激消费者立即购买的作用。

总之，应当利用最佳的市场机会，有恰当的持续时间，既要有欲购从速的吸引力，又要避免草率从事。

（5）确定推广预算

营业推广的预算可以通过3种方式来制定：一是参照上期费用来决定当期预算，这种方法简便易行，但必须估计到各种情况的变化；二是比例法。即根据占总促销费用的比例来确定营业推广的费用，再将预算分配到每个推广项目。在实行中，各项目所占的比例必须根据情况灵活决定；三是总和法。这种方法和比例法相反，先确定营业推广项目的费用，再相加得到总预算，其中各推广项目的费用包括了优惠成本（如样本成本）和实施成本（如邮寄费）两个部分。

5. 营业推广方案设计

营业推广方案是否缜密在很大程度上决定着促销是否成功。全面、系统的促销活动方案是促销活动成功的保障。制定销售促进方案要考虑活动目的、激励规模、激励对象、活动主题、送达方式、活动时机、广告配合、促销活动安排、费用预算、意外防范和效果预估等内容。

（1）活动目的

要对产品的市场现状、竞争者的经营情况、行业动态、消费者购买行为、企业促销组合等作出分析和判断，结合企业促销组合策略、企业营销战略与营业推广方案的关系，搞清楚市场现状如何，活动的目的是什么：是处理库存还是提升销量，是打击竞争对手还是新品上市，是提升品牌认知度还是美誉度？只有目的明确，才能使活动有的放矢。

（2）激励规模

要想使促销取得成功，一定程度的刺激是必要的。促销活动成功与否，首先要看消费者的反馈和消费者的响应程度。刺激程度越高，引起的销售反应也会越大，但这种效应也存在递减的规律。因此，要对以往的促销实践进行分析和总结，并结合新的环境条件确定适当的刺激程度和相应的开支水平。

（3）激励对象

营业推广方案的制定，一个很关键的问题是促销的对象是谁，活动控制的范围有多大，目标市场是谁，促销目标是什么，要达到什么促销效果，这些将直接影响到促销的针对性和有效性。

（4）活动主题

营业推广方案的主题是促销活动的灵魂，是决定营业推广方式和方法的主要依据。例如，不少商家将折价促销描述为让利、回馈消费者，给消费者的节日礼物。

（5）送达方式

送达方式是指如何将营业推广信息传递给消费者，即采用什么工具和手段更便捷、快速、经济、准确、有效地传递到消费者手中，有多少赠品来邮寄。而这些又涉及不同的接收率和不同的费用开支水平。

（6）活动时机

促销活动的时间和地点选择是决定促销活动成功的决定性因素。从促销的时机看，许多商家往往选择节假日进行促销。从促销的地点看，都会选择人流穿梭或消费者密度大的商业区进行。从促销持续的时间看，市场营销人员还要决定销售促进时间的长短，如果时间太短，则一些顾客无法得到促销带来的利益；如果促销时间过长，则消费者可能认为促销是一种常态行为，而丧失营业推广的吸引力，甚至还会对促销让利产生怀疑。

Q&A 研讨题

营销推广方式案例讨论

某食品集团公司的 A 产品具有市场领导者地位。该集团在推出 B 产品时试图利用 A 产品的影响力来推动消费者对 B 产品的尝试。两个产品的目标消费群是比较接近的。于是，公司设计了一个"集 7 个 A 产品的例子即可免费换取 1 个 B 产品"的促销活动。当时，公司有很大一部分人相信该活动不但能使 A 产品的消费者得到免费品尝 B 产品的好处，而且也会使 A 产品的销量得到提升。活动开展后，结果让人啼笑皆非。每天来兑奖的人并不是他们期望的 A 产品的忠实消费者，而是收破烂的小贩！问："这些标贴怎么得来的？"答："捡来的。"问："换了后准备干嘛？"答："卖给小店。"

讨论：

① 该公司采取了什么营业推广方式？这种方式有何特点？

------

② 该公司的营业推广方案存在哪些问题？应如何进行改进？

E&P 举例与实践

营销推广方案实践

① 门店经营时可以在不同节假日采用不同的促销方案，具体如表 7-7 和表 7-8 所示。

表 7-7　　　　　　　　　门店气氛促销方案——传统节日

节日	时　间	主题陈列	媒体	手招	吊旗	横幅	墙报	海报	广播	节 日 商 品
新年	农历正月初一	✓	✓	✓	✓	✓	✓	✓	✓	年货
元宵节	农历正月十五			✓				✓	✓	鲜花、汤圆
清明节	农历四月初五			✓			✓	✓		乳猪
端午节	农历五月初五	✓		✓			✓	✓	✓	粽子及配料
七夕节	农历七月初七			✓				✓		鲜花、糖果
中秋节	农历八月十五	✓	✓	✓	✓	✓	✓	✓		月饼、烟酒
重阳节	农历九月初九			✓				✓	✓	菊花酒、重阳糕
腊八节	农历腊月初八			✓				✓		腊八粥、清洁用品

表 7-8　　　　　　　　　门店气氛促销方案——现代节假日

节日	时　间	主题陈列	媒体	手招	吊旗	横幅	墙报	海报	广播	节 日 商 品
元旦	1 月 1 日			✓			✓	✓	✓	年货礼品
寒假	1~2 月							✓	✓	文具
情人节	2 月 14 日			✓				✓	✓	朱古力、鲜花
妇女节	3 月 8 日	✓		✓				✓	✓	保健品、女性用品
消费者权益保护日	3 月 15 日			✓		✓		✓	✓	
劳动节	5 月 1 日	✓		✓	✓		✓		✓	旅游用品
母亲节	5 月第 2 个星期天							✓	✓	保健品、康乃馨
儿童节	6 月 1 日			✓				✓	✓	儿童玩具
父亲节	6 月第 3 个星期天							✓	✓	男士用品
暑假	7~8 月	✓		✓	✓			✓		饮料、水果、雪糕、文具
教师节	9 月 10 日							✓	✓	贺卡、文具
国庆节	10 月 1 日	✓		✓		✓		✓	✓	旅游用品
圣诞节	12 月 25 日	✓		✓				✓	✓	圣诞饰品

②　一家罐头公司生产的罐头食品滞销，希望你能帮他们想些办法在尽可能短的时间内将产品销售出去，你有哪些促销建议？（至少 3 个）

7.6　公共关系策略

公共关系是随着市场竞争的日趋激烈、商品生产的极大丰富和市场经济建设的逐步完善而形成和发展起来的一门新兴学科。它对于加强企业的市场竞争能力具有重要的作用。

1．公共关系的含义

公共关系，是指社会组织运用沟通手段使自己与公众相互了解和相互适应，以争取公众的理解、支持和协作的一系列管理活动。公共关系活动有利于树立企业的良好形象，沟通与协调企业内部以及企业与社会公众的各种联系，有利于创造良好的市场营销环境。

2．公共关系的特点

公共关系作为促销组合的一个重要组成部分，与其他方式相比，具有以下特点。

第一，从公共关系目标考查，公共关系注重长期效应。公共关系要达到的目标是树立企业良好的社会形象，创造良好的社会关系环境。实现这一目标，需要企业长期不懈的努力。企业通过各种公共关系策略的运用，能树立良好的产品形象和企业形象，从而能长时间地促进销售，稳固地占领市场。

第二，从公共关系对象看，公共关系注重双向沟通。公共关系的工作对象是各种社会关系，包括企业内部和外部两大方面，企业不是孤立的经济组织，而是相互联系的"社会大家庭"中的一分子，每时每刻都和与其相关的社会公众发生着频繁广泛的经济联系和社会联系。

所谓企业公共关系，就是指要与这些社会公众建立良好的关系，既要了解公众，又要让公众认识企业，愿意购买企业的产品和接受企业提供的服务。

第三，从公共关系手段看，它注重间接促销。公共关系的手段是有效的信息传播，而这种信息传播并不是直接介绍和推销商品，而是通过积极参与各种社会活动，宣传企业营销宗旨，联络感情，扩大知名度，从而加深社会各界对企业的了解和信任，达到促进销售的目的。

3．公共关系的主要内容

对于企业而言，公共关系的主要外部公众由顾客、供应商、竞争者、新闻媒介、金融机构、政府等组成。

（1）与顾客的关系

在市场经济条件下，企业生存和发展的关键在于其产品能否卖出去。要想把产品卖出去，必须有顾客，在企业和顾客之间，存在着共同利益。顾客购买企业的产品，自身的需要得到满足；企业把产品卖出去，收回资金并获得利润，双方的愿望得以实现。由此可见，企业和顾客之间存在着一种合作和依赖的关系。企业为顾客提供了满意的产品和服务，从而使顾客对产品、对企业产生信赖感，成为企业的忠诚顾客。顾客对企业的忠诚是企业的无形资产。顾客的忠诚感可以使其成为企业的忠诚顾客，使企业有一个相对稳定的顾客群。研究表明，寻找新顾客的成本要比维持现有的顾客成本高5倍多。顾客的忠诚使其产生重复购买行为，这会在自身的群体中产生传播效应。

　　因此，企业必须要尊重顾客的态度，认真听取顾客的意见，了解顾客的需要，明确顾客的期望，从而极大限度地满足顾客的消费需要；要加强对销售者的教育与引导，让销售者懂得顾客的正当权益，避免侵害消费者的合法权益；要了解顾客的消费心理，从而根据不同顾客的不同心理，开展有针对性的销售活动；同时，要努力提高销售者的文化素质、业务素质和服务水平，使其能善于用正当的手段拉住顾客。

　　此外，企业也要加强对顾客的教育和引导，及时地让顾客了解组织的产品和服务，扩大组织与产品的知名度，让顾客买到自己所喜爱的商品，并能正确有效地使用。在现实生活中，人们往往愿意购买那些他们了解的、熟悉的、欣赏的东西，组织对消费者进行教育和引导，正是公共关系为销售加入"润滑油"的活动。

　　（2）与供应商、分销商的关系

　　对于大多数企业来说，它不可能也没有必要独立完成从原材料的生产到产品的销售这一全过程，较为普遍的模式是从供应商到企业，再到分销商，直至最终顾客的传统模式，即企业从供应商那里获取原材料，通过分销商销售产品。因为，供应商提供原材料的费用和产品由分销商销售产生的分销费用构成了企业产品的成本。因此，一般认为，供应商和分销商会使企业的收益降低，企业与供应商、分销商之间存在着竞争。但是实际上，企业与供应商、中间商、分销商之间也有共同的利益。在信息社会里，竞争不仅仅是企业之间的竞争，而且是网络之间的竞争。借助于先进的信息系统，供应链中所有的参与者都运用最新的现货销售信息，就是说，供应链中所有的参与者成为信息伙伴，他们实现了信息共享和利益分享，形成了从供应商到企业、再到分销商之间的关系，不仅有竞争，更重要的是有合作，这种合作使各方之间获益最大。

　　（3）与竞争者的关系

　　中国有句俗语，叫"同行是冤家"。同行之间竞争，通常把商场比作战场。事实上，竞争者之间可以建立起双赢的关系，而不一定都是战争关系。竞争者合作，可以使合作各方获得更多的利益。其合作形式，可以是在某一特定营销活动内容上的水平合作，如两个或几个企业联合开发某一新产品；也可以是在不同营销活动内容上分别承担某一营销活动，最终均赢的垂直合作。竞争者之间的合作还可以通过签订协议实行特许经营，也可以通过组织企业集团来实现。

　　（4）与新闻媒介的关系

　　在现代信息社会，媒介公众有着巨大的影响力。组织建立与媒介公众的良好的关系，对促进企业销售有重要作用，能为企业营销工作创造良好的舆论氛围。一般来说，公众舆论的形成取决于组织、公众和媒介之间的相互关系，以及他们对社会规范的意识。公众是舆论的主体，是舆论的制造者，他们通过媒介来形成对组织有利或不利的舆论。媒介公众长期从事信息传播工作，颇受广大公众信任，成为公众的代言人，是引导和影响民意及造成社会舆论的主要力量。媒介对组织和公众的态度，都直接关系到公众舆论的形成，在公众与组织之间的矛盾和纠葛面前，相对地容易倾向于公众一边。如果组织与媒介公众的关系较好，那么可能就不会形成不利于组织的舆论了。

建立良好的媒介关系，有利于实现与社会公众的有效沟通。组织与公众之间，只有很少的一部分是可以直接面对面接触的，因为许多公众是远距离，大范围、分散存在的，与他们进行沟通的最好手段和途径就是运用大众传播。然而，大众传媒不由企业内部的公关人员控制。组织的有关消息能否被大众传媒所报道，以及报道的时机、频率，角度等，决定权在媒介公众。除非花钱做广告，否则企业对大众传媒的使用必须通过媒介公众的协助才有可能实现。特别是新闻宣传、专题报道这种免费宣传形式，完全是借记者、编辑的口和笔来进行的。这种传播，若没有良好的媒介公众作基础，是不可能进行的。

4．公共关系活动形式

（1）发现和创造新闻

企业要积极主动地、经常地与新闻界保持联系，了解新闻报道的重点及新闻动向，并经常、及时地向新闻界提供具有新闻价值的本企业信息。同时，公关人员要善于发现和创造对组织及其产品有利的新闻，以吸引新闻界和公众的注意，增加新闻报道的频率，从而扩大企业及其产品的影响和知名度。

（2）介绍情况、回答问题和发表演讲

企业营销人员要利用各种场合、各种机会，灵活地运用公共关系与语言艺术，及时地介绍企业及其产品情况，回答公众关心的问题，或者在有关业务会议上发表演讲。这也是提高企业及其产品知名度的一种有效形式。

（3）参与社会活动

企业积极参与社会活动和支持公益事业，如赞助文化、体育活动、捐资助学、扶贫、救灾等，能够树立企业关心社会公益事业、承担一定的社会责任和社会义务的良好形象，有利于提高企业广告宣传的影响面和影响力，有利于建立与其他社会组织的友谊和感情，有利于赢得公众的好感和信任。

（4）策划专门性公关活动

企业根据营销活动的需要，可以安排一些特殊的事件来吸引公众对自己和自己产品的注意。例如，可以通过召开新闻发布会、研讨会或展览会，举行某种庆典活动等。这是企业与其他组织和社会公众沟通信息、交流感情的好机会，是企业信息迅速、广泛传播的有效途径。

（5）导入 CIS

所谓 CIS，是企业形象识别系统（Corporate Identity System）的简称。导入 CIS，就是综合运用现代设计和企业管理的理论和方法，将企业的经营理念、行为方式及其个性特征等信息加以系统化、规范化和视觉化，以塑造具体的可感受的企业形象。企业可以通过一定的媒体来传播这种视觉化的形象，例如，将代表其形象的视觉符号（色彩、字体、图案、符号等）印制在企业的建筑物、车辆、制服、业务名片、办公用品、产品包装、文件、招牌等上面。通过导入 CIS，可以更具体、详细、直观地表达组织形象，它的传播也比较容易被公众所接受，也使公众对组织形成一个比较完整、系统的印象，有利于扩大组织知名度，形成良好的组织形象，从而促使社会公众认同企业形象，接受企业的产品。

（6）散发宣传材料

企业可以制作各种宣传资料广为散发和传播，向公众传递有关企业及产品的信息。宣传资料可以是印刷资料，如企业宣传册、年度报告、企业刊物等；也可以是音像资料，如幻灯片、录音带、录像带、光盘等。

5．公共关系活动的基本程序

公共关系活动的基本程序包括公共关系调查、公共关系计划制定、公共关系实施、监测与反馈。

（1）公共关系调查

它是开展公共关系工作的基础和起点。通过调查，了解和掌握社会公众、企业内部公众、消费者和用户、竞争者以及合作者对企业产品、品牌、形象的评价和反应，为企业提供系统的环境监测服务。

（2）公共关系计划制定

公共关系是企业长期性和战略性的促销工作，公共关系计划以公共关系调查为前提，合理的工作计划、可行的工作方案是公共关系工作顺利、高效开展的重要保证。公共关系计划的内容主要包括以下几个方面。

① 确定目标。

② 明确公共关系主体。

③ 确定目标公众。

④ 设计公共关系项目方案。

⑤ 选择公关策略的实施时机。

⑥ 公关宣传整合。

⑦ 经费预算。

（3）公共关系实施

为保证公共关系实施的效果，首先必须制定周密的实施方案。实施方案是计划中的安排，公共关系的实施是对公共关系计划落实的具体行为。

① 制定特别行动和沟通方案。公共关系总是围绕特定的目标公众而展开的，因此，必须对每一类目标公众制定特别行动方案，同时，在信息的选择、编排组配和媒介的选择上要具有针对性。

② 分配责任与任务。责任明确，实施才有保障，同时便于检查监督、控制与调整以及事后评估。

③ 时间与进度安排。

④ 预算经费分配。

⑤ 公共关系计划与实施方案培训。明确公共关系的主旨、计划和实施方案，重点在每个人的职责、各岗位间的工作衔接。同时通过培训，进一步检验公共关系计划和实施方案，补充和修改方案中不完善的部分。

⑥ 实施控制与评价。事前检查，实施管理与控制，事后评价总结并制定和实施弥补方案。

6. 危机公关

危机是突然发生的危及组织生存和发展的严重恶性事件，各种社会组织都可能因为主观或客观因素的变故，而发生防不胜防的危机。危机根据引发因素的心理属性分为：由主观因素引起的危机，多由于观念与意识的疏忽使管理不到位所造成，如学生食堂食物中毒、大桥偷工减料倒塌，等等；由客观原因引起的危机，即意外的天灾人祸，如火灾、水灾、疾病疫情等；由于公众的误解引发的危机，如新闻批评、舆论危机等。

（1）危机的特征

① 突发性，难以预料。

② 破坏力强，危害造成的损失往往难以估计，例如"9·11"恐怖事件危机。

③ 来势迅猛，冲击力强大。

④ 舆论关注。一旦出现，马上成为媒介关注的焦点与公众舆论的中心。

（2）企业公共关系危机分类

企业内部公共关系危机，包括员工危机、股东危机；企业外部公共关系危机，涉及政府、社会公众、消费者与用户；环境危机，包括竞争环境、合作环境。

（3）几种典型的企业公共关系危机

① 经营危机。产品、价格、渠道、宣传促销策略出现严重失误。

② 信誉危机。不讲诚信、缺乏商誉给企业带来的信誉危机，往往给企业造成毁灭性打击。

③ 形象危机。由于形象设计、品牌名称等与文化相冲突而引发的危机。

④ 行业危机。行业遭遇突发的政策管制或天灾，对行业造成打击。

（4）危机应对技巧

① 以浅显文字，诚实地公布事件发展情况。

② 对媒介与社会公众保持诚信，及时互动。

③ 主动、充分地告知政府官员。

④ 不要心存侥幸，要做最坏的打算，从最糟的结局开始。

⑤ 寻找第三方的有力支持。

⑥ 从大众利益的角度提供信息。

⑦ 关心相关者，如内部公众和合作伙伴等。

⑧ 积极协助和配合媒介，以开放的态度面对。

第二部分 工 作 页

实践活动 22：寻找适合企业产品的促销方式

（1）回答下列问题，并根据你对某企业产品的分析选择最适合的促销组合。

① 本产品属于什么类型的产品？处于怎样的生命周期？适合于什么促销方式？

---

② 在本阶段企业促销的目标是什么？适合于什么样的促销方式？

---

③ 本企业主要的促销对象是谁（消费者还是中间商）？适合于什么促销方式？

---

④ 本产品目标市场的范围大小？规模大小？集中度与分散度？适合于什么促销方式？

---

⑤ 企业规模怎样？本年度的促销预算是多少？适合于什么促销方式？

本小组选择的促销组合：

（2）测试一下你对下列问题的观点或者答案，以此来判断你对于促销策略的理解和其意义的认识。

① 拉动策略适用于价格高，专业性强，使用方法及性能比较复杂，目标市场集中，销售渠道短，销售面窄的生产资料产品。

---

② 广告的传播对象是大众而非个体。

（3）案例分析。

促销有奇招

有一天，在一条平素冷清的街道上，一家很不起眼的小店门口，显得热闹非凡。这是一家经营强力胶水的小店，这天在店堂里当着众多顾客和摄像机镜头，店主右手拿起一瓶胶水，左手拿起一枚金币，先在金币背面涂上一层薄薄的胶水，又在店堂一面光洁的墙面上也均匀地涂了一处，略等片刻，便把金币往墙上一粘，然后，他环顾四周，大声宣布："这块金币是本店特意定制的，价值 4500 美元，现在已用本店出售的强力胶水粘在墙上，如果哪位先生能用手把它揭下来，这块金币就归他所有了！"人群顿时骚动起来，人们一个接一个满怀自信地上去试运气，又一个个心有不甘地退下来，连一位气功师也无可奈何。从此，这家小店的强力胶水名声远扬，天天门庭若市。

问题：

① 本案例中所采用的是哪一种促销方式?

② 请对此种促销方式谈谈你的看法。

实践活动 23：制定公共关系传播策略

要求:请根据你最熟悉的企业将要推出的产品或服务的特点,做一次产品或服务的公共关系传播策略的策划活动。

1. 传播背景

---

2. 传播对象

---

3. 传播目的

---

4. 传播主题

---

5. 媒体策略

（1）媒体投放目标。

_____

_____

_____

（2）媒体选择。

电视：

_____

_____

_____

选择理由：

_____

_____

_____

杂志：

_____

_____

_____

选择理由：

_____

_____

_____

报纸：

_____

_____

_____

选择理由：

_____

_____

_____

户外：

_____

_____

_____

选择理由：

_____

_____

_____

（3）传播执行。

类　别	新　闻　稿
拟用名称	
主要内容	
完稿时间	
媒体方向	

类　别	产品功能稿
拟用名称	
主要内容	
完稿时间	
媒体方向	

类 别	市场综述稿
拟用名称	
主要内容	
完稿时间	
媒体方向	

6. 年度公关传播活动规划

时 间	常规促销活动	主题促销活动	备 注

7. 媒体投放预算分配

媒 体 类 型		预 算 比 例	实际金额（万元）
电视	央视		
	省级地方电视台		
	小计		
杂志	时尚类杂志		
	专业类杂志		
	商业类杂志		
	小计		
报纸	全国性媒体		
	地方性媒体		
	小计		
户外	高速路上大型看板		
线上媒体	建立互动网站		
	门户网站		
	小计		
合计			

实践活动 24：策划促销活动方案

要求：针对新的《全国年节及纪念日放假办法》，一年中共有 7 个法定假期，请从中选择一个假期为你的产品或服务策划营销方案。

1．活动背景

2．促销时间

3．促销主题

4．促销活动安排

根据调查，_____%消费者认为"特价促销"最有吸引力，_____%消费者认同"赠送促销"，其次，消费者对免费使用、优惠券、抽奖等促销方式也较感兴趣。为此，我们决定本次促销活动可以采用以下方式：

（1）_____；

（2）_____；

（3）_____；

（4）促销宣传安排。

① 广告宣传。

项　目	总　量	要　求	作　用	费用预算

② 商品展示宣传。

_____

_____

_____

_____

_____

_____

_____

5. 促销费用预算

_____

_____

_____

_____

_____

_____

6. 促销实施进度安排

促销活动实施进度

时　　间	工　作　布　置	负　责　部　门

本任务实践活动心得：

项目三　让顾客满意营销综合实践

任务八　水晶项链生产营销实践

任务说明：

① 根据班级人数多少和班级特点状况，可以按照生产流程组成 5~7 个生产车间，每个车间 4~6 个人；也可以采用矩阵结构，8~10 人组成一个企业，共组成 3~5 个企业，每个企业组成生产车间、质量检验部门、经理等。

② 在练习过程中，对于步骤和要求，事先可不公布细目，只要求"顾客满意"的总目标，如何达到此目标，学生可以设计、策划，在实践过程中创新和探索。

③ 对于是否满足顾客品味及风格的考评，可以由指导教师随机选择若干不相关的教师和学生，对产品进行喜好程度打分，准备评分表格。

④ 可以根据时间，增加或减少练习项目。

第一部分　综合实践描述

8.1　课程说明

综合实践可用于"市场营销"、"管理学基础"、"生产运作管理"、"变革管理"、"顾客完全满意"等课程的辅助综合练习，可以进行完整的综合训练，也可以进行拆分，针对某课程或某部分进行练习，达到某一种或某几种技能训练的目的。综合实践内容包括：

- 采购部门进货，以保证顾客和市场需要；
- 设计、策划部门如何设计产品使顾客满意；
- 生产部门如何生产高质量产品达到顾客标准；
- 质量检验部门制定以顾客满意为基准的质量标准；
- 经理：以顾客为核心，协调各部门工作，满足顾客需要；
- 核算成本，计算毛利；
- 反馈顾客及市场信息；
- 运用分析工具，分析缺陷和差距；
- 提出方案和改进措施；
- 变革管理：生产作业流程再造。

8.2　训练目的

- 针对目标顾客，设计产品；

- 生产符合质量标准的产品，让顾客满意；
- 根据顾客和市场要求，制定产品价格并销售；
- 对顾客及市场进行反馈；
- 根据顾客和市场反馈，寻找缺陷和差距；
- 改进方案，完善措施。

8.3 课程设计

1. 生产流程（见图 8-1）

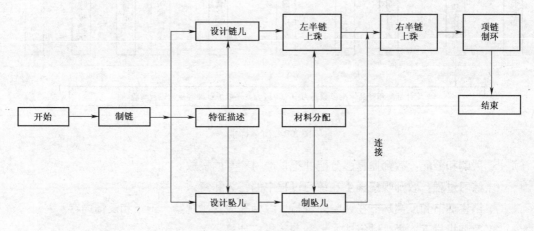

图 8-1 生产流程图

2. 主要步骤

① 细分市场，区分目标顾客。

② 针对目标顾客群，对产品进行颜色、形状、规格、尺寸等描述。

③ 生产产品，过程与质量控制，达到顾客满意标准。

④ 制定产品价格。

⑤ 销售。

⑥ 市场与顾客反馈。

⑦ 分析缺陷与差距。

⑧ 提出改进方案。

3. 质量标准（见图 8-2）

8.4 教师指导过程

① 准备设备及材料：生产原材料、剪刀（若干）、软尺（若干）、白桌布（若干）、A4 纸和笔（若干）。

② 说明：教师将本次练习目标进行说明。

③ 讲解：教师将生产过程和练习步骤进行讲解并示范。

④ 探讨：学生根据目标和操作步骤，进行规划、部署、分工和实现目标的其他准备。

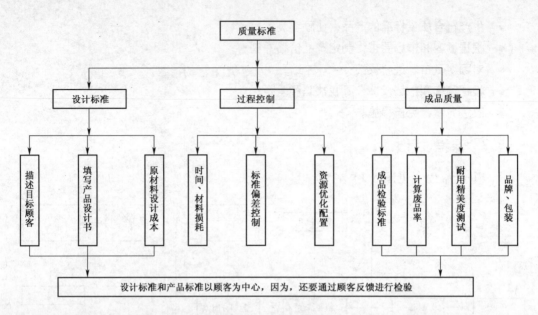

图 8-2　质量标准

⑤ 采购和分配：教师监督、分配并记录原材料等的发放。

⑥ 练习过程：教师观察学生在练习过程中的行为和意识，并做记录。

⑦ 销售环节和反馈环节在课堂外进行，教师事先安排观察、记录和反馈内容。

⑧ 教师指导下，学生进行成本、利润等指标计算。

⑨ 教师引导学生对所做练习进行反馈，并进行正确指导。

⑩ 教师指导学生使用分析工具，查找缺陷和差距，提出改进方案。

8.5　考核方法

1. 考核总评

满分 50 分。

2. 考核方法

考核方法如表 8-1 所示。

表 8-1

考 核 项 目	分　数	实 际 分 数
目标顾客定位：	总分 10 分	
市场调查	4	
确定目标顾客	4	
顾客描述	2	
产品合格率：通过质检产品数/产品生产总数	（总分 5 分）	
废品率：未通过质检产品数/产品生产总数	（总分 5 分）	

续表

考 核 项 目	分　数	实 际 分 数
销售产品数量：	（总分 8 分）	
销售额：销售产品数量×价格	总分 6 分	
反馈评分表格：	总分 8 分	
外观受目标顾客喜爱的程度	2	
颜色受目标顾客喜爱的程度	2	
品味与风格受目标顾客青睐	2	
品牌认可度	2	
独特性、创新性：	总分 8 分	
设计独特	2	
生产、过程控制、资源组合创新	4	
其他创新	2	

第二部分　工　作　页

实践活动 25：描述目标顾客

学生根据所学知识，针对某一类细分市场进行描述，例如，可通过列表方式对所选目标顾客的年龄、性别、职业、收入、地域、习惯等进行特征描述。

1．市场细分

（1）分析选择细分参数，填写在表 8-2 中。

表 8-2

参数一＼参数二				

（2）对目标顾客的年龄、性别、职业、收入、地域、习惯等进行特征描述。

实践活动 26：填写产品设计说明书

具体要求如下。

1．生产过程控制

在生产过程中，一方面会造成有些原材料报废损失，另一方面，还可能出现浪费，例如，边、角材料和原材料限制与闲置。应列表具体记录原材料的使用情况。

2．标准偏差控制

保证质量包括：链长 45～50cm，左右半链应一样长，约为 20cm，坠儿应在正中心，线的连接应紧密、牢固，接头应尽量小等。

3．资源优化配置

考虑时间成本、材料成本和质量标准，对每个环节人员组合、生产流程的顺序以及不降低满意度情况下降低成本的方法等进行调整。

4．符合成品检验标准

包括内部质量部门检验和外部目标顾客检验。

（1）内部质量部门检验

① 链长：45～50cm。

② 左右链对称性：左右水晶球对称；左右装饰球对称；左右链的长度一致；左右水晶的搭配一致；左右水晶颜色一致。

③ 坠儿是否在中心位置。

④ 线的连接牢固度。

⑤ 连环的连接与稳固度。

⑥ 接头是否尽量小。

⑦ 佩戴的舒适度和安全度。

（2）外部目标顾客检验

① 颜色是否接近或满足符合目标顾客的要求。

② 做工精美度是否达到顾客要求。

③ 耐用度是否达到顾客要求。

④ 价格是否符合目标顾客要求。

⑤ 是否考虑目标顾客的品位与风格。

⑥ 销售过程的技巧和态度。

设计产品的依据来源于目标顾客，而不是表格本身，因此，填写表 8-3，必须充分调查目标顾客，反馈目标顾客的信息，准确分析目标顾客对产品的喜好。

表 8-3

产品品牌/名称	规格/尺寸	颜　色	功能要求/产品构成	设 计 说 明

实践活动 27：优化产品成本

1．原材料价目表（见表 8-4）

表 8-4　　　　　　　　　　　　　　　　　　　　　　　　　　（单位：元）

种　　类	用　　途	尺　　寸	颜　　色	形　　状	价　　格
水晶	穿链	3mm	白/蓝/黄/绿/黑/红/紫/棕	◇	0.3
水晶	穿链	4mm	白/蓝/黄/绿/黑/红/紫/棕	◇	0.4
水晶	穿链	5mm	白/蓝/黄/绿/黑/红/紫/棕	◇	0.8
水晶	穿链	6mm	白/蓝/黄/绿/黑/红/紫/棕	◇	1
水晶	穿链	8mm	白/蓝/黄/绿/黑/红/紫/棕	◇	1.5
水晶坠儿	做坠儿	大	蓝/绿/粉/红/白	水滴	1.5
花样托	托	大	银	—	0.2
普通托	托	小	银	—	0.1
鱼线	链	—	黑		1
扣	扣	—	银		2

2．填写产品成本表（见表 8-5）

表 8-5

原材料名称	颜　色	规格/尺寸	形　状	数　量	单　价	金　额

实践活动 28：绩效效验

1．指标效验（见表 8-6）

表 8-6

绩 效 项 目	结 果 效 验
产品合格率：通过质检产品数/产品生产总数	
废品率：未通过质检产品数/产品生产总数	
销售产品数量：（每类产品分别计算）	
销售额：销售产品数量×价格（分别计算后汇总）	

2．绩效考核（见表 8-7）

表 8-7

考核项目	顾客反馈	自我考核	教师考核
外观受目标顾客喜爱的程度			
颜色受目标顾客喜爱的程度			
品味与风格受目标顾客青睐			
品牌认可度			
独特性、创新性（产品设计是否独特；生产质量以及时间和费用成本的控制情况；资源组合创新情况）			

本任务实践活动心得：

参考文献

[1] 张丁卫东. 营销策划：理论与技巧[D]. 北京：电子工业出版社，2007.

[2] MBA 智库百科 (http://wiki.mbalib.com).

[3] 吴建安. 市场营销学[D]. 北京：高等教育出版社，2007.

[4] 慧聪网纺织行业频道，http://www.hc360.com.

[5] 中国服装网 (http://www.efu.com.cn).

[6] [美] 亚历山大·汉姆. 如何做好市场营销[M]. 北京：企业管理出版社，2000.

[7] 高建华. 不战而胜——走出市场竞争的误区[M]. 北京：企业管理出版社，2001.

[8] 曾光华. 行销学——探索原理与实验实务[M]. 台北：前程文化事业有限公司，2006.

[9] 冯丽云，李宇红. 现代营销管理[M]. 北京：经济管理出版社，2006.

[10] 吴勇，车慈慧. 市场营销[M]. 北京：高等教育出版社，2006.

[11] 田建敏，李宇红. 市场营销[M]. 北京：中国财政经济出版社，2004.

[12] 张欣瑞，尚会英，刘莉，张立章. 市场营销管理. 北京：清华大学出版社，2005.

[13] 熊云南，郑鏓. 市场营销. 武汉：武汉大学出版社，2008.

[14] 方光罗. 市场营销学. 大连：东北财经大学出版社，2005.

[15] 万后芬. 现代市场营销. 北京：中国财经经济出版社，2002.

[16] Sean D. Jasso, and Peter L. Louie, 'Have you reviewed your pricing strategies lately', Graziadio Business Report，Volume 9, Issue 1，2006.

[17] 张韬. 动物奥克市斯. 中国营销传播，2004.

[18] 邱小立. 血拼价格——奥克斯要做下一个"格兰仕"，成功营销，2004.

[19] [英]彼得·多伊尔. 营销管理与战略. 北京：人民邮电出版社，2006.

[20] 黄彪虎. 市场营销原理与操作. 北京：北京交通大学出版社，2008.

[21] 安予苏. 市场营销. 郑州：大象出版社，2008.